全国医科院校精品思政教材系列

生物化学课程思政案例集

周代锋　杜冠魁　主编

SHENGWU HUAXUE KECHENG
SIZHENG ANLI JI

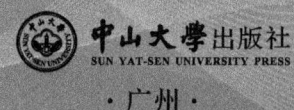

·广州·

版权所有　翻印必究

图书在版编目（CIP）数据

生物化学课程思政案例集/周代锋，杜冠魁主编. -- 广州：中山大学出版社，2025.5. -- （全国医科院校精品思政教材系列）. -- ISBN 978-7-306-08149-0

Ⅰ.G641

中国国家版本馆CIP数据核字第2024PT2664号

SHENGWU HUAXUE KECHENG SIZHENG ANLI JI

出　版　人：	王天琪
策划编辑：	吕肖剑
责任编辑：	谢贞静
封面设计：	曾　斌
责任校对：	舒　思
责任技编：	靳晓虹
出版发行：	中山大学出版社
电　　话：	编辑部 020-84110283，84113349，84111997，84110779，84110776
	发行部 020-84111998，84111981，84111160
地　　址：	广州市新港西路135号
邮　　编：	510275　　　　传　真：020-84036565
网　　址：	http：//www.zsup.com.cn　E-mail：zdcbs@mail.sysu.edu.cn
印　刷　者：	广东虎彩云印刷有限公司
规　　格：	787mm×1092mm　1/16　16.5印张　350千字
版次印次：	2025年5月第1版　2025年5月第1次印刷
定　　价：	68.00元

如发现本书因印装质量影响阅读，请与出版社发行部联系调换

编委会

主　编：周代锋　杜冠魁

副主编：温　栾　张云霞

编　委：麦明晓　蔡　苗　谢　蓉　陆　文　李　果

前　言

教育的核心议题在于"培养什么人、怎样培养人、为谁培养人",这是指引教育发展方向的根本问题。全面推进课程思政建设,是教育深化改革的重要举措。它要求在传授知识与培养能力的同时,自然融入价值观引导,旨在帮助学生树立正确的世界观、人生观、价值观。这一举措不仅关乎人才培养的质量,更关乎国家未来接班人的素质,乃至国家的长治久安与民族复兴大业。

将思政元素巧妙融入生物化学课程,形成显性与隐性教育相结合的协同效应,深入挖掘生物化学课程和教学方式中的思想政治教育资源,让学生在掌握知识、增长见识的同时,也能塑造良好品格。生物化学课程思政资源建设紧密围绕坚定学生理想信念这一核心目标展开,以"五爱"(爱党、爱国、爱社会主义、爱人民、爱集体)为主线构建思政内容体系,优化以下方面的教育供给:

(1) 政治认同:强化学生对中国特色社会主义制度的认同,增进对党的路线方针政策的理解和支持。

(2) 家国情怀:培养学生的爱国情怀和集体主义精神,激发他们为国家富强、民族振兴贡献力量的责任感和使命感。

(3) 文化素养:提升学生的综合文化素养,使其具备跨文化交流的能力,理解和尊重多元文化。

(4) 宪法法治意识:加强法治教育,增强学生的法律意识和法治观念,使其成为遵守法律、维护法治的公民。

(5) 道德品质:注重学生道德品质的培养,引导他们树立正确的道德观念,形成高尚的道德品质。

根据上述原则,《生物化学课程思政案例集》编写团队深度挖掘课程知识体系中所蕴含的思想价值和精神内涵,以科学故事引领,解析内在的课程知识。科学合理地拓展专业课程的广度、深度,增加课程的温度,从课程所涉专业、产业、发展史等多角度增加课程的知识性和人文性。通过引入前沿学术成果、关注社会热点问题等方式,使课程内容更加贴近时代脉搏和社会需求，增强课程的引领性和时代性特征。同时，也通过吸收国内外优秀教育资源，提升课程的开放性和国际化水平。

  在此，向各位付出辛勤劳动的编委，以及所有支持和帮助本教材编撰的相关人员表达谢意。最后，由于编者的知识、水平和经验有限，错误与不当之处在所难免，敬请读者提出宝贵的批评与建议。

编者

目 录

第一章 蛋白质的结构与功能 …………………………………………… 1
  概述 ………………………………………………………………………… 1
    思政故事：蛋白质的发现 …………………………………………… 1
    思政故事：抗疫女将军陈薇 ………………………………………… 4
  蛋白质的分子组成 ………………………………………………………… 5
    思政故事：三聚氰胺奶粉事件 ……………………………………… 5
    思政故事：硒代半胱氨酸和吡咯赖氨酸的发现 …………………… 7
    思政故事：邹冈等人阐明吗啡作用机制 ………………………… 11
  蛋白质的分子结构 ……………………………………………………… 13
    思政故事：两次获得诺贝尔奖的科学家莱纳斯·卡尔·鲍林
    ………………………………………………………………………… 13
    思政故事：蛋白质结构预测 ……………………………………… 15
    思政故事：曹天钦——我国现代蛋白质研究的奠基人 ………… 17
  蛋白质结构与功能的关系 ……………………………………………… 18
    思政故事：Anfinsen 发现一级结构决定了蛋白质空间构象 …… 18
    思政故事：未来科学大奖"生命科学奖"得主邵峰 …………… 21
  蛋白质的理化性质 ……………………………………………………… 22
    思政故事：博雅人免疫球蛋白事件 ……………………………… 22
  蛋白质的研究方法 ……………………………………………………… 23
    思政故事：萨姆纳成功分离脲酶 ………………………………… 23
    思政故事：结构生物学家施一公 ………………………………… 26

第二章 核酸的结构与功能 …………………………………………… 29
  概述 ……………………………………………………………………… 29
    思政故事：核酸的发现 …………………………………………… 29

核酸的功能 ·· 30
　　思政故事：解开遗传物质载体之谜 ···································· 30
核酸的化学组成及基本结构 ·· 31
　　思政故事：探寻核酸的结构 ··· 31
DNA 的结构 ·· 33
　　思政故事：发现 DNA 双螺旋结构之旅 ································ 33
RNA 的结构与功能 ··· 35
　　思政故事：mRNA 的发现 ··· 35
　　思政故事：我国科学家人工合成酵母丙氨酸转移核糖核酸 ········· 37
核酸的理化性质 ·· 38
　　思政故事：桑格与 DNA 测序 ··· 38

第三章　维生素 ··· 41
脂溶性维生素 ·· 41
　　思政故事：陈竺研究白血病治疗取得突破性进展 ················· 41
　　思政故事：维生素 D 的发现 ·· 42
　　思政故事：维生素 E 与健康生活 ····································· 44
　　思政故事：止血药维生素 K 的发现 ·································· 45
水溶性维生素 ·· 46
　　思政故事：维生素 B_1 的发现 ·· 47
　　思政故事：维生素 B_2 与健康生活 ··································· 48
　　思政故事：维生素 PP 的发现 ·· 50
　　思政故事：维生素 B_6 与健康生活 ··································· 51
　　思政故事：周廷冲阐明乙酰载体反应 ······························· 53
　　思政故事：陈芬儿发明 d－生物素的不对称工业全合成生产
　　　新技术 ··· 54
　　思政故事：叶酸的发现 ··· 55
　　思政故事：维生素 B_{12} 的合成工艺探索 ······························ 56
　　思政故事：维生素 C 治疗坏血病的发现 ··························· 58

第四章　酶 ·· 60
概述 ·· 60
　　思政故事：酶发现历程 ··· 60
　　思政故事：中国酶工业领域的先驱张树政 ························· 60

酶的催化作用 ·· 63
　　思政故事：纳米酶的倡导者阎锡蕴 ······················· 63
酶辅助因子 ·· 66
　　思政故事：辅酶Ⅰ——持续百年的探索 ···················· 66
酶促反应动力学 ·· 69
　　思政故事：淀粉的人工合成 ······························ 69
抑制剂与激活剂 ·· 72
　　思政故事：戚正武院士从海洋中寻找药物 ················· 72
酶活性的调节 ·· 75
　　思政故事：为治愈白血病不懈努力 ······················· 75
核酶 ·· 78
　　思政故事：核酶的发现 ·································· 78

第五章　糖代谢 ·· 80

糖的摄取与利用 ·· 80
　　思政故事：GLUT1 结构分析 ······························ 80
　　思政故事：把姓氏写进糖化反应 ·························· 81
糖的无氧氧化 ·· 83
　　思政故事：毕希纳——不小心按下了糖酵解代谢过程的
　　　　　　　暂停键 ·· 83
　　思政故事：乳酸循环的发现 ······························ 85
糖的有氧氧化 ·· 86
　　思政故事：克雷布斯与三羧酸循环 ······················· 86
磷酸戊糖途径 ·· 88
　　思政故事：谢骏破解脆皖鱼的秘密 ······················· 88
糖原的合成与分解 ·· 91
　　思政故事：人类史上第一次在试管中合成出生物大分子 ····· 91
糖异生 ·· 93
　　思政故事：蔡翘研究肝的糖代谢 ·························· 93
血糖及其调节 ·· 96
　　思政故事："血液化学方面的革命"推动者——吴宪 ········ 96
　　思政故事：中国胰岛素产业的发展 ······················· 98

第六章 生物氧化 ······ 101
线粒体氧化体系与呼吸链 ······ 101
思政故事：我国生物膜研究第一人杨福愉 ······ 101
氧化磷酸化与 ATP 生成 ······ 103
思政故事：近代中国生物化学奠基人邹承鲁 ······ 103
氧化磷酸化的影响因素 ······ 106
思政故事：林其谁成功提取线粒体解偶联蛋白 ······ 106
思政故事：尹芝南与 2 型糖尿病 ······ 108
其他氧化与抗氧化体系 ······ 110
思政故事：青蒿素的发现者屠呦呦 ······ 110

第七章 脂类代谢 ······ 113
脂类的构成、功能及分析 ······ 113
思政故事：师徒之承——追踪前列腺素 ······ 113
脂类的消化吸收 ······ 115
思政故事：科学减肥 ······ 115
思政故事：科学家 Knoop 巧妙设计探索脂肪酸的分解模式 ······ 116
思政故事：左旋肉碱与减肥 ······ 118
磷脂代谢 ······ 118
思政故事："血管清道夫"——磷脂的发现 ······ 118
脂肪合成 ······ 120
思政故事：糖与心血管疾病 ······ 120
胆固醇代谢 ······ 124
思政故事：发现他汀类药物的远藤章 ······ 124
血浆脂蛋白及其代谢 ······ 127
思政故事：宋保亮——科研"无人区"的探路者 ······ 127

第八章 氨基酸代谢 ······ 130
蛋白质的消化与吸收 ······ 130
思政故事："中国肽之父"——刘新旗 ······ 130
组织蛋白质的降解方式 ······ 131
思政故事：泛素介导的蛋白质降解方式的发现 ······ 131
蛋白质的脱氨基代谢 ······ 133
思政故事：尿素循环的发现 ······ 133

鸟氨酸循环的一氧化氮支路 137
　　　　思政故事："伟哥之父" 137
　　氨基酸的脱羧基代谢 138
　　　　思政故事：H_1抗组胺药物的发展 138
　　一碳单位 139
　　　　思政故事：巨幼红细胞性贫血的发生 139
　　含硫氨基酸的代谢 141
　　　　思政故事：高同型半胱氨酸血症的发现 141
　　芳香族氨基酸代谢 144
　　　　思政故事：神经药理学王国的"夸父"——金国章 144
　　支链氨基酸的代谢 147
　　　　思政故事：枫糖尿症的发生 147

第九章　核苷酸代谢 149
　　食物中的核酸的消化吸收 149
　　　　思政故事：核酸保健品的骗局 149
　　核苷酸的合成代谢 150
　　　　思政故事：自毁容貌症（Lesch-Nyhan syndrome） 150
　　核苷酸的分解代谢 154
　　　　思政故事：痛风 154
　　常见的抗核苷酸代谢药物 156
　　　　思政故事：甲氨蝶呤 156

第十章　肝的生物化学 158
　　概述 158
　　　　思政故事："中国肝胆外科之父"——吴孟超 158
　　生物转化作用 161
　　　　思政故事：酒精代谢与健康 161
　　　　思政故事：郑树森与肝移植 164
　　　　思政故事：乙型肝炎的研究与治疗 166

第十一章　血液的生物化学 171
　　血红素的代谢 171
　　　　思政故事：卟啉环合成途径的发现 171

第十二章　真核基因与基因组 174
真核基因与基因组 174
思政故事：中国科学家参与人类基因组计划 174

第十三章　DNA 的生物合成 176
DNA 复制的基本规律 176
思政故事：DNA 半保留复制规律的证实 176
思政故事：DNA 半不连续复制模式的证实 177
DNA 复制的酶学和拓扑学 180
思政故事：DNA 聚合酶的发现 180
真核生物 DNA 复制过程 183
思政故事：多莉羊的诞生与早夭 183
逆转录 186
思政故事：人物故事——田波 186
DNA 损伤和 DNA 修复 191
思政故事：人物故事——杨正林与老年黄斑变性基因 191

第十四章　RNA 的生物合成 196
原核生物转录的模板和酶 196
思政故事：悉尼·布伦纳与基因信息传递 196
真核生物和原核生物的转录过程 198
思政故事：罗伯特·鲁德尔与真核基因转录调控 198
思政故事：科恩伯格发现 RNA 聚合酶 200
真核生物前体 RNA 的加工和降解 204
思政故事：万蕊雪与剪接体 204
思政故事：人物故事——宋尔卫与 RNA 干扰 206

第十五章　蛋白质的生物合成 209
蛋白质的合成体系与过程 209
思政故事：首个密码子解析 209
思政故事：核糖体发现历史 211
思政故事：mRNA 疫苗 213
蛋白质合成后加工 216
思政故事：人物故事——贺福初与人类蛋白质组计划 216

　　　　思政故事：沙眼衣原体发现者——汤飞凡 ································ 219

第十六章　基因的表达调控 ···································· 221
　　　　思政故事：人物故事——张永莲与男科分子生物学 ················ 221
　　　　思政故事：操纵子概念的提出 ·································· 223

第十七章　细胞信号转导 ······································ 226
　　概述 ·· 226
　　　　思政故事：陈宜张率先提出神经膜受体假说 ······················ 226
　　细胞内信号转导分子 ·· 228
　　　　思政故事：人物故事——陈晔光与 TGF-β 信号调控 ·············· 228
　　　　思政故事：人物故事——韩启德与 α_1 肾上腺受体 ··················· 228
　　细胞受体介导的细胞内信号转导 ······························ 229
　　　　思政故事：人物故事——尚永丰与妇科肿瘤分子机制 ·············· 229
　　　　思政故事：人物故事——程和平与"钙火花" ···················· 231
　　　　思政故事：人物故事——裴钢与 G 蛋白偶联受体 ················ 232
　　　　思政故事：人物故事——张学敏与炎症诱发肿瘤 ·················· 233
　　细胞信号转导的基本规律 ···································· 235
　　　　思政故事：人物故事——舒红兵与抗病毒天然免疫反应 ············ 235

第十八章　基因工程 ·· 237
　　　　思政故事："中国克隆之父"——童第周 ························ 237
　　　　思政故事：克隆猴的诞生 ······································ 237
　　　　思政故事："酶"梦渐成真——黄发灿 ·························· 239
　　　　思政故事："PCR 技术之父"——凯利·穆利斯 ·················· 239
　　　　思政故事：基因编辑婴儿事件 ·································· 241
　　　　思政故事：两次成功合成新生命 ································ 242
　　　　思政故事：人物故事——妮弗·安妮·杜德娜和
　　　　　埃马纽埃尔·卡彭蒂耶 ···································· 243
　　　　思政故事：人物故事——张锋 ·································· 243
　　　　思政故事：血红蛋白病的治疗 ·································· 244
　　　　思政故事：人物故事——王恩多 ································ 246

第十九章 癌基因与抑癌基因 ……………………………………… 248
    思政故事：人物故事——韩家淮与 p38 信号通路 …………… 248
    思政故事：人物故事——李林 …………………………………… 248

第一章 蛋白质的结构与功能

概 述

思政故事：蛋白质的发现

"蛋白质"这个词由瑞典化学家 Berzelius 在 1838 年创造。在此之前，人们认为"动物物质"（也被认为是类胶质）是构成肌肉、皮肤和血液的主要物质。此前，营养学家提出问题："动物界从整体来看是完全靠植物界维生的，它们是如何将吃进去的东西转换成似乎完全不同的'动物物质'的呢？"时间回溯到 1728 年，意大利学者 Beccari 发现白面粉中存在具有"动物物质"全部特性的东西，即面团洗去淀粉后剩下的面筋团。

随着化学的发展，在 18 世纪末，"动物物质"被证明是一种氮氢化合物。面筋和"动物物质"一样含有氮元素，而在淀粉、脂肪和糖类中没有氮元素。1816 年，法国科学家 Magendie 发现只吃脂肪和糖类食品的狗只能存活几个星期。随后，另一位法国科学家 Boussingault 发现牛通过进食饲料可补充其在产奶时和日常中流失的氮元素，由此推测动物营养可能来源于植物，并提出以食品的相对含氮量来评价其营养价值。

1838 年，荷兰医生 Mulder 发现"动物物质"都具有相同的基本组成：$C_{40}H_{62}N_{10}O_{12}$，不同点在于其含硫或磷原子的个数不同。Berzelius 认为，这是对"动物营养的基本或主要物质的最重要的发现，这种物质应当以希腊海神普罗透斯（Proteus）为名"，自此"蛋白质（protein）"这个名称诞生。

意义：科学研究在于不断发现，不断探索，在前人工作基础上不断创新。

生化知识点简要概述

蛋白质的功能

蛋白质是构成生物体的主要成分，在人体中约占整体干重的45%，所有组织器官都富含蛋白质。人体内约有10万余种蛋白质，所有的生命现象都由蛋白质执行和体现：生物体的新陈代谢需要蛋白酶的催化；体内物质的运输和储存需要有转运蛋白；血液凝固需要有凝血因子类蛋白；机体防御需要有免疫类蛋白；运动与肌肉蛋白相关。蛋白质参与构成细胞组织，并维持细胞组织的生长、更新。此外，每克蛋白质可氧化产生17.19 kJ（4.1 kcal）的能量，供应了正常成人每天约18%的能量。

氮平衡

氮平衡（nitrogen balance）实验是指测定人体摄入食物的含氮量（摄入氮）与通过尿与粪排出的含氮量（排出氮）之间的关系的实验，用于反映体内蛋白质的代谢状况。

1. 氮的总平衡

摄入氮＝排出氮，提示体内蛋白质的合成与分解处于动态平衡，见于正常成人。

2. 氮的正平衡

摄入氮＞排出氮，提示体内蛋白质的合成大于分解，见于儿童、孕妇及恢复期患者。

3. 氮的负平衡

摄入氮＜排出氮，提示体内蛋白质的合成小于分解，见于饥饿、出血、严重烧伤及消耗性疾病患者。

蛋白质的需要量：由成人连续8天食用不含蛋白质膳食，每天排出的氮量约为53 mg，可推算蛋白质的最低分解量约为20 g，加上不被利用的蛋白质，推测成人每天蛋白质的最低需要量为30～50 g。我国营养学会推荐成人每天摄入蛋白质80 g。

蛋白质的营养价值

人体需要但自身不能合成或合成量不能满足机体需求，必须通过食物供给的氨基酸，称为营养必需氨基酸，共有8种，分别为亮氨酸、异亮氨酸、苏氨酸、缬氨酸、赖氨酸、甲硫氨酸、苯丙氨酸和色氨酸。此外，婴儿还需补充组氨酸。

蛋白质营养价值的高低与食物蛋白质中必需氨基酸的种类、数量和比例相关。含必需氨基酸种类越多、丰度越高的蛋白质，其营养价值越高。动物源性蛋白所含必需氨基酸的种类和丰度高，故营养价值高。植物源性蛋白所含必需氨基酸的种类和丰度低，故其营养价值比动物源性蛋白低。营养价值低的蛋白可通过组合，使必需氨基酸的种类和丰度更多，达到互补的作用，这也被称为食物蛋白质的互补作用。例如，谷类蛋白中赖氨酸少、色氨酸多，豆类蛋白中赖氨酸多、色氨酸少，谷类和豆类混合食用可提升营养价值。

相关文献阅读推荐

[1] 窦露，刘畅，杨致昊，等. 动物肌肉组织蛋白质代谢调控的研究进展 [J]. 动物营养学报，2022，34（1）：39-50.

[2] 耿玲，张欢欢，张甜甜. 459例试管婴儿备孕期高龄女性膳食蛋白质摄入现状分析 [J]. 山东大学学报（医学版），2021，59（11）：29-34.

[3] 李美君，申童，李运虎. 不同比例低蛋白氨基酸平衡日粮对生长猪氮平衡及血清生化指标的影响 [J]. 饲料博览，2022（4）：39-42.

[4] 李强，刘永乐，王发祥，等. 草鱼肌肉蛋白质在冷藏过程中的变化 [J]. 食品科学，2013，34（3）：55-58.

[5] 李小花，田海宁，李长忠，等. 饲料蛋白质水平对三倍体虹鳟肌肉组织特性、蛋白质周转和肌肉生长相关基因表达的影响 [J]. 动物营养学报，2022，34（5）：3194-3207.

[6] 彭苏文. 蛋白质摄入量对低能量摄入的超重/肥胖大鼠骨骼肌成分的影响 [D]. 江苏：扬州大学，2020.

[7] 商正云，程懿，孟德娇，等. 慢性肾脏病3～5期患者蛋白质、磷摄入量的现况调查 [J]. 现代预防医学，2021，48（2）：229-234.

[8] 孙梦莹，石林凡，任中阳，等. 欧洲鳗肌肉蛋白营养评价及体外模拟消化特性 [J]. 中国食品学报，2022，22（6）：315-322.

[9] 王志刚. 日粮添加益生菌对干乳期奶牛生长性能、瘤胃发酵及氮平衡的影响 [J]. 中国饲料，2022（4）：45-48.

[10] 徐丹. 肠内营养对ICU颅脑外伤病人营养代谢和肠黏膜通透性的影响 [J]. 循证护理，2021，7（8）：1122-1125.

[11] 翟德弟. 神经外科重症病人早期肠内营养支持的治疗和护理分析 [J]. 中国保健营养，2020，30（19）：202-203.

[12] 张绮哲，沈珊珊，陈旭娇. 膳食蛋白质摄入与老年衰弱相关性研究进展 [J]. 浙江临床医学，2022，24（7）：1093-1095.

思政故事：抗疫女将军陈薇

陈薇是我国著名的生化专家，在2020年全国抗击新冠肺炎疫情表彰大会上荣获"人民英雄"的国家荣誉称号，是获得该称号的唯一女性。

疫情期间，陈薇教授团队成功研制出只打一针的新冠疫苗和吸入式新冠疫苗，为我国抗击疫情做出巨大贡献。世界上第一款埃博拉疫苗也正是她及其团队研制出来的。2020年1月26日是大年初二，陈薇率军事医学专家们前往武汉，陈薇团队也做好了最坏的打算，准备长期奋战，与新冠抗争到底。当时也属于非常时期，情况紧急之下，陈薇带领自己的专家组一天就完成了检测平台的搭建，同时还完成了帐篷式移动实验室的搭设，开始了重要的核酸检测与科研攻关。在陈薇及其团队的努力下，由他们自主研发的核酸检测试剂盒，配合核酸全自动提取技术，单日可检测1 000人次，大大提升了核酸检测效率。

意义：陈薇以不变的初心、矢志报国的情怀和行胜于言、勇往直前、着力攻克关键核心技术的科研创新精神，在生物安全领域捍卫人民安全、国家形象和人类健康。

生化知识点简要概述

疫苗与蛋白质功能

疫苗是用于预防传染病的生物制剂，通过激活人体的免疫系统来对抗特定的病原体。蛋白质在疫苗中扮演着至关重要的角色，因为它们通常是病原体表面的关键抗原，能够被免疫系统识别和记忆。病原体（如病毒或细菌）表面的蛋白质是免疫系统识别的主要目标。这些蛋白质被称为抗原，它们能够触发免疫反应。疫苗通常包含这些抗原或其片段，以模拟病原体的自然感染，但不引起疾病。当疫苗中的蛋白质被注射到体内后，免疫系统会识别这些外来蛋白质，并产生针对这些蛋白质的抗体。这些抗体能够中和病原体，防止其感染细胞。更重要的是，免疫系统还会记住这些蛋白质，以便在未来遇到相同病原体时能够迅速产生免疫反应。在某些情况下，疫苗中的蛋白质可以帮助建立免疫耐受，即免疫系统对某些无害物质（如食物或自身组织）不产生反应。这对于预防自身免疫疾病和过敏反应非常重要。疫苗中的蛋白质需要保持其正确的三维结构，以便免疫系统能够正确识别。生物化学家通过研究蛋白质的结构和功能，可以设计出更有效的疫苗。蛋白质工程技术被用来改造蛋白质，以增强其免疫原性或减少其致病性。

相关文献阅读推荐

[1] 崔凯茵，李茜，赵杰修，等．线粒体蛋白质稳态在运动延缓和改善阿尔茨海默病中的作用与机制研究进展［J］．中国体育科技，2022，58（10）：72-80．

[2] 古晶．胶原蛋白运动食品对长跑运动员生理机能的影响及改善作用［J］．食品研究与开发，2022，43（21）：2．

[3] 胡明霞，袁建明，张彬，等．新型冠状病毒疫苗的研究进展［J］．中国感染与化疗杂志，2022（4）：22．

[4] 李亚楠，司明辉，张文双．非疫苗血清型多重耐药肺炎链球菌的研究现状及展望［J］．中国感染与化疗杂志，2022（3）：22．

[5] 王媛，李志慧，魏倩，等．细菌外膜蛋白 BamA 突变体构建及位点运动性分析［J］．军事医学，2022，46（9）：5．

[6] 张梦，吴丹，梁晓峰．单剂次 HPV 疫苗保护作用及接种策略的机遇和挑战［J］．中国公共卫生，2023，39（3）：4．

[7] 郑宜翔，李春辉，黄燕．实体器官移植受者新型冠状病毒疫苗接种临床研究进展［J］．中国感染控制杂志，2022，21（2）：5．

蛋白质的分子组成

思政故事：三聚氰胺奶粉事件

三聚氰胺奶粉事件是指 2008 年发生在我国的奶制品污染事件，这是一起重大的食品安全事故。

事故起因是很多食用三鹿集团生产的奶粉的婴儿被发现患有肾结石，随后在其奶粉中检测出化工原料三聚氰胺。根据公布数据，截至 2008 年 9 月 21 日，因食用婴幼儿奶粉而接受门诊治疗且已康复的婴幼儿累计 39 965 人，正在住院的有 12 892 人，此前已治愈出院的有 1 579 人，死亡 4 人；另截至同年 9 月 25 日，香港有 5 人、澳门有 1 人确诊患病。该事件引起各国的高度关注和对乳制品安全的担忧。原中国国家质量监督检验检疫总局公布国内乳制品厂家生产的婴幼儿奶粉的三聚氰胺检验报告后，事件迅速恶化，多个厂家的奶粉都检出三聚氰胺。该事件亦重创了中国制造的商品信誉，多个国家禁止进口中国乳制品。

意义：食品安全关系民生，责任重于泰山。科学知识是用于认识真理、服务社会的，而绝不是用于获取不法利益的。

生化知识点简要概述

蛋白质的元素组成

尽管蛋白质的种类繁多，但是，其化学元素的组成相似，主要有碳（50%～55%）、氢（6%～8%）、氧（19%～24%）、氮（3%～19%）、硫（0～4%）等。有些蛋白质还含有少量的其他元素，如磷、铁、铜、锌、碘、硒等。各种蛋白质中氮元素的含量比较接近，平均为16%，即1 g 氮相当于6.25 g 蛋白质。因此，测出生物样品中氮元素的含量，再乘以6.25，即可求出蛋白质的大约含量，即：

$$样品中蛋白质含量 = 样品含氮量 \times 6.25$$

蛋白质含量测定方法

蛋白质含量测定主要有5种方法：凯式定氮法、双缩脲定氮法、紫外吸收法、酚试剂法和考马斯亮蓝法。

1. 凯氏定氮法

蛋白质是含氮的化合物，在浓硫酸和催化剂的作用下消化，氨与硫酸结合生成硫酸铵，留在消化液中，然后加碱蒸馏使氨游离，用硼酸吸收后，再用盐酸标准溶液滴定，根据酸的消耗量计算出氮的含量，再将含氮量乘以换算系数，即可得蛋白质含量。该方法重现性好，是分析有机化合物中含氮量的常用方法。因此，质检部门常用该方法进行蛋白质含量的鉴定。三聚氰胺事件中不良商贩正是利用这个策略，在奶粉中添加高氮化合物三聚氰胺，使奶粉含氮量增加，进而提高了监测过程中的奶粉的蛋白含量。

2. 双缩脲定氮法

凡具有2个酰胺基或2个直接连接的肽键的化合物都可进行双缩脲反应。在强碱性溶液中，化合物与 $CuSO_4$ 形成紫色络合物。紫色络合物颜色的深浅与蛋白质浓度成正比，而与蛋白质分子量及氨基酸成分无关，故可用来测定蛋白质含量。本法测定范围为1～10 mg 蛋白质。干扰这一测定的物质主要有硫酸铵、Tris 缓冲液和某些氨基酸等。本法适用于1～20 mg 氮的测定。

3. 紫外吸收法

酪氨酸、色氨酸等芳香族氨基酸具有共轭双键，对280 nm 紫外光有特征性吸收峰。这两种氨基酸在大部分蛋白质分子中的占比波动性不大，所以蛋白质在280 nm 光波下也具有吸收峰，且蛋白质溶液的吸光度值与蛋白质浓度成正比，利用该特性可计算出溶液中蛋白质的含量。本法适用于快速连续检测。

4. 酚试剂法

此法与双缩脲法类似，在后续步骤中通过加入 Folin - 酚试剂增加显色量，从而提高了检测蛋白质的灵敏度。此法检测的最低蛋白量可达 5 mg。

5. 考马斯亮蓝法

考马斯亮蓝 G - 250 在酸性溶液中与蛋白质结合，使染料的最大吸收峰由 465 nm 变为 595 nm，溶液的颜色也由棕黑色变为蓝色。在一定范围内，溶液在 595 nm 波长处的吸光度值与样品中蛋白质的含量成正比，因而可测定蛋白质的含量。

相关文献阅读推荐

[1] 蔡仕彬，吴玉，冯洋，等. 三聚氰胺对 SD 胎鼠肾脏致病性研究 [J]. 重庆医科大学学报，2011，36（1）：50 - 53.

[2] 樊永华. 凯氏定氮法测定面粉中蛋白质的不确定度评定 [J]. 现代面粉工业，2022，36（4）：27 - 31，40.

[3] 甘淋，李娟，何涛，等. 几种蛋白质含量测定方法的比较研究 [J]. 泸州医学院学报，2004，27（6）：500 - 502.

[4] 谷春秀，贾丽，刘希诺，等. 超高效液相色谱 - 串联质谱法快速检测婴幼儿奶粉中的三聚氰胺 [J]. 中国奶牛，2013（1）：40 - 42.

[5] 郭垠利. 蛋白质含量测定方法研究 [J]. 生物化工，2018，4（4）：144 - 146，149.

[6] 苏萍，冯洋，吴玉，等. 三聚氰胺妊娠期给药对胎鼠肾发育影响的病理学观察 [J]. 实验动物与比较医学，2011，31（2）：102 - 104.

[7] 王宝童，张勇杰. K9840 自动凯氏定氮仪测定生物膜蛋白质含量 [J]. 当代化工，2022，51（7）：1756 - 1760.

[8] 吴其当，黄鑫，黎丽，等. 糖安胶囊蛋白质含量测定 [J]. 亚太传统医药，2016，12（10）：27 - 28.

[9] 周丽丽，谷杰，孙婷婷，等. 牛髓药材中蛋白质含量测定方法 [J]. 中国卫生产业，2017，14（35）：136 - 137.

思政故事：硒代半胱氨酸和吡咯赖氨酸的发现

遗传密码的研究揭示了 64 个三联密码子对应的 20 种氨基酸。1986 年，科学家们将硒代半胱氨酸列为第 21 种合成蛋白质相关的氨基酸。这需要一系列的证据：对应的密码子和对应的 tRNA。此前科学家们找到结合了硒的蛋白质并将其称为硒蛋白，主要是半胱氨酸的硫原子被硒所取代；科学家们普遍认为硒是蛋白质翻译后修饰引入的。1986 年，英国科学家 Chambers 通过比对小鼠谷胱甘肽过氧化物酶氨基酸序列和 cDNA 测序，发现硒代半胱氨酸位置与 cDNA 上的 TGA 相对应。同年，Zinoni 在研究细菌甲酸脱氢酶时发现培养基中的硒影响了翻译的进行，没有硒的培养基中产物大小为 80 kD，有硒的培养基中产物大小为 110 kD。这些结果表明 UGA 密码介导了硒代半胱氨酸的掺入。随后这个现象在原核生物到哺乳动物中均被发现。Hawkes 鉴定了 tRNA 可以识别 UGA 并携带硒代半胱氨酸，称为 tRNA^{Sec}。然而科学家发现硒代半胱氨酸并不能直接同 tRNA^{Sec} 结合，被其直接携带，而是须先同磷酸丝氨酸连接形成磷酸丝氨酰 - tRNA^{Sec}，以硒代磷酸作为硒的供体，取代羟基合成为 Sec-tRNA$^{[Ser]Sec}$。

1995 年，研究人员在甲烷甲胺甲基转移酶的研究中发现终止密码子 UAG 没有停止蛋白质翻译，质谱分析表明该密码子编码了一个被修饰的赖氨酸，其侧链上连接有 4 - 吡咯林 - 5 - 羧基。进一步研究发现，在甲基转移酶基因簇附近有一个编码携带 CUA 反密码子 tRNA 的基因，以及相应的 Ⅱ 型赖氨酸 - tRNA 合成酶。2002 年，美国俄亥俄州立大学研究人员鉴别出第 22 种参与蛋白质编码的吡咯赖氨酸。

意义：科学在不断探究和创新中得到补充和发展。

生化知识点简要概述

氨基酸是蛋白质的基本组成单位

自然界中有 300 多种氨基酸，组成人体蛋白质的常见氨基酸有 20 种，稀有氨基酸 2 种（硒代半胱氨酸和吡咯赖氨酸）。这些氨基酸属 L - α - 氨基酸（甘氨酸除外），它们的结构通式如图 1 - 1 所示。

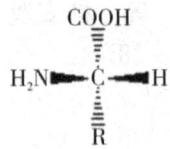

图 1 - 1　氨基酸结构通式

与氨基（—NH$_2$）和羧基（—COOH）相连的为 α - 碳原子，各种氨基酸的差别在于氨基酸侧链（—R）基团的不同。

氨基酸的分类

根据侧链基团的理化性质将氨基酸分成四大类。

（1）非极性疏水性氨基酸（7 种）：甘氨酸、丙氨酸、缬氨酸、亮氨酸、异亮氨酸、苯丙氨酸、脯氨酸（亚氨基酸）。

（2）极性中性氨基酸（8 种）：色氨酸、酪氨酸、丝氨酸、苏氨酸、半胱氨酸、蛋氨酸（甲硫氨酸）、谷氨酰胺、天冬酰胺。

（3）酸性氨基酸（2 种）：谷氨酸、天冬氨酸。

（4）碱性氨基酸（3 种）：赖氨酸、精氨酸、组氨酸。

侧链具有分支结构的氨基酸被称为支链氨基酸，有亮氨酸、缬氨酸、异亮氨酸 3 种，均为必需氨基酸。

氨基酸的理化性质

1. 两性解离

氨基酸均含有—NH_2 和—COOH，—NH_2 具有与 H^+ 结合生成—NH_3^+ 的能力，—COOH 具有失去 H^+ 解离生成—COO^- 的能力。氨基酸是两性电解质。

2. 等电点

在一定 pH 条件下，氨基酸解离成阴、阳离子的趋势相等，成为兼性离子，净电荷为零，此时溶液的 pH 称为该氨基酸的等电点。氨基酸的解离可用以下反应式（图 1-2）表示。

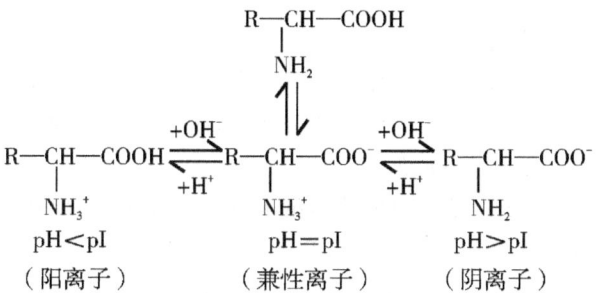

图 1-2 两性解离

3. 紫外吸收性质

酪氨酸、色氨酸侧链基团具有苯环，含有共轭双键，在 280 nm 附近有特征性吸收峰（图 1-3）。

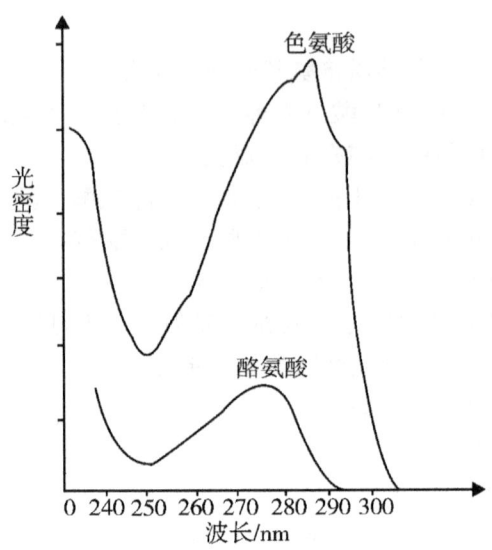

图 1-3 酪氨酸和色氨酸的紫外吸收

4. 呈色反应

茚三酮在弱酸环境下与 α-氨基酸反应生成蓝紫色化合物（脯氨酸反应后生成黄色化合物），在 570 nm 波长处有最大吸收峰。不同氨基酸反应后颜色深浅不同，可对氨基酸进行定性和定量分析。

相关文献阅读推荐

［1］陈通钻，戴瑞霞，金高巍，等. 氯硝柳胺下调 CLOCK 引起胃癌细胞节律紊乱诱发支链氨基酸代谢失调的机制研究［J］. 中国细胞生物学学报，2022，44（5）：817-825.

［2］董玉闪，张华瑞. 硒半胱氨酸和吡咯赖氨酸：生物体内的第 21 和 22 种天然氨基酸［J］. 化学教学，2004（11）：28-30.

［3］高志鹏，杜玉萧，冯霞，等. 鄂马铃薯 3 号遗传转化体系的构建与表达［J］. 湖北农业科学，2022，61（9）：162-167，191.

［4］凌晨，王恩多. 吡咯赖氨酸：第 22 种参与蛋白质生物合成的氨基酸［J］. 生物化学与生物物理进展，2005，32（6）：490-494.

［5］刘为，尹金晶，吴慕慈，等. 富硒农产品中硒代氨基酸形态及其在不同蛋白组分中的分布［J］. 食品与机械，2022，38（6）：45-51，190.

［6］孙瑞，张琪，曾卓华，等. 不同加工方式对富硒大米硒损失、形

态及体外生物利用度影响［J］. 食品与发酵工业，2022，48（11）：172-178.

［7］杨佳丽，李彩云. 支链氨基酸补充方案中 Betatrophin 与妊娠期糖尿病患者糖脂代谢的相关性分析［J］. 中国妇幼保健，2022，37（8）：1357-1360.

［8］姚赫，林雅军. 支链氨基酸对寿命调控作用的研究进展［J］. 中华老年多器官疾病杂志，2022，21（10）：793-796.

［9］朱羽庄，梅光明，杨盈悦，等. 高效液相色谱-电感耦合等离子体质谱法测定海产品中 5 种硒形态的含量［J］. 理化检验（化学分册），2022，58（3）：291-298.

思政故事：邹冈等人阐明吗啡作用机制

邹冈（1932—1999 年），出生于江苏苏州，神经药理学家，中国科学院学部委员、上海药物研究所研究员。

邹冈对吗啡、内源性阿片肽作用原理进行了深入研究。他与张昌绍教授共同发表的说明吗啡镇痛作用部位在第三脑室和大脑导水管周围中央灰质的论文，被国际上誉为吗啡作用研究中的一个里程碑。

阿片受体作为临床镇痛药物最重要的靶标分子，它的相关研究非常必要。上海药物研究所徐华强研究员、谢欣研究员、王明伟研究员及庄友文副研究员联合多个团队在 μ 型阿片受体识别芬太尼、吗啡等药物分子的机制研究方面取得了重要进展，相关工作论文发表在 *Cell* 上。阿片受体被配体激活之后，主要介导下游两条信号通路，即 G 蛋白和 β-arrestin 信号通路，达到镇痛的效果，但也伴随着成瘾、呼吸抑制、便秘等副作用。目前，领域内有很多研究提示镇痛效果主要由 G 蛋白信号通路介导，而副作用则由 β 信号通路介导。尽管也有不少实验并不支持上述观察，但很多科学家仍致力于 G 蛋白通路偏好性药物的研究，其中 G 蛋白通路偏好性配体 TRV-130 在 2020 年被美国食品药品监督管理局（Food and Drug Administration，FDA）批准上市，用于治疗成年人的中至重度急性疼痛，但仍以"黑框警告"的形式强调了它依然存在的副作用。这项研究也是上海药物研究所在阿片受体镇痛药物研究方向的良好传承。

意义：传承和创新是一个民族的灵魂，是一个国家兴旺发达的不竭动力。

生化知识点简要概述

肽与肽链

氨基酸通过肽键相连形成的化合物称为肽（peptide）。由2个氨基酸生成的肽为二肽，二肽再与另一分子氨基酸缩合生成三肽，由此类推可生成四肽、五肽等。一般来说，由10个以内氨基酸连接成的肽称为寡肽；10个以上氨基酸连接成的肽称为多肽。在肽链中，氨基酸在形成肽键时丢失了一分子水，成为不完全的氨基酸，称为氨基酸残基。蛋白质是由许多氨基酸残基组成的多肽链，但在实际应用中，蛋白质和多肽没有明确的界限。例如，通常把由39个氨基酸残基组成的促肾上腺皮质激素称为多肽，而把含有51个氨基酸残基的胰岛素称为蛋白质。多肽链有2个末端，含游离α-氨基的一端称为氨基末端（N端），含有游离α-羧基的一端称为羧基末端（C端）。书写时，习惯上把N端写在左侧，C端写在右侧，氨基酸编号依次从N端向C端排列，即肽链的方向为N→C。

在人体内存在一些具有重要生理功能的小分子肽，称为生物活性肽，如谷胱甘肽（glutathione，GSH）、促甲状腺素释放激素（thyrotropin releasing hormone，TRH）等。谷胱甘肽是由谷氨酸、半胱氨酸和甘氨酸组成的三肽，分子中含有1个巯基（—SH），是重要的功能基团。GSH是体内重要的还原剂，参与清除体内产生过多的H_2O_2和体外来源的氧化剂，保护蛋白质分子中的—SH免遭氧化，使蛋白质或酶处于活性状态；GSH分子中的—SH还能与一些致癌剂或药物等结合，从而避免这些化合物与DNA、RNA和蛋白质结合，保护机体免遭毒物损害。

相关文献阅读推荐

[1] 陈杉彬，赵德义，姚逸萍，等. 短肽（Pro-His-Pro，PHP）预防酒精性肝损伤 [J]. 食品与发酵工业，2022，48（19）：7.

[2] 甘俊英，孙左义，秦建新，等. 重组人金属硫蛋白-Ⅲα短肽对UVB致HaCaT细胞氧化损伤的缓解作用 [J]. 生态毒理学报，2021，16（4）：240-249.

[3] 郝梦娇，任晓曦，陈茜，等. 双重结合肽段协助胞内蛋白酶体系统降解alpha-突触核蛋白 [J]. 中国生物化学与分子生物学报，2021，37（12）：7.

[4] 鲁明杰，李传博，谢丹丹，等. 人工设计短肽对α-淀粉酶催化作用的影响 [J]. 中国酿造，2021，40（11）：198-202.

[5] 魏秋红,高欢,刘晓月,等. 新型水解蛋清蛋白短肽对大鼠结肠炎症的保护作用[J]. 中国食品学报,2021,21(8):121-127.

[6] 郑君刚,杨余,许晶晶,等. S1PR3 特异性激动肽 GPS-725.017 对小鼠急性肺损伤的作用研究[J]. 中华急诊医学杂志,2022,31(11):6.

蛋白质的分子结构

思政故事：两次获得诺贝尔奖的科学家莱纳斯·卡尔·鲍林

鲍林的家境不好，母亲多病。由于经济困难，鲍林在大学曾停学一年，自己去挣学费。复学以后，他靠勤工俭学来维持学习和生活，曾兼任分析化学教师的实验员，在他四年级时还兼职过大学一年级的实验课教学工作。1922 年，鲍林以优异的成绩从大学毕业，同时，考取了加州理工学院的研究生，导师是著名化学家诺伊斯。鲍林完成的第一个科研课题是测定辉铝矿的晶体结构。

1931 年，鲍林将自己在量子力学与化学结合应用的研究成果，写成了《化学键的本质》等一系列论文，并在《美国化学学会期刊》发表。在论文里，鲍林阐述了化学键理论，首次倡议将量子物理和化学联系起来，为化学、医学、分子生物学、生物化学等学科的发展做出了划时代的贡献。

鲍林还把化学研究推向生物学，他实际上是分子生物学的奠基人之一。他花了很多时间研究生物大分子，特别是蛋白质的分子结构。20 世纪 40 年代初，他开始研究氨基酸和多肽链，发现多肽链分子内可能形成两种螺旋体，一种是 α-螺旋体，一种是 γ-螺旋体。经过研究他进而指出：一个螺旋体是依靠氢键连接而保持其形状的，长的肽键能够螺旋缠绕，是因为在氨基酸长链中，某些氢原子形成氢键。作为蛋白质二级结构的一种重要形式，α-螺旋体，已在晶体衍射图上得到证实，这一发现为蛋白质空间构象打下了理论基础。这些研究成果使鲍林在 1954 年荣获诺贝尔化学奖。

鲍林因其在倡导核武器试验禁令方面的努力而获得 1962 年诺贝尔和平奖。他坚决反对核武器及一切形式的战争，并在 20 世纪五六十年代成为著名的和平主义活动家之一。他的政治活动包括参与《罗素－爱因斯坦宣言》的签署，以及在美国创办《一人少数》月刊。他的努力在最终达成禁止大气层核试验的国际条约中发挥了重要作用。

科学史学者认为沃森和克里克提出的 DNA 双螺旋结构模型受到了鲍林的影响，而鲍林之所以没有提出这一结构模型，是因为他在 20 世纪 50 年代受到美国麦卡锡主义的影响，错过了一次在英国举行的学术会议，没能看到一幅重要的 DNA 晶体衍射图谱。1951 年，鲍林结合他在血红蛋白进行的实验研究，以及对肽链和肽平面化学结构的理论研究，提出了 α－螺旋和 β－折叠是蛋白质二级结构的基本构建单元的理论。这一理论成为 20 世纪生物化学若干基本理论之一，影响深远。此外，鲍林还提出了酶催化反应的机理、抗原与抗体结构互补性原理及 DNA 复制过程中的互补性原理，这些理论在 20 世纪的生物化学和医学领域具有非常重要的影响。

意义：鲍林的探求精神值得人们学习，毕竟探索永无止境，科学未到尽头，我们没有理由因循守旧。

生化知识点简要概述

蛋白质二级结构

蛋白质二级结构（secondary structure）是指多肽链中某一段主链碳骨架原子的相对空间位置。二级结构不涉及氨基酸残基侧链的构象。与 α－碳原子所连的两个单键可自由旋转，使由于肽键不可旋转性构成的肽平面呈现不同的空间排布。二级结构有 α－螺旋（α-helix）、β－折叠（β-pleated sheet）、β－转角（β-turn）、无规则卷曲（random coil）4 种类型。

1. α－螺旋

α－螺旋是指多肽链中以 α－碳原子为转折点盘旋形成的右手螺旋状构象，特点为：多肽链主链以 α－碳原子为转折点，形成右手螺旋样结构；每一圈螺旋有 3.6 个氨基酸残基，螺距为 0.54 nm；肽键上的 N—H 和 C＝O 可形成氢键；氨基酸残基侧链基团伸向螺旋外侧，尽量减少了侧链基团的影响。然而，侧链基团的大小、性质及电荷对 α－螺旋的形成及稳定有重要影响。天冬酰胺、亮氨酸的侧链较大，形成空间位阻，不利于 α－螺旋的形成；脯氨酸的 N 原子构入五元环中，导致其无法形成氢键，使肽链走向转折，从而不能形成 α－螺旋；带相同电荷的侧链基团过于集中时可导致同性相斥，影响 α－螺旋的形成。许多蛋白分子由 α－螺旋构成，如头发中的角蛋白、肌肉中的肌球蛋白和血凝块中的纤维蛋白，均是由数条完全是 α－螺旋的多肽链相互缠绕，形成索状。

2. β-折叠

蛋白质多肽主链呈现伸展、锯齿状结构，特点为：相邻的肽链平面夹角为110°，折叠成锯齿状结构，呈伸展状态；若干β-折叠结构可平行或反向平行排列，肽链间的 C═O 与 N—H 可形成氢键，氢键方向与长轴垂直；侧链基团分布在锯齿状结构的上下方；侧链基团普遍较小；锯齿状结构较小，含 5～8 个氨基酸残基。侧链基团大小和电荷可影响β-折叠的形成和稳定性。以丝心蛋白为例，其含有大量甘氨酸和丝氨酸，侧链基团小且不带电荷，二级结构均由β-折叠构成。

3. β-转角

肽链呈现 180°回折的转角结构，特点为：由 4 个氨基酸残基组成，第一个氨基酸残基的羰基（C═O）与第四个氨基酸残基的亚氨基氢（N—H）形成氢键以维持稳定；第二个残基常为脯氨酸，其他常见残基有甘氨酸、天冬酰胺、天冬氨酸、色氨酸。

4. 无规则卷曲

没有确定规律的肽链构象称为无规则卷曲。

思政故事：蛋白质结构预测

根据已知的氨基酸序列预测蛋白质结构是科学家一直希望完成的工作。以施一公、颜宁等为代表的一批结构生物学家对大量的蛋白质进行了结构分析。然而这项工作速度慢、费用高、流程复杂，从蛋白表达到冷冻电镜扫描需要克服一系列的困难。通过计算各个原子间的相互作用力进行三维结构成为科学家研究分析的重点。2021 年，谷歌公司深度思维团队公布了预测蛋白质结构的方法和"阿尔法折叠 2"程序的源代码。同时，华盛顿大学科学家公布了可预测蛋白质结构和结合形式的开源软件 rosettafold，斯坦福大学团队在核糖核酸三维结构方面也获得了突破性进展。

面对国外科研团队的强劲实力，我国科学家迎难而上，从核心算法等底层技术做起，形成并研发出具有自主知识产权的计算生物学算法及软件。复旦大学的马剑鹏等科学家研发了"作品折叠"（opus-fold）软件，该软件在蛋白质侧链结构的预测精度上超越了"阿尔法折叠 2"。"作品折叠"软件可用于蛋白质结构测量、修正、预测与设计、动力学模拟和药物筛选。通过计算生物学可大幅提高药物研发效率、降低成本。

意义：在科研路上，要不畏挑战、不断创新，勇攀科学高峰。

生化知识点简要概述

蛋白质的三级结构

蛋白质的三级结构是指整条肽链中所有原子在三维空间的排布位置。蛋白质多肽链中氨基酸残基的排列顺序（即一级结构）决定了其三级结构中多肽链的盘旋方式。维持三级结构的主要作用力为疏水相互作用力，此外，氢键、离子键和范德华力等也起重要作用。

结构域

肽链中某些局部的二级结构汇集在一起所形成的能发挥生物学功能的特定区域称为结构域（domain）。一个多肽链可以由多个结构域组合而成，不同结构域承担不同的生物功能。免疫球蛋白 G（IgG）有 12 个结构域，分别分布在其 2 个轻链（各有 2 个结构域）和 2 个重链（各有 4 个结构域）上。

相关文献阅读推荐

[1] 高志伟,李军委,史赛,等. 基于分子动力学模拟的 TRPM8 通道门控特性分析 [J]. 高等学校化学学报,2022,43（6）:196-205.

[2] 黄浩然,卫杨文祥,章家皓,等. Piezo1 介导的机械应力刺激在抗骨质疏松中的作用 [J]. 中国组织工程研究,2023,27（17）:2716-2722.

[3] 梅林,李京,闫婕,等. SARS 冠状病毒编码蛋白质及其基因分析的研究进展 [J]. 细胞与分子免疫学杂志,2004,20（1）:126-128.

[4] 王婷婷,扶庆权,张建文,等. 圆苞车前子壳粉对酪蛋白酸钠制备的水包油型乳液稳定性和微观结构的影响 [J]. 食品与发酵工业,2021,47（24）:89-94.

[5] 吴玉. 冷冻电镜技术"接管"结构生物学 [J]. 自然杂志,2020,42（2）:90.

[6] 张玲玲,戴阳雪,奚绪光. 嗜热菌 ToPif1 解旋酶与 G 四链体的互作活性位点预测及鉴定 [J]. 陕西师范大学学报（自然科学版）,2022,50（5）:99-107.

[7] 赵冬敏,黄欣梅,刘宇卓,等. 鹅坦布苏病毒囊膜蛋白结构域Ⅱ在大肠杆菌中的表达及免疫学鉴定 [J]. 江苏农业学报,2015（3）:619-623.

[8] 赵云波. AI 预测可以代替科学实验吗?:以 AlphaFold 破解蛋白质折叠难题为中心 [J]. 医学与哲学,2021,42（6）:17-21.

思政故事：曹天钦——我国现代蛋白质研究的奠基人

曹天钦，中国科学院院士，我国著名生物化学家。他为我国生物化学与分子生物学发展，尤其为蛋白质科学研究奉献了自己的一生，是我国现代蛋白质研究的奠基人。1951年春，曹天钦在英国剑桥大学获得博士学位后，还被剑桥大学冈维尔基斯学院破例聘为学院院士，成为该院历史上首位中国院士。在获得学位后，曹天钦原本打算去美国继续做科学研究，并且与在麻省理工攻读物理学博士学位的未婚妻谢希德团聚。但是就在此时，他收到了国内一封呼唤他回国工作的邀请信，于是改变了计划，决定等谢希德取得博士学位后，立即共同回国。在留学期间，曹天钦就曾发表论文证实肌球蛋白分子中存在亚基。1952年回到祖国后，他继续对肌球蛋白等肌肉结构蛋白进行了广泛深入的研究，并于1956年获得中国科学院自然科学一等奖。

曹天钦为我国培养了一支数百人的蛋白质、生物化学和分子生物学专业人才队伍。在曹天钦的精心培养下，他的很多学生和助手都成了各自学科研究领域的学术带头人和科研第一线的骨干力量。他培养的学生之一李载平成为我国基因工程和分子遗传学的开拓者、首个分子遗传实验室的创建者和学术带头人。

意义：曹天钦的爱国情怀及其为学科建设不懈努力的精神，让我们敬佩，值得我们学习。

生化知识点简要概述

蛋白质的四级结构

大量蛋白质分子由2个及以上亚基组成。每个亚基为一条多肽链，具有独立三级结构。蛋白质的四级结构是指亚基的空间排布信息。亚基间以非共价键连接，主要结合力是氢键和盐键。亚基可以相同，也可以不同。亚基只有构成完整的蛋白质的四级结构才具有生物学功能。以血红蛋白为例，2个α亚基和2个β亚基形成四聚体后才可行使运输氧的功能。

相关文献阅读推荐

[1] 曹天钦，龚祖埙，邹永水，等. 原肌球蛋白和副肌球蛋白晶体的电子显微镜观察［J］. 生物化学与生物物理学报（英文版），1963（2）：106－119.

[2] 曹天钦，王德宝. 分子生物学的发展［J］. 科学通报，1965（9）：

753－759.

［3］高笑宇，李媛，刘红艳，等. 人MRP4蛋白结构与功能预测［J］. 内蒙古大学学报（自然科学版），2021（52）：4.

［4］龚祖埙，曹天钦. 对虾原肌球蛋白晶体和纤维的电子显微镜观察［J］. 生物化学与生物物理学报（英文版），1964（4）：69－78.

［5］孙乾，黄敏丽，曾木花，等. 莲子中不同蛋白的结构及理化特性对比分析［J］. 现代食品科技，2022，38（9）：135－142.

［6］衣程远，孙冰玉，刘琳琳，等. 超声处理对大豆蛋白结构及性质的影响研究进展［J］. 中国调味品，2022，47（12）：197－200.

［7］张友尚，曹天钦. 兔原肌球蛋白在不同溶剂中的构型变化［J］. 生物化学与生物物理学报（英文版），1962（2）：44－54.

蛋白质结构与功能的关系

思政故事：Anfinsen发现一级结构决定了蛋白质空间构象

Anfinsen一直从事蛋白质结构方面的研究，他迫切地想知道蛋白质如何折叠成独特的三维构象，是否需要其他蛋白的帮助。要解决上述问题，需要建立能够测量或评估蛋白质构象的方法，还需要找到可检测折叠过程的手段。Anfinsen以牛胰核糖核酸酶为研究对象，通过检测酶活性评估蛋白质构象。随后，Anfinsen进行了一组蛋白变性和复性实验。牛胰核糖核酸酶中含有大量的半胱氨酸，半胱氨酸间可以形成二硫键，这是维持蛋白质构象的重要作用键。牛胰核糖核酸酶在加入变性剂巯基乙醇后，二硫键被破坏从而导致蛋白质变性；去除变性剂后，牛胰核糖核酸酶可以自发地折叠为天然状态。然而，预想中的半胱氨酸自由组合形成二硫键的状况没有出现。因此，Anfinsen认为蛋白质的序列决定了蛋白质的天然构象。这个研究成果于1954年发表在 *Biochemical Journal* 上，Anfinsen也因这一研究获得了诺贝尔奖，其获奖理由是"其对核糖核酸酶的研究，尤其是氨基酸序列与生物学上具有活性的构象之间的联系的建立"。

在同一时期，中国杜雨苍和邹承鲁等人也发现了类似的现象。胰岛素分子由两条链（A链与B链）构成，二硫键存在于两条链之间及链内。若将胰岛素的两条链拆解开，也有可能引发二硫键的自由组合。实验表明，将胰岛素的两条链拆解开后再重组，胰岛素活性恢复了30%～50%，这表明大量的胰岛素分子重新组合成了正确构象。

意义：科学家的探索精神和创新意识是推动科学进展的重要动力。

生化知识点简要概述

蛋白质的结构与功能的关系

1. 蛋白质一级结构与功能的关系

体内蛋白质种类繁多，各有不同的一级结构和空间结构，也各具不同的功能。

（1）一级结构是空间构象和功能的基础。蛋白质的一级结构以氨基酸顺序为基础，一级结构相似的多肽或蛋白质，其空间构象及功能也相似。以血红蛋白为例，不同物种的血红蛋白同源相似度较高；一些重要位点保守性强，这些保守位点对于血红蛋白参与氧气的运输是极为重要的。有些位置的氨基酸残基重要性不高，可以被替换或缺失，不影响蛋白生物活性。例如，人、猪、牛的胰岛素A链中8、9、11位及B链中30位的氨基酸残基虽不同，但并不影响胰岛素发挥降血糖功能。

（2）一级结构提供重要的生物进化信息。蛋白质一级结构（氨基酸序列）比对常被用来检测蛋白质之间结构与功能的相似性。例如，藏猪肌球蛋白轻链1基因与野猪、智人、马、犬、家鼠和斑马鱼的核苷酸序列相似性分别为100%、91.4%、91.2%、90.5%、89.2%和68.2%。

（3）一级结构的改变与分子病。蛋白质分子中重要位点氨基酸残基发生改变会影响其功能，导致疾病的发生。这种因基因突变导致蛋白质一级结构发生改变而引发的疾病，称为分子病。以血红蛋白病为例，血红蛋白分子一级结构的改变可导致多种疾病的发生，包括镰状细胞贫血、地中海贫血等。镰状细胞贫血是由于血红蛋白β亚基第6位的氨基酸由谷氨酸变为缬氨酸，从酸性氨基酸置换为中性支链氨基酸，使血红蛋白溶解度降低，在氧分压低的外周毛细血管中可发生聚集析出，这是红细胞破裂及运氧功能低下的主要原因。现有研究已表明，血红蛋白分子多个β亚基的突变可导致地中海贫血的发生。目前可导致血红蛋白分子异常的突变有近千种。

2. 蛋白质的功能依赖特定的空间结构

（1）蛋白构象改变可引起功能变化。一级结构决定了蛋白质执行的功能，而高级结构决定了蛋白功能能否正确地执行及其执行效率的高低。以血红蛋白为例，其一级结构的重要位点与肌红蛋白相似，但总体上有较大差别。血红蛋白的三级结构与肌红蛋白相似，通过血红素帮助其与氧气的结合。然而肌红蛋白仅由一条多肽链构成，血红蛋白由4条多肽链即4个亚基组成。血红蛋白4个亚基相互影响，具有正协同作用，即当血红蛋白的第一个亚基与氧气结合后，影响了蛋白质空间构象，可促进后续亚基与氧气的结合。

具有四级结构的蛋白质一般可受别构调节。别构调节是指一些小分子物质可与具有四级结构的蛋白质结合，使蛋白质空间结构发生轻微变化，导致其生物活性升高或降低的过程。别构调节可影响蛋白质活性，使其适应环境的变化，如许多代谢相关的酶，通过别构调节控制代谢的速度，从而改变物质代谢的速度。

（2）蛋白质构象改变可导致构象病。蛋白质的错误折叠，使空间构象无法满足功能需求，易导致疾病的发生，这类疾病被称为蛋白质构象病。例如朊病毒蛋白，其折叠方式从α螺旋变为β折叠，可使其溶解度降低，蛋白酶抗性增加。朊病毒蛋白是人和动物正常细胞基因的编码产物，其构象的变化可导致中枢神经系统退行性病变，最终使人和动物不治而亡。

相关文献阅读推荐

［1］窦承贤，方敏全，梁晋涛，等. 铁蛋白结构和功能的生物信息学分析［J］. 生物技术，2023，33（1）：6.

［2］刘嘉伟. OATP1B1蛋白结构与功能的生物信息学分析［J］. 分子植物育种，2023，21（7）：6.

［3］聂向民，朱传福，朱海峰，等. HLA新等位基因 $B*46:30$ 序列分析及其编码MHC蛋白分子结构预测与表型鉴定［J］. 中国免疫学杂志，2023，39（1）：6.

［4］王瑄，李祥芳，丁寿鹏，等. 新型冠状病毒ORF3a蛋白质的生物信息学分析［J］. 中国感染控制杂志，2023，22（2）：224-228.

［5］吴玉编译. AI预测蛋白质结构［J］. 自然杂志，2021，43（4）：2.

［6］杨佳，刘海员. 基于PSO_BP神经网络的固有无序蛋白质预测［J］. 南开大学学报（自然科学版），2023，56（1）：7.

思政故事：未来科学大奖"生命科学奖"得主邵峰

邵峰，生物化学家，中国科学院院士。2013 年他作为首位中国大陆本土科学家获得国际蛋白质学会颁发的"鄂文·西格青年科学家奖"；2019 年获得未来科学大奖"生命科学奖"；2022 年凭借在细胞焦亡（pyroptosis）领域的原创科学发现获得美国纽约癌症研究所授予的"威廉·柯利奖"。

邵峰回国后的第一堂课是在实验室的一块小黑板上进行讲解和板书，只有两三个学生听课。讲了两三个小时后，他询问学生是否听懂了，学生都羞愧地低下头，表示并没有听得太明白。此刻，邵峰体会到国内和国外在生物学上的差距。他也无比庆幸自己回国这个决定，可以为祖国在生物学研究方面做出一点贡献。

每周七天，邵峰教授有六天都待在实验室做研究，剩下的一天给自己的学生答疑解惑，他将自己大部分的时间都奉献给了科研。

功夫不负有心人，邵峰实验室的研究工作也取得了一系列的突破和发现：①三型分泌系统效应蛋白通过一种崭新的磷酸化苏氨酸裂合酶的活性，特异性地、不可逆地使宿主 MAPK 激酶"去磷酸化"并失活，从而抑制宿主细胞因子的表达；②四型分泌系统效应蛋白激活 NF - 泌系通路并对巨噬细胞凋亡产生抑制作用；③三型分泌系统效应蛋白泛素和泛素样蛋白，有效地阻断宿主泛素 - 蛋白酶体通路并导致诸如细胞周期等重要细胞生理过程发生功能紊乱。

意义：邵峰的爱国精神，以及道路认同、艰苦奋斗的精神，正激励着新一代青年。

生化知识点简要概述

蛋白质的化学修饰是其功能调控的重要方式

丝氨酸、苏氨酸或酪氨酸上存在羟基，容易受亲和攻击，如磷酸化、乙酰化、甲基化等化学修饰。蛋白上存在着大量的丝氨酸、苏氨酸或酪氨酸，蛋白表位上的这些氨基酸受到化学修饰后，可影响蛋白空间构象，从而调节蛋白活性。

相关文献阅读推荐

[1] 曹天钦, 龚祖埙, 邹永水, 等. 原肌球蛋白和副肌球蛋白晶体的电子显微镜观察 [J]. 生物化学与生物物理学报（英文版），1963（2）：

106-119.

[2] 曹天钦, 徐凯, 任梅轩, 等. Isolation and properites of a new structural protein of muscle [J]. 生物化学与生物物理学报（英文版）, 1958 (6): 637-647.

[3] 曹天钦. 蛋白质化学的进展 [J]. 科学通报, 1962 (9): 3-15.

[4] 潘家秀, 曹蕙婷, 王桂元, 等. 肌肉蛋白的免疫化学研究: I. 软骨鱼系原肌球蛋白的免疫化学特性与其结构的关系 [J]. 生物化学与生物物理学报（英文版）, 1964 (1): 72-84.

[5] 任梅轩, 曹天钦. A comparative, chemical study of tropomyosins from different sources I. Amino acid composition and N-terminal structure [J]. 中国科学·A辑, 1957 (2): 101-110.

[6] 盛沛根, 曹天钦, 彭家睦. 不同来源的核酸原肌球朊的电泳行为及其所含戊糖核酸的核碱组成 [J]. 生理学报, 1956 (3): 151-163.

蛋白质的理化性质

思政故事：博雅人免疫球蛋白事件

2008年5月, 6名患者在南昌大学第二附属医院注射人免疫球蛋白后发生死亡, 药品集中在同一批（批号: 20070514）中的同一箱。对江西博雅生物制药公司留存的该批样品进行检验和毒性分析, 没有发现质量问题。如果生产环节没有问题, 那么问题可能在流通环节, 静脉注射人免疫球蛋白需要在2～8℃下避光保存和运输。

意义: 药品质量关系人民群众的身体健康和生命安全。相关企业和从业人员需要加强科学管理和培训, 用科学的手段保障药品生产和流通秩序。

生化知识点简要概述

蛋白质的变性

蛋白质变性是蛋白质在某些理化因素作用下构象被破坏、理化性质发生改变、生物学功能丧失。化学因素有强酸、强碱、有机溶剂、尿素、胍、重金属和生物碱试剂等。物理因素有加热、紫外线、超声波、剧烈振荡等。蛋白质变性主要涉及离子键、氢键、疏水键等非共价键和二硫键的破坏, 并不改变其一级结构。

相关文献阅读推荐

[1] 高丽，蔡枭峰，李静. 大豆分离蛋白的提取、纯化及鉴定 [J]. 中国食品添加剂，2022，33（11）：136 - 141.

[2] 林坤，林梅如. 专利保护视角下应对重大突发公共卫生事件疫苗的可及性问题研究 [J]. 河南财经政法大学学报，2022，37（6）：15 - 23.

[3] 马汉军，王霞，周光宏，等. 高压和热结合处理对牛肉蛋白质变性和脂肪氧化的影响 [J]. 食品工业科技，2004，25（10）：63 - 65，68.

[4] 萨楚尔夫，罗辽复. 盐酸胍诱导的蛋白质变性现象研究 [J]. 内蒙古大学学报（自然科学版），2003，34（1）：47 - 52.

[5] 孙羽馨，段静娴，蔡斯琪，等."百白破疫苗事件"后广州市儿童家长预防接种认知、信任度及意愿调查 [J]. 中国社会医学杂志，2022，39（5）：553 - 556.

[6] 吴兴阁，曾茂茂，何志勇，等. 冻融对肌原纤维蛋白溶出猪肉糜体系蛋白质变性及品质的影响 [J]. 食品与发酵工业，2021，47（19）：101 - 110.

[7] 詹汉林，肖招燕，韩珍，等. 黄酒中蛋白质沉淀的研究进展 [J]. 食品研究与开发，2014（12）：130 - 134.

[8] 张博，郭代红，郭海丽，等. 基于美国疫苗不良事件报告系统的新型冠状病毒肺炎疫苗相关不良事件报告分析 [J]. 中国药物应用与监测，2021，18（2）：114 - 117.

[9] 朱燕凤，常海岭，马文洁，等. 有过敏性疾病史儿童接种新型冠状病毒灭活疫苗后不良事件的病例系列报告 [J]. 中国循证儿科杂志，2022，17（3）：225 - 229.

蛋白质的研究方法

思政故事：萨姆纳成功分离脲酶

萨姆纳17岁外出打猎时，因同伴误伤其左臂而致截肢。失去左臂的他不得不学会用右手做事。由于缺少一条左臂，萨姆纳的生活受到了严重的影响。经过很长时间的恢复，他的体魄重新健壮起来。他意识到，人生的支柱就是一颗坚强的心，而科学探索便是支撑萨姆纳的精神支柱。

1917年，他决定分离酶，并选择脲酶作为分离对象，但起初并没有成功。他在康奈尔医学院打算分离脲酶之前，曾用从大豆中制备的脲酶测定肌肉、血和尿中的尿素含量。1916年，有人发现南美刀豆中脲酶的含量比大豆多16倍。萨姆纳认为，如此超常量的脲酶是可以用化学方法分离和鉴定的。萨姆纳选择富含脲酶的刀豆提取脲酶是他成功的第一步。

1921年，他到布鲁塞尔与酶学领域权威专家Jean Effront一起工作。然而，Effront认为他分离脲酶的想法荒唐可笑，因此计划最终泡汤。1922年，他改变以往用水、甘油和乙醇提取脲酶的方法，而改用30%的丙酮。当他取出一滴丙酮抽提液放在显微镜下观察时，发现液体中"长出"许多小晶体。他离心收集这些晶体后，发现它有很高的脲酶活性，分离后的脲酶纯度一下子增加了700～1 400倍，这是其他纯化方法难以比拟的。萨姆纳的确分离出了脲酶！之后他又做了一系列实验，证明脲酶是蛋白质。

萨姆纳凭借脲酶和其他酶的研究成果获得1946年的诺贝尔化学奖。他的著作有《生物化学教本》《酶的化学和方法》《酶－化学及其作用机制》等。

意义：遇到苦难并不可怕，关键是要有战胜苦难的决心。

生化知识点简要概述

蛋白质的分离纯化方法

1. 盐析

蛋白质溶液中加入大量中性盐出现蛋白质沉淀的现象称为盐析。常用的中性盐有硫酸铵、硫酸钠和氯化钠等。它们通过破坏蛋白质表面的水化膜和中和蛋白质表面电荷，使蛋白质沉淀，但蛋白质并不发生变性。由于蛋白质的亲水程度和等电点不同，盐析时所需的pH和盐浓度也不相同。例如，半饱和硫酸铵可沉淀血浆球蛋白，饱和硫酸铵则可沉淀血浆清蛋白。因此，可用分段盐析法逐个分离蛋白质。

2. 有机溶剂沉淀

有机溶剂沉淀也是分离纯化蛋白质的常用方法。常见的有机溶剂有丙酮、乙醇等，它们主要破坏蛋白质表面的水化膜，使蛋白质沉淀。由于有机溶剂沉淀蛋白质时，容易使蛋白质变性。因此，通常在低温下进行。例如，使用丙酮时，必须在0～4℃低温下进行，丙酮用量是蛋白质溶液体积的10倍。蛋白质被丙酮沉淀后，应立即分离，否则蛋白质会变性。

3. 透析

蛋白质是高分子化合物，不能通过半透膜。常用的半透膜有硝酸纤维素膜，此类膜具有很小的微孔，一般只允许相对分子质量小于 1 万的化合物通过。透析是把半透膜制成透析袋，内盛蛋白质溶液，再置于水中，小分子物质如硫酸铵、氯化钠等会透过薄膜的方法。不断更换袋外的水，可将袋内的小分子物质全部除去。如果在袋外放吸水剂如聚乙二醇，则袋内水分子伴随小分子物质透出袋外，亦可达到浓缩袋内蛋白质溶液的目的。

4. 电泳

带电粒子在电场中向与其电性相反的电极移动的现象称为电泳。电泳法分离蛋白质的原理：蛋白质是两性分子，在特定的 pH 条件下，溶液中的各种蛋白质带不同的电荷，在电场中，带正电荷的蛋白质向负极移动，带负电荷的向正极移动；带电多、相对分子质量小的蛋白质泳动快；带电少、相对分子质量大的则泳动慢，使各种蛋白质分子被分离。电泳结束后，用蛋白质显色剂显色，即可看到已被分离的蛋白质区带。电泳法根据支持物的不同分为许多种类，有醋酸纤维素薄膜电泳、琼脂糖凝胶电泳和聚丙烯酰胺凝胶电泳等。有的电泳法也可测定蛋白质相对分子质量，如十二烷基硫酸钠（sodium dodecyl sulfate，SDS）－聚丙烯酰胺凝胶电泳。

5. 层析

层析是分离提纯蛋白质的重要方法。根据层析支持物的不同分为许多种类，有离子交换层析、分子筛层析、亲和层析等。

（1）离子交换层析。离子交换层析是以具有离子交换性能的物质作为层析支持物，利用其与流动相中的离子能进行可逆交换的性质来分离离子型化合物的一种方法。因此，可根据蛋白质分子带电状况分离纯化蛋白质。常用的层析支持物有离子交换纤维素、离子交换葡聚糖和离子交换树脂等。根据离子交换剂的基团不同分为阳离子交换剂和阴离子交换剂，在一定 pH 下它们分别带正电荷（阴离子交换剂）或负电荷（阳离子交换剂），可吸引带相反电荷的蛋白质。由于各种蛋白质所带电荷的种类和数量不同，它们被吸引的强度也不同，不被吸引的蛋白质与其他蛋白质分离；然后用含离子的溶液进行洗脱，随着离子强度的增强，带电少的蛋白质先被洗脱，带电多吸附牢的后被洗脱，将蛋白质分离。

（2）分子筛层析。根据蛋白质分子大小进行层析分离的方法。层析支持剂是内部有多孔网状结构的凝胶颗粒（常用交联葡聚糖凝胶）。不同规格的凝胶其网孔直径范围不同，只允许相对分子质量在一定范围的蛋白质分子进入，大的蛋白质分子被排阻在外，故形象地称为分子筛。当蛋白质混合溶液从凝胶柱顶部进入后，小分子蛋白质通过凝胶网孔穿过一个又一个凝胶颗粒，其路程较长，受到的阻力较大。而大分子蛋白质只能从凝胶颗粒之间的孔隙向下移动，路程短，阻力小。因此，大分子最先流出来，小分子根据相对分子质量从大到小先后流出。

6. 超速离心

在超速离心的强离心力作用下，蛋白质分子会在溶液中沉降，某种蛋白质分子颗粒在单位离心力场的沉降速度为定值，称为沉降系数，用 s 表示。

各种蛋白质的相对分子质量、密度和形状均不同，其 s 也不同。一般来说，相对分子质量大的其 s 也大，相对分子质量小的其 s 也小。蛋白质和其他生物大分子的 s 介于 $1 \times 10^{-13} \sim 200 \times 10^{-13}\ s$ 之间。为方便计算，把 $\times 10^{-13}\ s$ 作为 1 个单位，称为斯维得贝格（Svedberg）单位，用 S 表示。在超速离心时，不同 S 的蛋白质被分离在不同区带。

相关文献阅读推荐

[1] 戴伟文，熊建平，郝治平，等. 一种简便灵活的蛋白质结晶的接种技术 [J]. 生物化学与生物物理进展，1992（3）：13.

[2] 黄鹏飞. 毕赤酵母系统来源的重组人血清白蛋白及其融合蛋白的结晶条件研究 [D]. 无锡：江南大学，2014.

[3] 李俊君，陈强，李刚，等. 微流控技术应用于蛋白质结晶的研究 [J]. 化学进展，2009（5）：6.

[4] 李立人，王维光. 烟草（Nicotiana tabacum）部份 I 蛋白结晶的三种简易制备方法 [J]. 植物生理学报，1985（1）：112 - 114.

[5] 徐琴钰，孙德，陶宗晋. 结晶半夏蛋白在 6M 盐酸胍中的可逆变性 [J]. 生物化学与生物物理学报（英文版），1981（2）：31 - 36.

[6] 姚知渊，周浩鹏，周静舫. 蛋白质分离纯化和蛋白质结晶的研究方法 [J]. 企业技术开发，2009，28（10）：3.

[7] 赵卫光，李正名，王宝雷，等. 高通量蛋白质结晶及其在药物设计中的应用 [J]. 化学进展，2004，16（1）：5.

思政故事：结构生物学家施一公

施一公，著名的结构生物学家，中国科学院院士。他主要通过生物化学和生物物理的手段研究细胞凋亡的分子机制、重要膜蛋白及细胞内生物大分子机器的结构与功能。他解析了真核信使 RNA 剪接体关键复合物结构，揭示了其活性部位及分子层面机理。

2014年3月31日，施一公获瑞典皇家科学院"爱明诺夫奖"，奖励他过去15年运用X射线晶体学在细胞凋亡研究领域做出的杰出贡献。施一公是首位获得该奖的中国科学家。

施一公及其团队的科研成果清晰地揭示了细胞凋亡通路中的一系列分子过程，基于该研究的一项专利成果也已被转化为治疗癌症的新药进入二期临床试验。

意义：施一公的工作对推动生命科学和高等教育事业的发展具有重要意义，他是中国科学界的榜样和楷模。

生化知识点简要概述

冷冻电子显微镜技术是研究生物大分子结构的重要手段，具有研究对象广、样品需求少及接近生理状态等独特优势。随着电子显微镜硬件设备和结构解析软件算法等方面的不断突破，冷冻电镜技术也将取得重大进展，但依旧面临着许多技术上的挑战。例如，如何改进样品制备技术、如何客观地对三维重构的结果进行检验、明确结构解析的分辨率及对生物大分子构象不均一性的分析等，仍然是冷冻电镜研究中有待解决的关键问题。冷冻电子显微学解析生物大分子及细胞结构的核心是透射电子显微镜成像，包括样品制备、图像采集、图像处理及三维重构等几个基本步骤。

1. 样品制备

用于冷冻电镜研究的生物样品必须非常纯净。生物样品是在高真空条件下成像的，因此样品的制备既要能够保持本身的结构，又能抗脱水和电子辐射。现在普遍采用的方法是通过快速冷冻使含水样品中的水处于玻璃态，也就是在亲水的支持膜上把含水样品包埋在一层略厚于样品的薄冰内。

2. 图像采集

冷冻的样品通过专门的设备——冷冻输送器转移到电镜的样品室。在拍照之前，必须观察样品中的水是否处于玻璃态。如果不是，则须重新制备样品。

3. 图像处理与三维重构

数据处理的最终目的是获得生物样品的三维质量密度图，由二维图像推知三维结构的方法即三维重构。

（1）电子晶体学技术。电子晶体学技术利用电子显微镜的成像和电子衍射的功能，从生物大分子的二维晶体获取结构信息，解析其三维结构。

（2）单颗粒重构技术。单颗粒重构技术也叫作单颗粒分析，主要适用于结构具有全同性的生物大分子的结构解析,且蛋白质的分子量通常要求在100 kD以上。在颗粒数目足够多的情况下,理论上其分辨率可以达到原子水平。

(3)电子断层扫描重构技术。电子断层扫描技术是从一个物体的投影图像重构获得物体内部结构的技术。通过获取同一物体的多个连续角度下的二维投影图像,来反向重构它的三维结构。

相关文献阅读推荐

[1] 常圣海,张兴,陈景华. 嗜热紫硫细菌RuBisCO的冷冻电镜结构研究[J]. 电子显微学报,2023,42(1):13-20.

[2] 李锶铎,莫若衡,孙琳钧,等. 冷冻电镜样品制备的生物安全评估[J]. 电子显微学报,2023,42(1):80-85.

[3] 秦逸澄,刘蕴辉,沈庆涛. 冷冻电镜研究野生型DegP降解底物的构象变化[J]. 电子显微学报,2023,42(1):30-38.

[4] 汪进鸿,陈朕欣,邓竞,等. 透射电镜相机及单颗粒冷冻电镜数据预处理流程综述[J]. 电子显微学报,2022,41(6):654-663.

[5] 颜阳,郑清炳,张东旭,等. 基于对比学习的冷冻电镜单颗粒图像聚类算法[J]. 厦门大学学报(自然科学版),2022,61(6):1053-1061.

[6] 朱东杰,章新政. 冷冻电镜解析病毒颗粒中的蛋白质结构[J]. 电子显微学报,2023,42(1):94-103.

(杜冠魁 谢蓉)

第二章 核酸的结构与功能

概　　述

思政故事：核酸的发现

1868年，在德国化学家霍佩·赛勒（Hoppe-Seyler）的实验室里，有一名瑞士籍的研究生，名叫米舍尔（F. Miescher，1844—1895），他在实验室所承担的工作是研究脓血中细胞的化学成分。当时实验室附近有一家医院，常常扔出许多带脓血的绷带，脓血里有与病菌"作战"而死亡的白细胞及其他死亡的人体细胞。米舍尔细心地用洗脱的办法将绷带上的脓血收集起来。随后，先用酒精把细胞中的脂肪性物质去掉，然后用猪胃黏膜的酸性提取液（蛋白酶粗提液）进行处理，结果发现细胞的大部分被分解了，而细胞核只是缩小了一点儿，但仍然保持完整。得到细胞核后，米舍尔对组成细胞核的物质进行了化学分析，发现细胞核内含有与细胞内其他有机物明显不同的物质，这种物质的磷含量很高，远高于蛋白质，而且对蛋白酶有耐受性。米舍尔认为这是一种新物质。霍佩·赛勒当时是生物化学界的权威，治学严谨，他要在亲自做实验验证米舍尔的工作后，才允许米舍尔发表这个成果。霍佩·赛勒用酵母细胞验证了米舍尔的发现。米舍尔将他发现的新物质命名为"核素"。为了制备核素，米舍尔常常从清晨5：00就开始在低温的房间里工作，这大大影响了他的健康，导致他积劳成疾，51岁就离开了人间。

意义：科学需要严谨的态度和牺牲精神。

生化知识点简要概述

核酸是以核苷酸为基本组成单位的生物大分子，分为脱氧核糖核酸（DNA）和核糖核酸（RNA）。DNA是遗传信息的载体，通过复制的方式实现遗传信息的代间传递，通过选择性表达的方式决定生物体的生物性状。RNA 通常是 DNA 转录的产物，主要参与遗传信息的表达及调节，在 RNA 病毒中也可作为遗传信息的载体。

相关文献阅读推荐

［1］郭德润．揭示核酸奥秘的艰难历程［J］．生物学通报，1993（5）：7，50．

［2］文洁．核酸的营养与健康［J］．科技潮，2000（12）：2．

［3］熊犍，高寅．试论核酸发现对人类生活的影响［J］．科学对社会的影响，2007（2）：4．

［4］怡然．核酸的发现与 DNA 的应用［J］．中国保健食品，2008（3）：2．

［5］张翮．20 世纪上半叶核酸研究回顾及若干问题探析［D］．合肥：中国科学技术大学，2010．

［6］张翮．遗传物质发现史的哲学思考［J］．医学与哲学，2016，37（7）：5．

核酸的功能

思政故事：解开遗传物质载体之谜

1944 年，艾弗里等在 *Journal of Experimental Medicine* 上发表《关于引起肺炎球菌发生转化的物质的化学性质的研究》，宣布引起肺炎球菌发生转化的物质是 DNA。但当时生物学界的主流观点仍然认为遗传物质最可能是蛋白质，绝大多数学者质疑艾弗里转化实验的结论。1952 年，美国冷泉港实验室的噬菌体研究小组赫尔希和蔡斯设计了著名的噬菌体侵染实验，用同位素标记的 T2 噬菌体作为实验材料，通过同位素示踪技术对其侵染宿主细菌的过程进行研究。他们用同位素 S 和同位素 P 分别标记蛋白质和 DNA，通过检测放射性标记的分布情况，最终意外发现被侵染的细菌内含有放射性标记的 DNA，而细菌表面的噬菌体残余物中含有放射性标记的蛋白质。这一实验结果又一次将遗传物质的化学本质指向 DNA，生物化学家和遗传学家逐渐承认了 DNA 是遗传物质。

意义：在权威与惯性思维面前，真理的发现需要大胆推测和坚持小心求证。

生化知识点概述

DNA 是主要遗传物质

DNA 是遗传信息的载体，遗传信息以基因的形式存在，基因是编码多肽链或者 RNA 的脱氧核苷酸序列，基因组是生物体所有遗传物质的总和，包括编码序列和非编码序列。一般说来，进化程度与基因组的庞大程度存在正相关性。某些情况下，基因组也可以是 RNA 序列，例如，新冠病毒的遗传信息就存在于 RNA 上。DNA 通过复制实现遗传信息的代间传递，通过转录和翻译实现遗传信息对当代生命性状的调控。

相关文献阅读推荐

［1］陈延辉，杨小元，瞿礼嘉. 基因学说的深化与发展［J］. 北京大学学报（自然科学版），2003，39（6）：760－763.

［2］成军. 新基因结构与功能研究的策略［J］. 世界华人消化杂志，2003，11（4）：5.

［3］翁屹，张翮. 如何发现 DNA 是生命的遗传物质［J］. 哈尔滨工业大学学报（社会科学版），2010（2）：7.

［4］吴兴元. 人类基因组计划［J］. 中国科技信息，2000，16（13）：11－15.

核酸的化学组成及基本结构

思政故事：探寻核酸的结构

德国的科塞尔发现核素是蛋白质和核酸的复合物。他小心地水解核酸，得到了组成核酸的基本成分——鸟嘌呤、腺嘌呤、胸腺嘧啶和胞嘧啶，还有些具有糖类性质的物质和磷酸。确定了核酸这个生物大分子的组成之后，随之而来的问题是这些物质在大分子中的比例，以及它们之间是如何连接的。

斯托伊德尔通过分析发现单糖、每种嘌呤或嘧啶碱基、磷酸的比例为 1∶1∶1。科塞尔及其同事在水解核酸时发现糖基团与含氮的基团是连在一起的，同时他还对核酸与蛋白质的结合方式进行了研究。科塞尔因其在核酸化学领域的开创性工作，荣获 1910 年的诺贝尔生理学或医学奖。1911 年，科塞尔的学生列文证明核酸所含的糖类由 5 个碳原子组成，并将这种糖类命名为核糖。

1934 年，列文发现核酸可被分解成含有 1 个嘌呤、1 个核糖（或脱氧核糖）和一个磷酸的片段，这样的组合叫核苷酸。他认为核酸是由五碳糖与磷酸基团组成的长链，每 1 个五碳糖上再接 1 个碱基。列文认为这些碱基可能以一种非常简单的方式排列。列文虽然没有获得诺贝尔奖，但他的贡献有目共睹，并将永远留在核酸化学的历史中。

英国生物化学家托德成功地合成了核苷酸，并于 1955 年成功合成了二核苷酸。托德因其在核苷酸合成及核苷酸辅酶方面的贡献而获得 1957 年诺贝尔化学奖。

意义：科学问题的解决需要几代人持之以恒的努力，有幸在某个阶段发挥微小的作用，也是人生价值的一种体现。

生化知识点简要概述

核酸的组成

DNA 的基本组成单位是脱氧核糖核苷酸，RNA 的基本组成单位是核糖核苷酸，二者都是由碱基、戊糖（核糖）、磷酸组成。碱基均为含氮的杂环化合物，分为嘌呤碱和嘧啶碱。常见的嘌呤碱有腺嘌呤（A）、鸟嘌呤（G），嘧啶碱有胸腺嘧啶（T）、胞嘧啶（C）、尿嘧啶（U）。DNA 中包含的四种碱基为：A、G、C、T。RNA 中包含的四种碱基为：A、G、C、U。核糖存在于 RNA 中，脱氧核糖存在于 DNA 中。脱氧核糖是核糖 C2′脱氧形成，化学稳定性更强。核糖（脱氧核糖）的 C1′可与嘌呤的 N9 或者嘧啶的 N1 原子发生缩合反应生成核苷，核苷 C5′可与磷酸发生脱水反应，生成核苷酸（脱氧核苷酸）。

DNA 是由多个脱氧核苷酸以 3′，5′-磷酸二酯键相连而成的线性大分子，分子 5′端为磷酸基团，3′端为羟基，DNA 聚合酶只能从 DNA 分子的 3′端催化羟基与游离核苷酸的磷酸基团发生聚合，故多聚脱氧核苷酸链只能从 3′端延长，因此我们在描述一条 DNA 链时便有了 5′→3′的方向性。

RNA 与 DNA 的区别在于：RNA 中的戊糖是核糖而非脱氧核糖；RNA 中一般没有胸腺嘧啶（T），有胞嘧啶（C）和尿嘧啶（U）；构成 DNA 的基本单位为四种脱氧核苷一磷酸（deoxyribonucleoside monophosphate，dNMP），构成 RNA 的基本单位为四种核苷一磷酸（nucleoside monophosphate，NMP）。

N 代表碱基。

相关文献阅读推荐

［1］陈咏琪，尹延萍，冯嘉伟，等．家蚕 RNAi 效率相关核酸酶基因对 RNAi 效率的影响［J］．昆虫学报，2023，66（3）：303－311．

［2］邓博文，高思懿，肖博懿，等．计算机辅助筛选核酸适配体技术［J］．生物工程学报，2022，38（2）：13．

［3］刘文婷，刘柳宜，朱博琛，等．核酸 G－四链体的识别，复合物结构与细胞内探测的研究进展［J］．高等学校化学学报，2023，44（3）：81－96．

［4］薛羽君，魏恒玲，王寒涛，等．棉花核酸外切酶基因 GhWRN 的克隆及功能验证［J］．棉花学报，2021，189－199．

［5］寻看雨，孙悦，张悦，等．基于功能核酸的细胞荧光成像［J］．化学通报，2021，84（2）：10．

DNA 的结构

思政故事：发现 DNA 双螺旋结构之旅

1950 年，美国的生物化学家查尔加夫（Chargaff）用纸层析法分析了脱氧核糖核酸的组成成分，发现了 DNA 分子中碱基组成的规则，即 A＝T、G＝C、A＋G＝T＋C，这个发现被称为查尔加夫规则。这一发现推翻了以往莱文曾提出的四种核苷酸是完全一样的重复多聚体的观点，对以后确定 DNA 的双螺旋结构和碱基配对原则提供了十分重要的论据。1951 年，英国科学家富兰克林（Franklin）从自己拍摄的 X 射线衍射照片上发现了 DNA 的螺旋结构后担心自己的发现是否真实存在，又公开否认了自己的发现。1953 年，美国生化学家沃森（Watson）与英国生化学家克里克（Crick）合作，在富兰克林先前的研究基础上，提出了脱氧核糖核酸的双螺旋结构模型，这是 20 世纪最重大的自然科学成果之一，他们因此获得了 1962 年的诺贝尔生理学或医学奖。沃森和克里克双螺旋模型的建立，揭开了现代分子生物学的序幕。这一重大发现的诞生是曲折复杂的，正如沃森所说"科学很少像外行想象的那样，完全按合乎逻辑的方式进行"。

此外，我们需要关注科学家富兰克林。1952 年，沃森和克里克率先发表了一篇 DNA 为三螺旋结构的论文，富兰克林在卡文迪许实验室看到这个三螺旋结构模型后，毫不留情地指出了错误，这让沃森和克里克所在实验室的领导劳伦斯·布拉格觉得很没面子，于是暂停了二人的 DNA 结构研究。

1952 年 5 月，富兰克林和她的研究生雷蒙·高斯林拍到了一张 B 型 DNA 的 X 射线晶体衍射照片，也就是著名的"照片 51 号"，被誉为"有史以来最美的一张 X 射线照片。"

意义：无论是科学还是人生，批判性思维是打破惯性思维禁锢、走出创新之路的必要前提。正如西湖大学生命科学学院院长于洪涛所说："也许走在这条路上，你会觉得孤独，但如果坚信自己做的是对的、有价值的，那就坚持往前走。"

生化知识点简要概述

DNA 的结构

DNA 的空间结构分为二级结构和高级结构，DNA 的二级结构是 DNA 双螺旋结构。与蛋白质分子类似，核酸分子的空间结构也会因特定的 pH、离子特性、离子浓度等不同而发生变化。沃森和克里克提出的双螺旋结构被称为 B 型 DNA，是基于 92% 的相对湿度下拍摄的照片而描述，当相对湿度降低则产生 A 型 DNA，后又发现左手螺旋 DNA，称为 Z 型 DNA。

B 型 DNA 双螺旋结构的特点：双螺旋由两条多聚核苷酸链组成，二者以反向平行的方式围绕一个螺旋轴形成右手螺旋结构。螺旋直径为 2.7 nm，螺距为 3.54 nm，包含 10.5 个碱基对，碱基对平面之间的垂直距离为 0.54 nm。

DNA 双螺旋稳定的要素：疏水作用力维持了 DNA 双螺旋的基本结构，碱基因疏水位于螺旋内部，戊糖和磷酸形成的亲水性骨架位于双螺旋的外侧，在 DNA 双螺旋表面产生一个大沟和一个小沟。互补碱基对形成的氢键维系了螺旋横向的稳定性，相邻的两个碱基对相互重叠产生的疏水性碱基堆积力维系了螺旋纵向稳定。

相关文献阅读推荐

[1] 杜鹏宇, 李前忠, 张璐强, 等. 基于 DNA 局域结构和统计物理模型识别核小体定位 [J]. 内蒙古大学学报：自然科学版, 2023, 54 (1): 8.

[2] 胡灵殷, 垚柯国, 梁张晓兵. 基于 DNA 纳米结构的细胞间相互作

用的调控［J］. 高等学校化学学报，2021，42（11）：3284-3294.

［3］姜红燕，沈宗霖，毕蕊，等. 早发家族性阿尔茨海默病患者线粒体基因组变异分析［J］. 中华精神科杂志，2021，54（5）：6.

［4］蒋晨，康顾鑫. 如何从 X 射线衍射图中计算出 DNA 结构［J］. 生物学教学，2022，47（10）：87-89.

［5］姚樟燠，刘方舟. 线粒体 DNA 基因结构损伤与肿瘤关系的研究进展［J］. 东南大学学报（医学版），2022（4）：41.

［6］叶建涵，吴芬，董原辰，等. DNA-有机小分子复合结构的合成及应用研究［J］. 高分子学报，2022，53（12）：8.

RNA 的结构与功能

思政故事：mRNA 的发现

1955 年，Brachet 用洋葱根尖和变形虫进行了实验：若加入 RNA 酶降解细胞中的 RNA，则蛋白质合成就停止，若再加入从酵母中提取的 RNA，则又可以重新合成一些蛋白质。这就表明，蛋白质的合成是依赖于 RNA 的。同年，Goldstein 和 Plaut 用同位素标记变形虫 RNA 前体，发现标记的 RNA 都在细胞核内，表明 RNA 是在细胞核内合成的。在标记追踪（pulse-chase）实验中，用短脉冲标记 RNA 前体，然后将细胞核转移到未标记的变形虫中。经过一段时间发现被标记的 RNA 分子已在细胞质中，这就表明 RNA 在细胞核中合成，然后转移到细胞质内，而蛋白质就在细胞质中合成，因此 RNA 就成为在 DNA 和蛋白质之间传递信息的信使的最佳候选者。

Brenner、Jacob 和 Meselson 在 1961 年进行了一系列的实验。他们将大肠杆菌（*Escherichia. coli*）培养在 $^{15}N/^{13}C$ 的培养基中，因此合成的 RNA 和蛋白都被"重"同位素所标记。也就是说凡是"重"的核糖体，RNA 和蛋白都是细菌的，然后用 T2 噬菌体感染 *E. coli*，细菌的 RNA 停止合成，而开始合成 T2 噬菌体的 RNA。此时用普通的"轻"培养基（$^{14}N/^{12}C$），但分别以 ^{32}P 来标记新合成的 T2 噬菌体 RNA，以 ^{35}S 标记新合成的 T2 噬菌体蛋白，因此任何重新合成的核糖体，RNA 及蛋白都是"轻"的，但带有放射性同位素。经培养一段时间后破碎细胞，加入过量的"轻"的核糖体作对照，进行密度梯度离心，结果"轻"的核糖体上不具有放射性，"重"的核糖体上具有^{32}P 和^{35}S，表明：①T2 噬菌体未合成核糖体，"轻"的核糖体是后加放的；②T2 噬菌体翻译时是借用了细菌原来合成的核糖体，因此核糖体并无特异性，核糖体上结合的 mRNA，其序列的特异性才是指导合成蛋白质的遗传信息，从而提出了 mRNA 作为"信使"的证据。由此，他们将这种能把遗传信息从 DNA 传递到蛋白质上的物质称为"信使"。他们推测：①这种"信使"应是一个多核苷酸；②其平均分子大小足以携带一个基因的遗传信息；③它们至少是暂时连在核糖体上；④其碱基组成反映了 DNA 的序列；⑤它们能高速更新。Volkin 和 Astrachan 发现高速更新的 RNA 似乎完全符合以上条件。Jacob 和 Monod 将它定名为信使 RNA（Messenger RNA）或 mRNA。

生化知识点简要概述

mRNA 的结构与功能

1. 编码区

成熟 mRNA 中编码蛋白质的序列称为编码区（open reading frame，ORF），其中每 3 个连续的核苷酸组成一个遗传密码子，编码一个氨基酸或者终止信息。在真核生物中起始密码子为 AUG，终止密码子有 UAA、UAG、UGA，故一个核苷酸长度为 $3n$ 的编码区能编码的氨基酸数量为"$n-1$"个。

2. 5′帽子结构及 5′非翻译区

与原核生物不同，真核生物 mRNA 的 5′末端大都有一个反式 7-甲基-鸟嘌呤-三磷酸核苷（m^{7}Gppp）的起始结构，被称为 5′帽子结构。该结构可与帽结合蛋白形成复合体，对维持 mRNA 的稳定性、促进 mRNA 从细胞核向细胞质的转运及翻译起始复合物的形成都具有重要意义。从 5′帽子结构到 mRNA 编码区之间的序列称为 5′非翻译区，主要参与翻译起始调控。

3. 3′端多聚腺苷酸尾巴及 3′非翻译区

真核生物及部分原核生物 mRNA 的 3′末端有非模板来源的多聚腺苷酸结构，称为-poly（A）结构。其一般为 80～250 个腺嘌呤核苷酸，主要作用与 5′帽子结构类似，共同参与 mRNA 的转运、稳定性维系和翻译起始调控。从编码框到 3′-poly（A）之间的序列称为 3′非翻译区，主要参与蛋白质合成调控过程。

思政故事：我国科学家人工合成酵母丙氨酸转移核糖核酸

人工方法合成核糖核酸、脱氧核糖核酸和蛋白质是人类合成生命的前提，也是验证这些化合物结构的最好方法。王德宝院士及其科研团队经过13年的不懈努力，制备了11种核苷酸（或核苷）。1982年1月15日，王德宝院士及其团队首次人工合成酵母丙氨酸转移核糖核酸，这是世界上首次人工合成核糖核酸，对于揭示核酸在生物体内的作用具有重大意义。

意义：科技强国的实现需要更多有志青年像王德宝院士一样全身心投入到科学研究中去。

生化知识点概述

转运 RNA 的结构与功能

转运 RNA（transfer ribonucleic acid，tRNA）是氨基酸的载体，携带氨基酸后共同参与蛋白质的生物合成过程，为多肽链的合成提供活化的氨基酸。

1. tRNA 的一级结构

tRNA 分子长度一般为 74～95 个核苷酸，其中稀有碱基占比 10%～20%，这些稀有碱基均为转录后加工修饰而成，包括二氢尿嘧啶（dihydrouracil，DHU）、假尿嘧啶、甲基化嘌呤（m^7G、m^7A）。

2. tRNA 的空间结构

tRNA 分子中部分核苷酸序列通过碱基互补配对形成链内局部双螺旋结构，互补序列之间不能发生互补的部分则相对膨出形成茎环结构或者称作发卡结构，tRNA 的二级结构类似三叶草。而 X 射线晶体衍射图分析表明所有 tRNA 空间结构都类似倒"L"形。在三叶草结构中，位于上方的茎称为氨基酸臂，本质上是 tRNA 的 3′末端，末端的 3 个核苷酸序列具有保守性，均为 CCA。腺嘌呤 A 的 C3′与氨基酸的 α 氨基通过酯键相连形成氨基酰 tRNA。位于下方的是反密码子环，居中的 3 个核苷酸称为反密码子，反密码子决定了 tRNA 所携带的氨基酸种类，通过与 mRNA 模板上密码子的反向互补配对将正确的氨基酸运送到核糖体内参与成肽反应。例如，反密码子是 AGC 的 tRNA 携带的氨基酸只能是丙氨酸，可识别 mRNA 中对应的密码子 GCU。密码子与反密码子的配对识别方式实现了核苷酸序列储存的遗传信息向蛋白质一级序列信息的正确"翻译"。

相关文献阅读推荐

［1］范斯婷. 核糖核酸功能的研究进展及应用前景［J］. 国际学术动态，2017（5）：3.

［2］郭晓强，李岩异. RNA研发简史：从微不足道到无比重要［J］. 新华文摘，2023（6）：6.

［3］李稚锋，王正志，张成岗. 真核基因可变剪接研究现状与展望［J］. 生物信息学，2004（2）：4.

［4］刘望夷. 转移核糖核酸发现五十年：tRNA发现者Zamecnik辞世［J］. 生命的化学，2010（5）：11.

［5］宋国安. 核酸的功能作用及开发前景［J］. 四川粮油科技，2003，20（4）：4.

［6］王恒，周建宇，李一镭，等. 甲流病毒核酸检测在临床中的应用价值研究［J］. 医药前沿，2023（3）：3.

［7］赵文卓，李成勋，胡作建，等. 功能核酸用于致病菌检测的研究进展［J］. 生物技术进展，2023，13（1）：30-38.

核酸的理化性质

思政故事：桑格与DNA测序

被人调侃学术生涯一旦出现失败就要回家继承亿万家产的英国生化学家桑格（Sanger）因测定胰岛素结构荣获1958年诺贝尔化学奖。但是随后他并没有停下脚步，继续优化并发展出一种称之为链终止法的技术来测定DNA序列，这种方法也称作"双去氧终止法"或是"桑格法"。桑格因此在1980年再次获得诺贝尔化学奖。

意义：是科学家的不懈努力，才有了我们现在一开始就可以接触了解的高度。

生化知识点简要概述

核酸的紫外吸收特性

嘌呤和嘧啶是含有共轭双键的杂环分子，因而具有强烈的紫外吸收特性。中性条件下碱基的最大吸收峰位于260 nm处，故可根据260 nm处核酸溶液的吸光度（A_{260} 或者 OD_{260}）计算核酸溶液的浓度。通常 A_{260} 值为 1 时对应双链 DNA、单链 DNA（或 RNA）、寡核苷酸的浓度分别为 50 μg/mL、40 μg/mL、20 μg/mL。DNA 纯品 A_{260}/A_{280} 的值应为 1.8，RNA 纯品为 2.0，利用该比值可判断核酸样品的纯度。

DNA 变性

DNA 变性是指 DNA 分子中碱基堆积力和配对碱基之间的氢键被破坏，从而导致 DNA 解离为两条单链分子的现象。DNA 变性是非共价键的破坏，不涉及 DNA 核苷酸序列的改变。导致 DNA 变性的因素有温度、pH、离子强度等。

DNA 增色效应：在 DNA 变性的过程中，内部碱基逐渐被暴露，吸光度持续增加至峰值，这种现象称为 DNA 的增色效应。

T_m 值：DNA 变性过程中吸光度的变化值达到最大变化值一半时的温度称为解链温度，此温度时有一半的双链解离成为单链。T_m 值随 DNA 链的长度、GC 含量、离子强度的增加而升高。长度小于 20 bp 的寡核苷酸片段可利用不同碱基数进行计算：$T_m = 4(G+C) + 2(A+T)$。

核酸复性

（1）复性。把变性条件缓慢去除后，两条解离的 DNA 互补链可重新互补配对形成 DNA 双链，恢复原来的双螺旋结构，称为 DNA 复性。DNA 复性的前提是"缓慢去除变性条件"。

（2）退火。热变性的 DNA 经缓慢冷却后发生复性，称为退火。若快速冷却至 4 ℃，则变性 DNA 依然保持单链，无法发生复性。

（3）核酸分子杂交。不同来源的 DNA 单链之间、RNA 单链之间、DNA 单链和 RNA 链之间可能形成杂化双链，称为核酸分子杂交。核酸分子杂交技术在分子生物学和医学中广为应用，如地中海贫血类型的分子诊断。

相关文献阅读推荐

[1] 马大龙，劳者歌，庞建. 生物素标记人补体 C3 cDNA 探针的分子杂交实验研究 [J]. 1987, 7 (2): 77-80, 133.

[2] 沈芳，全晶晶，刘炉香，等. 碳青霉烯耐药肠杆菌目细菌耐药性及耐药传播机制研究 [J]. 中华微生物学和免疫学杂志，2021, 41 (9): 8.

[3] 施建刚. 地中海贫血基因检测研究进展 [J]. 中国医药科学，2020, 10 (23): 4.

[4] 肖建平，殷蔚伯，田海梅，等. 利用分子生物学方法检测鼻咽癌

患者颈部转移性淋巴结中 EB 病毒基因研究 [J]. 中华放射肿瘤学杂志. 1996, 5 (4), 233-236.

[5] 严磊, 毛秀海, 左小磊. 酸性条件下的 DNA 构象变化加速 DNA 变性解链 [J]. 应用化学, 2022, 39 (5): 6.

（张云霞　陆文）

第三章 维生素

脂溶性维生素

脂溶性维生素（lipid-soluble vitamins）是指那些不溶于水而溶于脂肪或脂溶剂的维生素，主要包括维生素 A、维生素 D、维生素 E 和维生素 K。这些维生素通常在体内储存于脂肪组织和肝脏中，因此不需要每天摄入，但过量摄入可能导致中毒。

思政故事：陈竺研究白血病治疗取得突破性进展

陈竺，中国科学院院士。在人类白血病的研究中，陈竺阐明了全反式维甲酸（维生素 A 的衍生物）和三氧化二砷（又称砒霜）治疗急性早幼粒细胞白血病的细胞和分子机制，在该病治疗领域做出了重大贡献。其提出的白血病"靶向治疗"观点，为肿瘤的选择性分化和凋亡治疗开辟了全新的道路，得到国际学术界的高度评价。陈竺在维甲酸调控的基因及其组成的信号传递网络研究中，首次描绘了造血干/祖细胞的基因表达谱，克隆了 300 多个在造血细胞表达的新基因的全长互补 DNA（complementary DNA，cDNA）。作为一名医学科学家，陈竺在白血病研究领域特别是白血病协同靶向治疗方面取得的重大突破，造福了无数患者。国际上首创应用全反式维甲酸和三氧化二砷联合靶向治疗初发急性早幼粒细胞白血病（acute promyelocyte leukemia，APL），使 APL 成为第一个可被治愈的急性髓系白血病。这种联合靶向疗法已成为国际上治疗 APL 的标准疗法。在任我国卫生部部长期间，他为医药卫生体制改革做出了重要贡献，推动了全民医保体系的覆盖与完善。

意义：三氧化二砷有剧毒但也可以治疗疾病，说明事物都具有两面性，我们也要辩证地看待事物。

生化知识点简要概述

维生素 A

维生素 A 是由 1 分子 β-白芷酮环和 2 分子异戊二烯构成的不饱和一元醇。维生素 A 并不是单一的化合物，而是一系列包括视黄醇、视黄醛、视黄酸、视黄醇乙酸酯和视黄醇棕榈酸酯等在内的视黄醇的衍生物。维生素 A 在人体具有广泛而重要的生理功能，概括起来主要包括视觉、细胞增殖分化调节、细胞间信息交流和免疫应答这几个方面，其缺乏会导致生理功能异常和病理变化。维生素 A 可促进视觉细胞的感光物质的形成和维持上皮组织结构的完整。维生素 A 长期不足，会导致暗适应时间延长，严重时会出现夜盲症。此外，维生素 A 缺乏还可引起严重的上皮角化，出现干眼症。维生素 A 的毒副作用主要取决于其的摄入量，并与机体的生理及营养状况有关。

相关文献阅读推荐

[1] HAN Z G, BRINDLEY P J, WANG S Y, et al. Schistosome genetics: new perspectives on schistosome biology and host-parasite interaction [J]. Annu Rev Genomics Hum Genet, 2009, 10: 211-240.

[2] WANG L, ZHOU G B, LIU P, et al. Dissection of mechanisms of Chinese medicinal formula realgar-indigo naturalis as an effective treatment for promyelocytic leukemia [J]. Proc Natl Acid Sci, 2008, 105: 4826-4831.

[3] YAN X J, GU Z H, XU J, et al. Exome sequencing identifies somatic mutations of DNA methyltransferase gene DNMT3A in acute monocytic leukemia [J]. Nature genetics, 2011, 43: 309-315.

[4] ZHANG X W, YAN X J, YANG F F, et al. Arsenic trioxide controls the fate of the PML-RARa. oncoprotein by directly binding PML [J]. Science, 2010, 329: 240-243.

[5] ZHOU G B, ZHAO W L, WANG Z Y, et al. Retinoic acid and arsenic for treating acute promyelocytic leukemia [J]. PLoS medicine, 2005, 2: 33-38.

思政故事：维生素 D 的发现

故事始于 17 世纪的英国，此时工业革命的前奏已经奏响，伦敦的人们生活在拥挤的砖房中，远处的烟囱冒着滚滚黑烟，"雾霾"逐渐逼近。在1634年的死亡年报中第一次出现了"佝偻病"这一条，在1645—1668年间，几个英国医师先后在医学杂志上描述了儿童佝偻病（因维生素D缺乏导致儿童骨骼发育不良）的病征。在之后的几十年间，佝偻病的发病率越来越高（有人认为和伦敦的雾霾使紫外线减少有关），医生们尝试过各种各样的方法，后来发现食用深海鱼的肝脏或增加日晒能够治疗佝偻病，当时的人们认为是鱼肝中的某种维生素强化了骨骼，从而治愈了佝偻病。在1922年，有医生提出用"维生素D"来命名这种可以让钙进入骨骼、使骨骼更强健的营养素。根据维生素的定义（人体无法自身合成的必需营养物质），维生素D并不是一种真正意义上的维生素，因为维生素D是一种人体可以自己合成的物质。实际上，人体中90%以上的维生素D是皮肤在"晒太阳"时合成的。维生素D是一种脂溶性物质，和之前发现的维生素C、维生素B不同，它的结构更类似于胆固醇。这种长得像胆固醇的物质是怎么发挥作用的呢？直到19世纪20年代，生化学家们才揭开了这一谜题，原来脂溶性的维生素D可以轻易地透过细胞的磷脂膜，直接进入细胞核内，通过影响细胞的生长和分裂来行使它的作用。

意义：维生素D的发现历史，就像谚语所说的"罗马不是一天建成的"。因此，我们做任何事情都不能急于求成，只有付出努力，持之以恒，才能取得成功。我们的学业也是如此，需要认真学习，苦心钻研，才能取得好成绩。

生化知识点简要概述

维生素D

维生素D是类固醇的衍生物，为环戊烷多氢菲类化合物。维生素D为白色结晶，溶于脂肪，性质较稳定，耐高温，抗氧化，不耐酸碱，脂肪酸败可使其破坏。维生素D在体内可调节钙磷代谢、影响细胞的分化和调节免疫功能。

$1,25-(OH)_2-D_3$的主要作用是调节钙、磷代谢，促进肠内钙、磷吸收和骨质钙化，维持血钙和血磷的平衡。其作用于小肠黏膜细胞的细胞核，促进运钙蛋白的生物合成。运钙蛋白和钙结合成可溶性复合物，从而加速了钙的吸收。当缺乏维生素D时，儿童可患佝偻病，成人可发生软骨病和骨质疏松症。长期每天过量摄入维生素D可引起中毒，特别是对维生素D较敏感的人。维生素D中毒症状主要包括高钙血症及由此引起的肾功能损害及软组织钙化，高钙血症可致动脉粥样硬化。由于皮肤储存的7-脱氢胆固醇有限，多晒太阳不会引起维生素 D 中毒。

相关文献阅读推荐

［1］廖祥鹏，张增利，张红红，等．维生素 D 与成年人骨骼健康应用指南（2014 年简化版）［J］．中国骨质疏松杂志，2014（6）：1011-1030.

［2］王凡．维生素 D 生物学作用的研究进展［J］．中国畜牧兽医文摘，2012（7）：1.

［3］向伟．维生素 D 缺乏和维生素 D 缺乏性佝偻病防治进展［J］．中华儿科杂志，2008，46（3）：3.

［4］张会丰，韩笑，武姗姗．血清 25（OH）D 水平对评估儿童维生素 D 营养状况的意义和界值［J］．中华儿科杂志，2015（3）：4.

思政故事：维生素 E 与健康生活

患者陈某，男，60 岁，因"黑软大便 1 周"来门诊检查。患者主诉有轻度高脂血症并脂肪肝，半年来进行降脂治疗，每天服维生素 E 0.2 克，近一周发现排黑色软便，每天 2 次，并见鼻涕及痰中有少量血丝，刷牙时牙龈出血。血常规和生化检查提示凝血酶原时间和血小板计数正常、部分凝血活酶时间正常，束臂试验阳性。电子肠镜检查正常。考虑为维生素 E 副作用导致血管脆性增加，嘱停用维生素 E 并使用芦丁（又称芸香苷）治疗。数日后患者恢复正常。

意义：维生素 E 的生理功能主要有抗氧化、延缓衰老、提高生育能力、提高人体免疫能力等，但是它也具有一些副作用。这提示我们在日常的工作中要科学地思考问题，找到原因后才能更好地解决问题。

生化知识点简要概述

维生素 E

维生素 E 是苯并二氢吡喃的衍生物，包括生育酚和三烯生育酚 2 类共 8 种化合物，即 α、β、γ、δ 生育酚和 α、β、γ、δ 三烯生育酚。维生素 E 的生理功能如下：

（1）抗不育作用。缺乏维生素 E 会导致雄鼠睾丸萎缩，不产生精子；雌鼠胚胎及胎盘萎缩引起流产。虽然在人类中尚未发现因维生素 E 缺乏引起的不孕症，但临床常用维生素 E 治疗先兆性流产和习惯性流产。

（2）抗氧化作用。维生素 E 作为脂溶性抗氧化剂和自由基清除剂，主要对抗生物膜上脂质过氧化所产生的自由基，保护生物膜及其他蛋白质的结构与功能。

（3）调节基因表达的作用。

（4）促进血红素的合成。

维生素 E 一般不易缺乏，在严重的脂质吸收障碍和肝严重损伤时可引起缺乏症，表现为红细胞数量减少、脆性增加等溶血性贫血，偶尔也可引起神经功能障碍。动物缺乏维生素 E 时其生殖器官发育受损，甚至不育。维生素 E 与阿司匹林都能降低血液黏稠度，二者同时使用易致出血。维生素 E 与维生素 K 有拮抗作用，不宜同时使用。

相关文献阅读推荐

［1］庞婧，王安. 低温与维生素 E 对笼养蛋雏鸭生长性能、抗氧化能力及血糖血脂的影响［J］. 动物营养学报，2007，19（3）.

［2］孙忠实，朱珠. 维生素 E 临床应用再评价［J］. 中国药学杂志，2003.

［3］汪求真，马爱国，孙永叶，等. 大剂量维生素 E 对大鼠抗氧化和 DNA 损伤的影响［J］. 营养学报，2005，27（6）：4.

［4］周筱丹，董晓芳，佟建明. 维生素 E 的生物学功能和安全性评价研究进展［J］. 动物营养学报，2010，22（4）：817-822.

思政故事：止血药维生素 K 的发现

1936 年，丹麦生物化学家达姆发现了一种新的维生素。这种维生素有凝血作用，严重缺乏时，实验动物会流血不止，甚至死亡。因此，他以母语中表示"凝血"的词 Koagulation 为这种维生素物质命名，就是"维生素 K"。后来，达姆与另一位确定维生素 K 结构的化学家 Edward Doisv 共同获得了诺贝尔生理学或医学奖。

起初，达姆在研究胆固醇的生理功能时用脂溶剂提取法去除了饲料中的胆固醇，发现小鸡吃了这种饲料后，出现了发育不良，有一部分小鸡竟然出现了皮下、肌肉或内脏出血的现象。但达姆在哥本哈根郊外散步时发现啄食青草与绿叶的小鸡没有出现皮下出血，而且饲料中加入紫花苜蓿和鱼粉，就能很快治好小鸡这种致命的出血。他的发现立即引起了国际学术界的关注。后来，达姆与卡雷尔合作，花了整整五年时间，终于从紫花苜蓿中提取到了维生素 K。

意义：科学的发展往往源于科学家敏锐的观察，以及合作创新。

生化知识点简要概述

维生素 K

维生素 K 又叫凝血维生素，具有叶绿醌生物活性，维生素 K 包括维生素 K_1、K_2、K_3、K_4 等几种形式。维生素 K 的功能如下：

（1）促进凝血。血液凝血因子Ⅱ、Ⅶ、Ⅸ、Ⅹ，抗凝血因子蛋白 C 和蛋白 S 在肝细胞中以无活性前体形式合成，它们的激活需要以维生素 K 为辅助因子的 R - 谷氨酸羧化酶催化。

（2）参与骨骼代谢。肝、骨等组织中存在维生素 K 依赖蛋白。

（3）减少动脉硬化。

因维生素 K 广泛分布于动物、植物组织，且体内肠菌也能合成，原发性维生素 K 缺乏不常见。最常见的成人维生素 K 缺乏性出血多发生于摄入含维生素 K 低的膳食并服用抗生素的患者中。维生素 K 不足可见于吸收不良综合征和其他胃肠疾病，如口炎性腹泻、溃疡性结肠炎、胆道梗阻、胰腺功能不全等。以上情况均须常规补充维生素 K 制剂。

相关文献阅读推荐

［1］廖建湘. 迟发型维生素 K 缺乏所致颅内出血［J］. 中国实用儿科杂志，2005，20（3）：3.

［2］林良明. 婴儿维生素 K 缺乏研究进展［J］. 中国儿童保健杂志，2002，10（6）.

［3］林志青，陈琪，陈敏. 晚发性维生素 K 缺乏症诊治与预防措施探讨［J］. 中国实用儿科杂志，2006，21（2）：1.

［4］罗林枝，徐苓. 维生素 K 与骨质疏松［J］. 中国医学科学院学报，2003，25（3）：4.

［5］王静，吴天勤，任传路，等. 维生素 K 缺乏或拮抗剂诱导的蛋白 - Ⅱ在非婴儿获得性维生素 K 依赖性凝血因子缺乏症中的诊断意义［J］. 中华内科杂志，2014（2）：4.

水溶性维生素

水溶性维生素（water-soluble vitamins）是可溶于水而不溶于非极性有机

溶剂的一类维生素，包括维生素 B 族［维生素 B_1（硫胺素、抗脚气病维生素）、维生素 B_2（核黄素）、维生素 PP（烟酸和烟酰胺的总称、抗糙皮病维生素）、维生素 B_6（吡哆醇、抗皮炎维生素）、泛酸（遍多酸）、生物素、叶酸、维生素 B_{12}（钴胺素、抗恶性贫血维生素）］和维生素 C。水溶性维生素在体内主要构成酶的辅因子，直接影响某些酶的活性。与脂溶性维生素不同，水溶性维生素在人体内储存较少，从肠道吸收后进入人体的多余的水溶性维生素大多从尿液中排出。水溶性维生素几乎无毒性，摄入量偏高，一般不会引起中毒现象，若摄入量过少，很快就出现缺乏症状。

思政故事：维生素 B_1 的发现

19 世纪末，科学家和医生们认为脚气病是一种多发性神经炎，并且他们已经从脚气病患者的血液中分离出了一种细菌，于是他们认为是这种细菌导致了脚气病的蔓延。1896 年，荷兰科学家艾克曼发现在他做实验的陆军医院里养的一些鸡病了，这些鸡得的就是多发性神经炎，发病症状和脚气病的症状相同。这一发现使艾克曼很高兴，他决心从病鸡身上找出得病的真正原因。刚开始的时候，艾克曼想在病鸡身上查找细菌，于是他给健康的鸡喂食从病鸡胃里取出的食物，想让健康的鸡"感染"脚气病病菌，结果出人意料，健康的鸡吃了病鸡胃里的食物之后，竟然全部安然无恙，这说明细菌并不是引起脚气病的原因。

艾克曼分析，稻米生长的时候，谷粒外包裹着一层褐色的谷皮，这种带皮的米就是糙米。碾去谷皮，露出白色的谷粒，就是白米。这里的人喜欢吃白米饭，给鸡吃的剩饭也正是这种白米饭。结果一段时间后，就会得多发性神经炎，这样说来，很可能在谷皮中有一种重要的物质，人体一旦缺乏后，就会得多发性神经炎。考虑了这些情况后，艾克曼决定再做一番实验。这次他选出几只健康的鸡，开始用白米饭喂它们。过了一阵子，这些鸡果然患了多发性神经炎。他随即改用糙米来喂鸡，很快，这些鸡都痊愈了。艾克曼反复这样的实验，用来证实鸡患病是否与糙米有关。于是，艾克曼把糙米当作"药"，给许多得了脚气病的人吃，果然这种"药"医好了他们。1897 年，艾克曼把他上述的研究成果写成学术论文公开发表后，引起了世界各国的轰动，大家都对研究这个问题很感兴趣，并争先恐后地开展了后续研究，最终发现了治疗脚气病和多发性神经炎的第一种维生素——维生素 B_1，以及治疗糙皮病的维生素——烟酸。

意义：科学研究不仅需要坚持不懈，也需要奇思妙想，善于分析。科学立足于生活，只有细心观察，才能从生活中找到科研的突破口。

生化知识点简要概述

维生素 B_1

维生素 B_1 又称硫胺素（thiamin），由一个含氨基的嘧啶环和一个含硫的噻唑环通过亚甲基桥连接而成。维生素 B_1 主要存在于豆类和种子外皮（如米糠）、胚芽、酵母和瘦肉中。硫胺素主要被小肠吸收，在血液中多种酶的参与下即被磷酸化而成为磷酸酯，其中主要的形式是与焦磷酸生成硫胺素焦磷酸（thiamine pyrophosphate，TPP），少部分为硫胺素一磷酸（thiamine monophosphate，TMP）、硫胺素三磷酸（thiamine triphophate，TTP）和游离硫胺素。TPP 是维生素 B_1 的活性形式，占体内硫胺素总量的 80%。维生素 B_1 既参与糖代谢又参与神经传导。

消化道疾病患者和 65 岁以上的老年人群中，亚临床维生素 B_1 缺乏非常普遍。在 65 岁以上的老年人群中，血液维生素 B_1 水平减少约 1/3。维生素 B_1 缺乏时糖氧化受阻，导致丙酮酸、乳酸堆积，影响机体的能量供应，可引起脚气病。因此，维生素 B_1 也称为抗脚气病维生素。

相关文献阅读推荐

［1］庞学红，杨振宇，赵文华，等. 2019—2021 年中国 6～23 月龄婴幼儿辅食能量和营养素摄入量［J］. 卫生研究，2023，52（1）：7.

［2］孙路路，张石革. 维生素 B_1（硫胺）缺乏症（脚气病）与补充维生素 B_1［J］. 中国药房，2003，14（6）：383-384.

［3］吴晓娜，黄承钰，杨咏涛，等. 维生素 B_1、C 和鲜桔汁对人肺癌细胞的作用［J］. 营养学报，2001，23（3）：208-211.

［4］张琦，鹿松，王丽华，等. 儿童 Wernicke 脑病的临床特点及 MRI 表现［J］. 放射学实践，2021，36（8）：1048-1051.

［5］郑彦峰，胡迎芬，刘烈刚，等. 城乡婴幼儿维生素 B_1，维生素 B_2 和烟酸机体营养状况分析［J］. 卫生研究，2013，42（3）：6.

思政故事：维生素 B_2 与健康生活

四岁男童小宇，还没满月就重度贫血，须定期输血，一岁半后双腿肌肉大面积萎缩致无法站立，四处求医。先后到过湖南耒阳、东莞和深圳的多家医院，花费了 20 多万元，被诊断为"纯红细胞再生障碍性贫血"。吃了两年激素和化疗药物后依旧效果不佳,医生建议行骨髓移植。直到他们遇到东莞市儿童医院康复科的刘医生后,这一切才峰回路转。刘医生在给孩子体格检查时发现其神经系统一系列阳性体征,就怀疑所有的症状都是一种病的多种表现,对孩子进行神经系统基因检测后发现了可疑变异基因 *SLC52A2*。基因 *SLC52A2* 的变异,导致维生素 B_2 代谢紊乱。维生素 B_2 代谢紊乱导致造血功能障碍和神经系统异常,进而导致进行性桥延性麻痹综合征的发生。服用 3 个月的维生素 B_2 后,患儿的红细胞恢复正常,纯红细胞再生障碍性贫血消失了,也不用输血了,原本肌肉萎缩无法站立的孩子,也可以慢慢行走了。

意义:一个代谢异常的罕见疾病,因为医生临床思路的不同,而导致诊断水平的差异。作为医学生,须牢记"健康所系,性命相托"。

生化知识点简要概述

维生素 B_2

维生素 B_2 是核醇与 6,7 - 二甲基异咯嗪的缩合物。因其呈黄色针状结晶,又名核黄素(riboflavin)。维生素 B_2 在各类食品中广泛存在,但通常动物性食物中的含量高于植物性食物。核黄素主要在小肠上段通过转运蛋白主动吸收。吸收后的核黄素在小肠黏膜黄素激酶的催化下转变成黄素单核苷酸(flavin mononucleotide,FMN),后者在焦磷酸化酶的催化下进一步生成黄素腺嘌呤二核苷酸(flavin adenine dinucleotide,FAD),FMN 及 FAD 是维生素 B_2 的活性形式。FMN 及 FAD 是体内氧化还原酶(琥珀酸脱氢酶、黄嘌呤氧化酶及还原型烟酸酰胺腺嘌呤二核苷酸脱氢酶等)的辅基,主要起递氢体的作用。它们参与呼吸链能量产生,氨基酸、脂类氧化,嘌呤碱转化为尿酸,芳香族化合物的羟化,蛋白质与某些激素的合成,铁的转运、储存及动员,以及叶酸、吡多醛、烟酸的代谢等。FAD 和 FMN 分别作为辅酶参与色氨酸转变为烟酸和维生素 B_6 转变为磷酸吡哆醛的反应,是 B 族维生素发挥协调作用的一个典范。体内维生素 B_2 的储存是很有限的,因此每天都要由饮食提供。维生素 B_2 缺乏表现为口、眼和外生殖器部位的炎症,如口角炎、唇炎、舌炎、眼结膜炎和阴囊炎等。

相关文献阅读推荐

[1] 孙定人,张石革. 维生素 B_2(核黄素)缺乏症(口角炎)与补充[J]. 中国药房,2003,14(7):1.

[2] 王艳辉,王安,谢富. 维生素 B_2 对笼养蛋雏鸭生长性能、内分泌

及抗氧化能力的影响［J］. 动物营养学报，2009，21（1）：5.

［3］徐志昌，刘铁斌. 中国对虾对维生素 B_2、B_5、B_6 营养需要的研究［J］. 水产学报，1995（2）：97-104.

［4］郑彦峰. 城乡婴幼儿 B 族维生素营养状况及膳食营养素摄入情况分析［D］. 青岛：青岛大学，2013.

思政故事：维生素 PP 的发现

200 多年前，在欧洲阿尔卑斯山区的玉米产地，流行着一种可怕的疾病——"癞皮病"（pellagra），又名"糙皮病"。这种疾病非常奇怪，首先，患者身体的裸露部位（如手、脚）会出现淡红色斑点，像被火烧伤似的焦痛。不久皮肤便出现水疱，流出一丝丝黄水。几周后，流黄水的皮肤出现鱼鳞般的疙瘩，全身疼痛。接着，患者的皮肤由淡红色变成灰黑色，像犀牛皮似的粗糙，感觉麻木。同时，患者会出现舌头通红、口腔黏膜和咽喉红肿，进食下咽十分困难；还会经常腹泻，大便呈糨糊样，且恶臭难闻。患者经常并发中枢神经系统紊乱，开始表现为头晕、头痛、烦躁、睡眠不安，很快会出现抑郁、痴呆、精神错乱（幻听、幻视）、时笑时哭。最后，患者全身内脏器官变形坏死，人便迅速死去。这就是癞皮病的"3D 症状"——皮炎、腹泻和抑郁/痴呆。这种病很快便在欧洲各地蔓延。1798 年，法国数以万计的人因此失去生命，数十万人丧失劳动能力。20 世纪初，意大利患癞皮病的有 5.5 万人，罗马尼亚有 10 万人；美洲也开始流行癞皮病。1915 年，美国有 1 万人死于该病。1917—1918 年，美国患癞皮病者有 20 万人之多。早在 19 世纪末，科学家就发现：癞皮病"跟着"玉米走。阿尔卑斯山区是玉米种植区，那里流行癞皮病。玉米传到法国和意大利，癞皮病就跟到那里。大批移民从欧洲到美洲，癞皮病也跟着过来。1914 年，美国公共卫生局派出以约瑟夫·戈德伯格医生为首的医疗队再次研究该病，并试图找出病因和治疗方案。经过几十年的努力，他们终于发现癞皮病是人们单一食用玉米导致膳食中缺乏某种营养素所致，而不是感染病菌或毒素中毒。这种营养素就是维生素 PP。早在 1867 年德国化学家就首次发现了烟酸，可惜人们不知道它就是抗癞皮病的维生素，以至错失良机。直到 1937 年，人类才开始用提取出的烟酸治疗癞皮病并获得成功。在我国北方地区，人们习惯把玉米和其他粮食搭配食用，或者用小苏打（弱碱）处理玉米，使得玉米中结合型烟酸变成游离型烟酸，这样烟酸就容易被机体利用，因此北方很少出现癞皮病。

意义：单一食用某些食物有可能造成维生素的缺乏，故应提倡"平衡膳食"，纠正"偏食，挑食"。我们提倡平衡膳食，即食品的品种要多样化，各种营养素互补。有偏食或挑食习惯的小儿，不仅体重、身高、胸围等各项发育指标达不到标准，还非常容易出现营养素的缺乏，感染各种疾病的概率也增大。

生化知识点简要概述

维生素 PP

维生素 PP 包括烟酸（尼克酸、维生素 B_3）和烟酰胺（尼克酰胺），它是具有生物活性的全部吡啶 - 3 - 羧酸及其衍生物的总称。食物中的维生素 PP 均以烟酰胺腺嘌呤二核苷酸（nicotinamide adenine dinucleotide，NAD^+，辅酶Ⅰ）或烟酰胺腺嘌呤二核苷酸磷酸（nicotinamide adenine dinucleotide phosphate，$NADP^+$，辅酶Ⅱ）的形式存在，NAD^+ 和 $NADP^+$ 是维生素 PP 在体内的活性形式。NAD^+ 和 $NADP^+$ 是体内多种不需氧脱氢酶的辅酶，广泛参与体内的氧化还原反应。烟酸通过使肝中的极低密度脂蛋白合成减少来降低血浆胆固醇。近年来，烟酸作为药物（烟酸肌醇酯，心血通注射液）已用于临床治疗高胆固醇血症。烟酸缺乏会引发糙皮病。

相关文献阅读推荐

[1] 黄永源，叶乐生. 丽水市小学生营养早餐及其营养素摄入量的评价 [J]. 中国学校卫生，2003，24（2）：108 - 109.

[2] 农洁. 维生素 B_3 [J]. 中国保健食品，2013（2）：4.

[3] 裴显庆，焦烨，王津生. 肉和肉制品中维生素 PP 含量的测定 [J]. 肉类研究，

[4] 汪多仁. 维生素 PP 的开发与应用 [J]. 中国饲料添加剂，2006（11）：3.

[5] 周远大. 异烟肼的不良反应与维生素 PP 和 B_6 的关系 [J]. 重庆医科大学学报，1984（3）：238 - 241.

思政故事：维生素 B_6 与健康生活

患儿菲菲，无诱因全身抽搐，每天发作 4～5 次，每次持续约 1 分钟，之后自行缓解。服用镇静药物未见好转，经检查体温正常，头颅 CT、脑血流图、脑电图、血常规、血糖、血钙均未见异常。其哥哥也在 4 月龄时全身

抽搐，一直持续到3岁才开始好转，其父亲家族里有不少人有同样的症状。初步诊断为维生素B_6依赖综合征。静脉注射维生素B_6 50 mg，患者停止抽搐。经色氨酸负荷试验确诊为维生素B_6依赖综合征。维生素B_6依赖综合征是一种先天代谢酶——犬尿氨酸酶的结构及功能缺陷，其活性仅为正常的1%。维生素B_6在脱羧作用及氨基转移作用中作为酶系统的辅酶参与体内氨基酸、蛋白、脂类、核酸及糖原的代谢。如果缺乏，可致抽搐及末梢神经疾患。此病患儿对维生素B_6需要量为正常小儿的5～10倍。

意义：维生素通常与多种疾病相关，维生素的发现在提高人类的健康水平上发挥着重要作用。

生化知识点简要概述

维生素B_6

维生素B_6包含吡哆醇（pyridoxine，PN）、吡哆醛（pyridoxal，PL）、吡哆胺（pyridoxamine，PM）和它们的磷酸衍生物。磷酸吡哆醛和磷酸吡多胺是其活性形式。磷酸吡哆醛是体内百余种酶的辅酶，在代谢中发挥重要的作用。人类未发现维生素B_6缺乏的典型病例。长期服用抗结核药异烟肼患者应补充维生素B_6，维生素B_6缺乏时，血红素的合成受阻，可造成低血色素小细胞性贫血和血清铁增高。

相关文献阅读推荐

[1] 洪燕，王冬兰，李树田. 维生素B_6缺乏对大鼠学习记忆的影响及有关机制的探讨 [J]. 中国行为医学科学，2000，9（2）：94-96.

[2] 罗蓉，潘涵，安迪. 维生素B_6相关性癫痫进展 [J]. 中风与神经疾病杂志，2021，38（2）：4.

[3] 马雪兴，刘王明，王毓明，等. 叶酸、维生素B_6、维生素B_1对大鼠同型半胱氨酸水平及动脉损伤的影响 [J]. 中国循环杂志，2000，15（6）：375-377.

[4] 邱泽武，蓝红，张少华，等. 维生素B_6伍用二巯基丙磺酸钠治疗四亚甲基二砜四胺急性中毒的实验研究 [J]. 中华内科杂志，2002，41（3）：186-188.

[5] 汤群，陆国平，吴春芳，等. 同型半胱氨酸与叶酸、维生素B_{12}及维生素B_6的关系 [J]. 中华心血管病杂志，2004，32（9）：4.

思政故事：周廷冲阐明乙酰载体反应

周廷冲，生化药理学家，中国科学院院士，主要从事生物活化因子的分子生物学研究。他首次阐明了梭曼膦酰化乙酰胆碱酯酶的老化机制，证明梭曼膦酰化酶老化的实质是毒剂残基上特异氧基的去烷基反应，从而为毒剂防治中的药物设计指明了方向。

1949年3月，周廷冲进入李普曼教授实验室后进行与辅酶A有关的供体酶和接受体酶的研究。他分离了乙酰硫激酶，揭示细菌的供体酶系统（乙酰基活化酶和辅酶A及乙酰磷酸）可以代替三磷酸腺苷－辅酶A－乙酸盐－乙酰硫激酶供体系统，与鸽肝接受体酶系统杂交，完成了芳香胺的乙酰化反应。他还与苏达克首次发现了氨基葡萄糖的乙酰化反应。他阐明了乙酰基活化的两步酶催化反应，即先在供体酶系统催化下，将供体的乙酰基转移给辅酶A，生成乙酰辅酶A，再在接受体酶系统催化下，将乙酰辅酶A的乙酰基转移到接受体上，从而完成乙酰化反应。杂交实验的成功说明乙酸的活化及利用是由两个独立的酶系统完成的。细菌中活化反应的酶系统和动物中利用乙酰辅酶A的酶系统间可以偶联。生物界乙酰载体反应系统具有通用性。

意义：周廷冲教授是一位赤诚的爱国主义者，有坚定的共产主义信念、艰苦创业的顽强毅力、勇攀科学高峰的创新精神、严谨求实的治学态度、诲人不倦的崇高品德、诚挚热情的工作作风、献身科学的高贵品质，是一位杰出的科学家。我们要学习其勇攀科学高峰的创新精神、严谨求实的治学态度、诲人不倦的崇高品德。

生化知识点简要概述

泛酸

泛酸又称遍多酸、维生素B_5，因广泛存在于动、植物组织中而得名。泛酸在肠内被吸收进入人体后，经磷酸化并获得巯基乙胺而生成4－磷酸泛酰巯基乙胺。4－磷酸泛酰巯基乙胺是辅酶A（coenzyme A，CoA）及酰基载体蛋白（acyl carrier protein，ACP）的组成部分，因此CoA及ACP为泛酸在体内的活性形式。泛酸在体内主要参与糖、脂、蛋白质代谢及在生物转化过程中起转移酰基的作用。泛酸缺乏的早期症状表现为易疲劳、胃肠功能障碍等疾病，严重时最显著的特征是出现肢体神经痛综合征。目前尚未发现过量泛酸具有副作用。

相关文献阅读推荐

[1] 陈小璐, 喻韬, 罗蓉. 泛酸激酶相关神经变性病的临床特征及分子生物学发病机制 [J]. 中华医学遗传学杂志, 2019, 36 (2): 4.

[2] 杨延辉, 肖春玲. 泛酸的功能和生物合成 [J]. 生命的化学, 2008, 28 (4): 448-452.

[3] 周廷冲. G类信息转导途径中活性蛋白质组分多态性的探讨 [J]. 生命科学, 1990 (2): 13-15.

[4] 周廷冲. 生化毒理学的研究: 梭曼与乙酰胆碱酯酶作用的生化机理 [J]. 生理科学进展, 1992 (3): 89-92.

[5] 周廷冲. 受体药理学的进展和展望 [J]. 生理科学进展, 1984 (2): 7-11.

思政故事: 陈芬儿发明d-生物素的不对称工业全合成生产新技术

陈芬儿, 中国工程院院士, 复旦大学化学系教授, 博士生导师。他发明了以不对称催化剂为核心的d-生物素工业生产合成新路线和新工艺, 在结构复杂的天然药物的不对称全合成中, 取得了多项突破性的研究成果。其作为第一发明人的"d-生物素的合成方法"等7项发明获中国发明专利, "d-生物素的不对称工业全合成生产新技术"获国家技术发明奖二等奖, "d-生物素的不对称工业全合成研究"获上海市科技进步奖一等奖, "d-生物素的合成方法"获上海市发明创造专利奖发明专利一等奖。d-生物素的不对称全合成生产新技术已实现工业化生产, 取得了很大的经济效益和社会效益。

意义: 我国的团队研制出d-生物素全合成新路线, 大大降低了生产成本和制药成本, 造福更多患者, 使得我国能拥有独立自主知识产权的制备生物素的技术。

生化知识点简要概述

生物素

生物素又称维生素H、维生素B_7等。生物素是含硫的噻吩环与尿素缩合并带有戊酸侧链的化合物。其在肝、肾、酵母、蛋类、花生、牛乳和鱼类等食品中含量较多, 啤酒里含量较高, 人肠道细菌也能合成。生物素是体内多种羧化酶的辅基, 参与CO_2的固定和羧化过程。除此之外, 生物体内组蛋白生物素酰化在细胞增殖、DNA 修复、维持基因的稳定方面发挥作用。生物素在人体内仅停留 3～6 小时，因此必须每天补充。生物素的来源极为广泛，人体肠道细菌也能合成，很少出现缺乏症。目前尚未有过量生物素的毒性作用报道。

相关文献阅读推荐

［1］晁碧辉，宋万明，李瑶兰，等. 生物素对动物糖、脂代谢的影响及其作用机制［J］. 动物营养学报，2022，34（6）：3511-3518.

［2］高琪，王淑珍. 蛋白质亚磺酰化修饰及其在生理和病理过程中的作用［J］. 中国生物化学与分子生物学报，2023，39（2）：8.

［3］杨艳玲. 生物素与生物素酶缺乏症［J］. 临床儿科杂志，2006，24（12）：3.

［4］CHEN F E, CHEN X X, DAI H F, et al. Synthetic studies on d-biotin, part 8: an efficient chemoenzymatic approach to the asymmetric total synthesis of d-biotin via a polymer-supported PLE-mediated desymmetrization of meso-symmetic discarboxylic esters［J］. Adv Synth Catal, 2005, 347: 549-554.

［5］CHEN F. E., HUANG J, Reserpine: a challenge for total synthesis of natural products［J］. Chem Rev, 2005, 12: 4671-4706.

思政故事：叶酸的发现

1931 年，印度孟买产科医院的医生 L. Wills 等人发现，酵母或肝脏浓缩物对妊娠妇女的巨幼红细胞性贫血症状有一定的作用，认为这些提取物中有某种抗贫血因子。1935 年，有学者发现酵母和肝脏提取液对猴子贫血症状有一定的作用。1939 年，有学者在肝中发现了抗鸡贫血的因子。1941 年，H. K. Mitchell 等人发现菠菜中有乳酸链球菌的一个因子。1945 年，R. B. Angier 等人在合成蝶酰谷氨酸时，发现以上学者发现的都是同一种物质，并完成了该物质的结构测定，确定其名称为叶酸。缺乏叶酸与神经管畸形、巨幼细胞贫血、唇腭裂、抑郁症、肿瘤等疾病有直接关系。

意义：孕妇需要服用叶酸，一般在备孕前 3 个月及怀孕后前 3 个月都要服用叶酸。这是一项最为基本的医学常识，需要大家大力推广，促进优生优育。

生化知识点简要概述

叶酸

叶酸又称维生素 B_{11}、抗贫血因子、蝶酰谷氨酸等。其结构由蝶啶、对氨基苯甲酸与 1 个或多个谷氨酸结合而成。叶酸的活性形式为 5，6，7，8 - 四氢叶酸（tetrahydrofolic acid，FH_4），FH_4 是体内一碳单位转移酶的辅酶。由于叶酸来源丰富，肠道细菌也能合成，一般情况下不缺乏。当吸收不良、代谢失常或长期使用肠道抑菌药物、有肝脏疾病时，可造成叶酸缺乏。叶酸缺乏可导致甲硫氨酸循环出现障碍，还会引起高同型半胱氨酸血症，增加动脉粥样硬化、血栓生成和高血压的危险性。叶酸缺乏也可引起 DNA 低甲基化，增加患某些癌症（如结肠、直肠癌）的风险。此外，孕妇如果叶酸缺乏，可能造成胎儿神经管畸形。故孕妇及哺乳期妇女应适量补充叶酸，以降低发生新生儿疾病的风险。

相关文献阅读推荐

[1] 郝玲，田熠华，章斐然，等. 我国部分地区成年人血浆叶酸的地区和季节差异比较 [J]. 中华预防医学杂志，2002，36（5）：3.

[2] 李丹，吴坤. 叶酸和同型半胱氨酸对血管病的影响及其机制 [J]. 疾病控制杂志，2006，10（3）：299-302.

[3] 汤群，陆国平，吴春芳，等. 同型半胱氨酸与叶酸，维生素 B_{12} 及维生素 B_6 的关系 [J]. 中华心血管病杂志，2004，32（9）：4.

[4] 王金桃，马晓晨，程玉英，等. 叶酸与宫颈癌关系的病例对照研究 [J]. 中华流行病学杂志，2006，27（5）：4.

[5] 王丽，林东昕，陆星华，等. 叶酸代谢相关基因 MTHFR、MS 基因多态与胰腺癌风险关联 [J]. 中华流行病学杂志，2006，27（1）：5.

思政故事：维生素 B_{12} 的合成工艺探索

1965 年，科学家伍德沃德因其在有机合成方面的杰出贡献而荣获诺贝尔化学奖。获奖后，他并没有因为功成名就而停止工作，而是组织了 14 个国家的 110 位化学家，协同攻关，探索维生素 B_{12} 的人工合成问题。

在此之前，这种极为重要的药物，只能从动物的内脏中提取，因此价格极为昂贵，且供不应求。维生素 B_{12} 的结构极为复杂。

伍德沃德设计了一个拼接式合成方案，即先合成维生素 B_{12} 的各个局部，然后再把它们对接起来。这种方法后来成了合成所有有机大分子普遍采用的方法。在合成维生素 B_{12} 过程中,伍德沃德和他的学生兼助手霍夫曼一起,提出了分子轨道对称守恒原理,这一理论用对称性简单直观地解释了许多有机化学过程。

分子轨道理论的创立,使霍夫曼和福井谦一共同获得了 1981 年诺贝尔化学奖。因为当时伍德沃德已去世 2 年,而诺贝尔奖不授给已去世的科学家。

伍德沃德合成维生素 B_{12} 时,共做了近千个复杂的有机合成实验,历时 11 年,终于在他谢世前几年成功实现复杂的维生素 B_{12} 的合成。

意义:成功需要艰苦奋斗、锲而不舍的精神。

生化知识点简要概述

维生素 B_{12}

维生素 B_{12} 又叫钴胺素,是唯一含金属元素的维生素,在体内的活性形式为甲钴胺素和 5′ - 脱氧腺苷钴胺素。维生素 B_{12} 是唯一的一种需要一种肠道分泌物(内源因子)帮助才能被吸收的维生素。维生素 B_{12} 是 $N_5 - CH_3 - FH_4$ 转甲基酶(甲硫氨酸合成酶)的辅酶,参与催化同型半胱氨酸转变成甲硫氨酸的合成,另外,其还具有营养神经的作用。维生素 B_{12} 广泛存在于动物食品中,正常膳食者一般不会缺乏。但绝对的素食主义者、萎缩性胃炎患者、胃全切患者或内因子的先天性缺陷者,可因维生素 B_{12} 的严重吸收障碍而出现缺乏症。维生素 B_{12} 缺乏时,核酸合成障碍阻止细胞分裂而产生巨幼红细胞性贫血,故维生素 B_{12} 也称为抗恶性贫血维生素。

相关文献阅读推荐

[1] 卜星彭,鹿育萨. 急性心肌梗死、急性脑梗死患者血清同型半胱氨酸、叶酸、维生素 B_{12} 水平研究 [J]. 中西医结合心脑血管病杂志,2013,11 (1):46 - 47.

[2] 时红波. 甲钴胺治疗糖尿病周围神经病变临床观察 [J]. 中国实用神经疾病杂志,2010,13 (7):2.

[3] 汤群,陆国平,吴春芳,等. 同型半胱氨酸与叶酸、维生素 B_{12} 及维生素 B_6 的关系 [J]. 中华心血管病杂志,2004,32 (9):4.

[4] 王东强,郭义,李志军,等. 甲钴胺促进周围神经再生的实验研究 [J]. 天津医药,2010 (3):3.

[5] 周晋,孟然,李国忠,等. 亚急性联合变性与维生素 B_{12} 缺乏和巨

幼红细胞贫血的研究［J］. 中华内科杂志，2004，43（2）：90-93.

思政故事：维生素 C 治疗坏血病的发现

两千年前，古罗马帝国的军队远征非洲。在烟尘蔽日、飞沙漫漫的沙漠中，士兵们长途跋涉，吃不到水果和蔬菜，便大批大批地病倒。他们的脸色由苍白变为暗黑，紫红的血丝从牙缝中一丝一丝地渗出来，浑身上下青一块紫一块，两腿肿胀，关节疼痛，双脚麻木而不能行走，纷纷栽倒在沙漠中，这就是坏血病的综合症状。15—16 世纪，坏血病曾波及整个欧洲。1519 年，航海家麦哲伦率领船队向大西洋进发，到达目的地时，原来 200 多人，活下来的只有 35 人。1593 年，英国海军一年中坏血病患者竟达 1 万多名。这些患者全身软弱无力，肌肉和关节疼痛难忍，牙齿肿胀出血，水手们因此而惶恐不安。18 世纪中期，坏血病的灾难更加疯狂地席卷了整个欧洲大地，英法的航海业也因而处于瘫痪状态。直到 18 世纪末，一个叫伦达的医生发现，给病情严重的患者每天吃 1 个柠檬，他们的病情竟像吃了仙丹一样迅速好转，并在半个月内全部都恢复了健康。成功的消息给人们带来了战胜病魔的希望。自此，人们才知道令人恐惧的坏血病原来可以用简单的橘子或柠檬来治疗。在伦达医生的建议下，海员航海时每天都要服用柠檬汁，来预防坏血病的发生。根据英国海军部统计，1780 年海军中患坏血病死亡人数为 1457 人；1806 年，采用伦达医生的办法后，死亡人数便骤减至 1 人。到 1808 年，坏血病便在英国绝迹了。英国的水兵和海员由此便有了"柠檬人"的称号，并一直延续到今天。

意义：正是因为善于观察，才能发现维生素与坏血病之间的关系，为治疗人类疾病做出了贡献。

生化知识点简要概述

维生素 C

维生素 C 是一种多羟基化合物，其分子中第 2 及第 3 位上 2 个相邻的烯醇式羟基极易解离而释出 H^+，故具有酸的性质，因此维生素 C 又称 L-抗坏血酸。维生素 C 参与体内的各种羟化作用，在体内的氧化还原过程中发挥重要作用，并且具有增强机体免疫力的作用。维生素 C 缺乏会使羟脯氨酸和赖氨酸的羟基化过程不能顺利进行，胶原蛋白合成受阻，从而引起坏血病的发生。由于机体在正常状态下可储存一定量的维生素 C，坏血病的症状常在维生素 C 缺乏 3～4 个月后才出现。维生素 C 缺乏直接影响胆固醇转化，引起体内胆固醇增多，是动脉硬化的危险因素之一。长期过量服用维生素 C 可引起不良反应，如腹泻、皮疹、胃酸增多、胃液反流等。

相关文献阅读推荐

[1] 李桂峰，钱沛锋，孙际佳，等. 维生素 C 对胡子鲶血清免疫相关酶活性的影响 [J]. 大连水产学院学报，2004，19（4）：301-305.

[2] 吴春艳. 水果中维生素 C 含量的测定及比较 [J]. 武汉理工大学学报，2007，29（3）：2.

[3] 夏涛，王爱国，余日安，等. 硒和维生素 C 对氟致大鼠肝细胞 DNA 损伤的影响 [J]. 中华地方病学杂志，2003，22（2）：124-125.

[4] 张王军，成龙，王刚，等. 大剂量维生素 C 治疗重症急性胰腺炎的临床研究 [J]. 中华肝胆外科杂志，2021，27（7）：3.

[5] 张晓宇，龙妮娅，刘健，等. 二氯乙酸盐协同维生素 C 抑制神经胶质瘤细胞的增殖、迁移和侵袭及其作用机制 [J]. 中国药理学通报，2023，39（2）：275-286.

（蔡茁　陆文）

第四章 酶

概 述

思政故事：酶发现历程

1907年，德国化学家爱德华·比希纳证明发酵不依赖于活的酵母细胞，酶的化学本质研究是20世纪初期酶学研究领域的热点。

20世纪初，许多科学家认为酶是一种附着在胶体上的相对分子量较小的物质。但美国科学家詹姆斯·萨姆纳（J. B. Summer）坚持认为酶是一种蛋白质。1926年，他选用脲酶含量较高的刀豆为实验材料，成功提取出能分解尿素的酶。经过反复实验，证明脲酶具有蛋白质特性。这是生物化学史上首次成功提取酶的结晶，有力推动了生物化学的发展。随后在1930年，美国科学家约翰·霍华德·诺斯罗普（J. H. Northrop）带领研究团队从猪的胃里首次提取获得了胃蛋白酶晶体，并且获得胰蛋白酶等多种消化性蛋白酶的结晶，证明了这些结晶是蛋白质。至此，酶的化学本质是蛋白质这一结论被人们所接受。与此同时，美国科学家斯坦利（W. M. Stanley）运用萨姆纳和诺斯罗普纯化和结晶酶的方法，成功分离出了烟草花叶病毒。1946年，诺贝尔化学奖获得者萨姆纳、诺斯罗普、斯坦利发现酶的化学本质是蛋白质。

意义：科学家锲而不舍的科研精神值得后人学习。

思政故事：中国酶工业领域的先驱张树政

张树政是中国科学院第一位生物化学领域的女院士，她一生致力于微生物领域的科学研究与技术研发，是中国酶工业领域的先驱科学家。

从20世纪50年代开始，张树政先后分析比较了酒精工业的不同种曲霉淀粉酶系的组成，确定了黑曲霉的优越性；她还阐明了白地霉的木糖和阿拉伯糖的代谢途径，纯化了木糖醇脱氢酶，发现并纯化了 NADP - 甘露醇脱氢酶。20 世纪 80 年代，她选育出 β - 淀粉酶高产细菌，首次发现了有严格底物专一性的 β - D - 岩藻糖苷酶。

在 20 多年的时间里，张树政院士领导的研究团队研究过 20 多种糖苷酶，其中有 α - 淀粉酶、葡萄糖淀粉酶、生淀粉酶、β - 淀粉酶、麦芽四糖淀粉酶、异麦芽三糖水解酶、异淀粉酶、纤维素酶、β - 葡萄糖苷酶、果胶酶、α - 半乳糖苷酶、β - 甘露聚糖酶、右旋糖苷酶、几丁质酶、肝素酶等。张树政院士的研究为后续的酶的工业应用夯实了基础。

意义：张树政院士是我国 20 世纪为数不多、自主培养的优秀科学家。她用七十多年的学术生涯践行了她在大学时立下的为祖国富强而奋斗的志向。她始终把国家需要放在科研第一位，将自己的梦想与国家富强、民族昌盛绑定一起，终生致力于中国酶工业的建设和发展。

生化知识点简要概述

酶

酶是一类生物催化剂。目前，人们发现了两种生物催化剂：一种是蛋白质类酶，体内大多数的催化剂都是这种酶；另一种是核酸类酶，包括核酶（ribozyme）和脱氧核酶（deoxyribozyme），是具有高效和特异催化性的核糖核酸和脱氧核糖核酸。生物体内新陈代谢过程中的一系列化学反应几乎都是由酶催化的，没有酶就没有生命活动。

酶的化学组成

酶按照化学组成的不同，有单纯酶（simple enzyme）和结合酶（conjugated enzyme）两类。

1. 单纯酶

单纯酶仅由氨基酸残基组成，通常只有一条多肽链，不含其他的非蛋白质部分，活性仅仅取决于它的蛋白质结构。脲酶、胃蛋白酶、脂肪酶等均属于单纯酶。

2. 结合酶

结合酶除了具有由氨基酸残基组成的蛋白质部分外，还有由一些小分子化合物或金属离子构成的非蛋白质部分，前者称为脱辅基酶（apoenzyme，俗称酶蛋白），决定反应的特异性，后者称为辅助因子（cofactor），决定反应的类型与性质。体内绝大部分酶为结合酶。脱辅基酶和辅助因子结合形成的复合物称为全酶（holoenzyme），酶蛋白和辅助因子分别单独存在时均无催化活性，只有结合在一起形成全酶才具有生物活性。一种辅助因子可与不同的酶蛋白结合构成具有不同特性的酶。

辅助因子按其与酶蛋白结合的紧密程度不同而分为辅基（prosthetic group）和辅酶（coenzyme）。辅基与酶蛋白以共价键紧密结合，不能用透析和超滤的方法将其与酶蛋白分开，多为金属离子，如 Zn^{2+}、Mn^{2+}、Mg^{2+}、Mo^{2+} 等。辅酶与酶蛋白以非共价键疏松结合，可用透析和超滤的方法将其与酶蛋白分开，多为小分子有机化合物，常常是维生素或维生素类物质，如铁卟啉、NAD^+、$NADP^+$、FMN 和 FAD 等。

大部分的酶都含有金属离子，金属离子的作用为维持酶分子的空间构象、传递电子、连接酶与底物、中和阴离子以降低反应中的静电斥力。有的金属离子与酶结合紧密，在提取过程中不易丢失，这类酶称为金属酶（metalloenzyme），如羧肽酶含有 Zn^{2+}，黄嘌呤氧化酶含有 Mo^{2+} 等；有的金属离子与酶蛋白结合疏松，不与酶蛋白直接结合，而通过底物以酶 - 底物 - 金属离子的形式结合，是酶发挥生物活性所必需的，称为金属激活酶（metal-activated enzyme）。小分子有机化合物是一些化学性质稳定的小分子物质，常含有维生素 B 族的衍生物及铁卟啉，在催化反应中起载体的作用，传递质子、电子和一些基团。

相关文献阅读推荐

[1] 郭文,高斌礼,杨勇,等. 基质金属蛋白酶 3 基因多态性与膝骨性关节炎的遗传易感性 [J]. 中国组织工程研究, 2022, 26 (12): 5.

[2] 蒋伟,郑瑞强. 金属蛋白酶组织抑制剂 -2 联合胰岛素样生长因子结合蛋白 7 对脓毒症相关性急性肾损伤的临床应用价值研究进展 [J]. 中华危重病急救医学, 2022, 34 (1): 5.

[3] 刘莉,马沁梅,于嘉霖,等. 基质金属蛋白酶对结核肉芽肿形成及免疫调控作用的研究进展 [J]. 中国病理生理杂志, 2022 (6): 38.

[4] 谢晔,万琪,慕静然,等. 基质金属蛋白酶参与神经病理性疼痛的研究进展 [J]. 中国病理生理杂志, 2023, 39 (2): 379-384.

[5] 张梦欣,李艺波,池水清,等. 肠道基质金属蛋白酶 -7 高表达对胆道闭锁小鼠肠道通透性的影响 [J]. 中华实验外科杂志, 2023, 40 (1): 4.

酶的催化作用

思政故事：纳米酶的倡导者阎锡蕴

阎锡蕴，中国科学院院士，中国科学院生物物理研究所研究员、博士研究生导师，蛋白质与多肽药物所重点实验室主任，中国科学院大学教授。

阎锡蕴带领其科研团队首次在国际上提出"纳米酶"。这一概念的提出，被认为是酶学史上一个里程碑式的事件，改变了无机纳米材料属于惰性物质的传统观念。

阎锡蕴与中国科学院物理所合作，想把生物分子与磁纳米粒子偶联，探索肿瘤诊断的新方法。然而，实验中却出现了一个奇怪的现象——原本是作为阴性对照的磁纳米粒子，却不可思议地与过氧化物酶底物发生了反应。起初，他们认为这可能是某种污染所致。于是他们不断重复这一实验，以排除可能干扰现象的各种因素，但结果仍然没有变化。这时阎锡蕴有了一个大胆的猜想，纳米级的氧化铁颗粒，是否可能具有类似过氧化物酶的催化活性呢？阎锡蕴首先与纳米材料专家解思深院士讨论了这个现象。随后，阎锡蕴团队决心验证这个猜想。为此，他们大胆设计实验，第一次用酶学方法系统比较了这种无机纳米材料与天然过氧化物酶的催化效率和酶促反应动力学，随后，阎锡蕴的猜想得到了验证。

意义：遇到奇特的实验现象，不能轻易略过，在探索真理的过程中，一定要仔细认真，不要被陈旧的常识所束缚。

生化知识点简要概述

酶的分子结构与催化特点

酶是一种由活细胞合成，对其特异性底物起高效催化作用的蛋白质。酶具有蛋白质的共同性质，有一级、二级、三级，甚至四级结构。从化学组成来看，酶可以分为单纯蛋白质酶和结合蛋白质酶。单纯蛋白质酶：除了蛋白质组分外，不含其他成分，如脲酶、淀粉酶等。结合蛋白质酶：除了蛋白质外，还要结合一些非蛋白质小分子或金属离子，如乙醇脱氢酶、丙酮酸脱氢酶等。其中酶的蛋白质组分称为脱辅基酶，非蛋白质组分称为辅助因子，脱辅基酶和辅助因子结合后形成的复合物则称为全酶。

酶的活性中心：酶分子中直接与底物结合，并催化底物发生反应的局部空间结构。根据功能不同，活性中心主要由 2 个部位组成：一个是结合部位，底物在此部位与酶分子结合；另一个是催化部位，酶通过此部位对底物进行催化。

酶的必需基团：必需基团是酶蛋白中氨基酸残基侧链的化学基团中，那些与酶活性密切相关的基团。根据功能与结构，可将必需基团分为结合基团、催化基团和其余基团。结合基团负责和底物结合，催化基团负责催化底物发生化学反应，其余基团既不属于结合基团也不属于催化基团，但是对于酶蛋白的空间构象具有重要的影响，对于酶活性具有重要的作用。

酶促反应的特点

酶促反应具有以下几个特点：

（1）普遍性。酶和一般无机催化剂一样，只催化热力学允许的化学反应；可以加快化学反应的速度，但不能改变反应的平衡点；酶和无机催化剂催化加快反应速度的机理都是降低反应的活化能，但酶能更加有效地降低活化能；在反应前后，酶的质和量没有发生改变。

（2）特殊性。因为酶来自活细胞，因此酶具有不同于其他催化剂的特殊性。在酶促反应中，酶作为一种催化效率极高的催化剂（比一般的催化剂要高 100 倍以上），可以使得反应以极快的速度或在常温常压的反应条件下进行。

（3）高度特异性。酶的特异性是指酶分子对底物具有极高的选择性。根据特异性的程度，可以分为以下 2 种类型：①绝对特异性，酶分子只作用于一种特定结构的底物，生成一种特定结构的产物，如唾液淀粉酶只催化淀粉，乳酸脱氢酶只催化 L 型乳酸；②相对特异性，是指酶可作用于一类化合物或一种化学键，如胃蛋白酶或胰蛋白酶。

（4）可调节性。可以从酶活性或者酶含量对酶进行调节。酶活性的调节往往是快速调节，酶含量的调节则往往是慢速调节。

（5）不稳定性。酶作为一种蛋白质，容易受到温度、pH 等的影响。

酶 – 底物复合物

酶的高效催化是通过降低反应的活化能实现的。酶促反应过程中，酶和底物会形成酶 – 底物复合物。这种复合物的形成依赖于酶和底物之间在接近时，能诱导酶的构象发生有利于与底物结合的变化，使酶与底物特异性结合，从而催化反应的进行。酶与底物结合时相互诱导发生空间构象改变，进而相互适应，即酶 – 底物结合的诱导契合假说。邻近效应和定向排列使底物正确定位于酶的活性中心，表面效应有利于底物和酶的接触与结合。酶对底物呈现多元催化作用，包括酸-碱催化、亲核催化、亲电子催化、共价催化等。

相关文献阅读推荐

[1] 曾宇成，李玉德，李梅，等. 海枣曲霉β-D-岩藻糖苷酶的专一性 [J]. 科学通报，1992（5）：445-447.

[2] 陈全亮，陈洪斌，曹泽星，等. 固氮酶催化活性中心及其化学模拟 [J]. 中国科学：化学，2014，44（12）：1849-1864.

[3] 方帅，彭康莉，金博，等. 泛素活化酶Ube1活性中心疏水区关键苯丙氨酸位点的丙氨酸突变对泛素传递活性的影响 [J]. 中国生物化学与分子生物学报，2019，35（2）：187-195.

[4] 高利增，陈雷，张若飞，等. 纳米酶：新一代人工酶 [J]. 中国科学：化学，2022，52（9）：1649-1663.

[5] 何财军，马宾，袁梅. 乙酰辅酶A合成酶2对海马记忆的影响及潜在应用前景 [J]. 中国病理生理杂志，2023，39（3）：565-570.

[6] 贺越，赵圣国，张晓音，等. 细菌脲酶蛋白结构与催化机制 [J]. 生物技术通报，2020，36（12）：208-215.

[7] 赫荣乔. 探讨酶的记忆 [J]. 生理科学进展，2015，46（1）：40-42.

[8] 李国超，田高飞，李建华，等. OGA糖苷酶酶活中心的鉴定 [J]. 南开大学学报（自然科学版），2012，45（2）：7-11，16.

[9] 林英武. 人工金属酶分子设计新进展：肌红蛋白研究实例分析 [J]. 化学进展，2018，30（10）：1464-1474.

[10] 刘秀荣，张光慧，谢梅珍. 酶的化学本质 [J]. 生物学教学，2009，34（11）：58.

[11] 马克学，李芬，席兴宇. 酶学研究与诺贝尔奖 [J]. 生物学教学，2007，258（6）：64-66.

[12] 彭益强，刘鹏，邓峰，等. 源于马铃薯的多酚氧化酶活性中心必需基团组成与抑制机理 [J]. 化工进展，2012，31（2）：406-411.

[13] 青宁生. 我国微生物酶学奠基人：张树政 [J]. 微生物学报，2017，57（02）：315-316.

[14] 曲戈，赵晶，郑平，等. 定向进化技术的最新进展 [J]. 生物工程学报，2018，34（1）：1-11.

[15] 汪新颖，王波，侯松涛，等. 苹果酸脱氢酶的结构及功能 [J]. 生物学杂志，2009，26（4）：69-72.

[16] 杨峻基. 酶在生物体中的重要作用 [J]. 化工管理, 2016, 429 (32): 259.

[17] 张树政. 微生物多样性的全球影响 [J]. 生物学通报, 1995 (1): 1-2, 7.

[18] 张子剑, 潘荣, 周园, 等. 酶促反应的"诱导契合-锁钥"模式 [J]. 生物化学与生物物理进展, 2011, 38 (5): 418-426.

酶辅助因子

思政故事：辅酶Ⅰ——持续百年的探索

烟酰胺腺嘌呤二核苷酸（NAD^+），又称为辅酶Ⅰ。辅酶Ⅰ是体内多种不需氧脱氢酶的辅酶，其作用是在生化反应中传递电子。辅酶Ⅰ是多种代谢途径关键酶的辅酶，参与多个生化反应过程。因此，辅酶Ⅰ对维持健康至关重要，体内的新陈代谢、氧化还原反应、基因组稳定性、表观遗传调控等都需要辅酶Ⅰ的参与。辅酶Ⅰ的分子结构如图4-1所示。

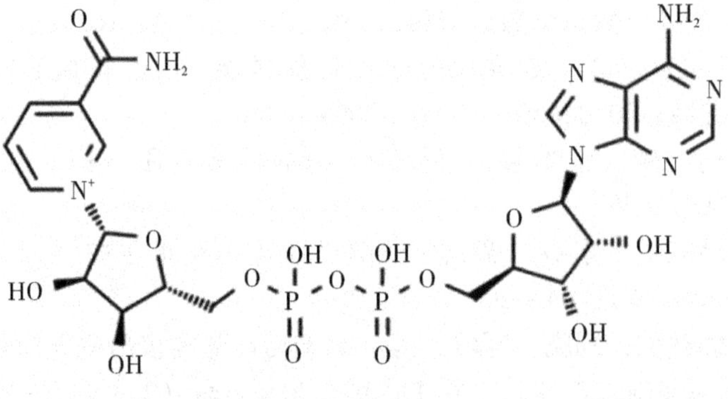

图4-1 辅酶Ⅰ的分子结构

辅酶Ⅰ是在1904年由英国生物化学家哈登（Arthur Harden）发现的。1904年，哈登把酵母提取物放入一个由半渗透薄膜制成的袋内，并将此袋放入水中。在透析的过程中，酵母提取物中的小分子便通过半渗透薄膜进入水中，而大分子则因不能通过半渗透薄膜而留在袋内。哈登发现经过透析处理后酵母提取物中催化糖发酵的酶的活性消失。但是当他将透析至袋外的液体再加入袋内的酵母提取物中时，他发现催化糖发酵的酶的活性又恢复了。通过这一实验哈登发现了对于糖发酵反应必需的小分子物质，即辅酶Ⅰ。这也是人类历史上发现的第一个辅酶。

直至20世纪20年代，德国化学家歇尔平（Hans von Euler-Chelpin）才首次分离提纯辅酶Ⅰ并发现其二核苷酸结构。正是凭借这一发现，歇尔平与哈登共同获得了1929年诺贝尔化学奖。

1930年，德国化学家沃伯格（Otto Warburg）首次发现辅酶Ⅰ在物质和能量代谢中的关键作用，因为这一发现他在1931年获得诺贝尔生理学或医学奖。

20世纪80年代，辅酶Ⅰ被应用于治疗人类疾病。奥地利格拉茨大学迈耶（George Birkmayer）教授首次将辅酶Ⅰ用于疾病治疗。2000年至今，许多科学家陆续发现辅酶Ⅰ能延长各种动物的寿命。例如，辅酶Ⅰ能延长秀丽隐杆线虫寿命将近50%，能延长雄性小鼠寿命10%以上。除此之外，科学家还发现辅酶Ⅰ及其前体对神经系统具有保护作用，以及对老年性痴呆、糖尿病都有治疗作用。

意义：辅酶Ⅰ从被发现到现如今确定其有应用于多种疾病治疗的潜力，是100多年来无数科学家持之以恒、厚积薄发的成果。这个例子告诉我们，科学必须在不断探究和创新中才能得到补充和发展。

生化知识点简要概述

维生素与辅酶的关系

酶的辅助因子根据结合紧密与否可以分为辅酶、辅基。辅酶是一类在酶催化反应中承担传递电子、原子或基团功能的有机小分子。辅酶往往与酶较为松散地结合，可以通过物理学方法从酶中去除。有许多维生素及其衍生物，如硫胺素和生物素，都属于辅酶。辅酶和酶蛋白以非共价键结合，结合不稳固。辅基是指和酶蛋白结合稳固，使用透析或者超滤的方法难以去除的有机小分子。辅基在酶促反应中始终与酶结合，如细胞色素氧化酶的辅基为铁卟啉环。

而我们摄入的水溶性维生素，如维生素B_1、维生素B_2、维生素PP、生物素等，大多数是辅酶或者辅基的组成成分，参与生物体内的生化反应，从而起到维持正常生命活动中的作用。例如，维生素B_1为抗神经炎维生素，在人体内它主要以硫胺素焦磷酸（TPP）的形式存在，是丙酮脱羧酶的辅酶。又如维生素B_2，也称核黄素，是黄素单核苷酸（flavin mononucleotide，

FMN）和黄素腺嘌呤二核苷酸（flavin adenine dinucleotide，FAD）这两种重要的辅酶的组成部分。维生素是辅酶的重要组成部分，尤其是B族维生素。

辅酶的作用

辅酶在酶促反应中起到载体作用，传递电子、质子或其他基团。例如，辅酶Ⅰ中含有烟酰胺（又称尼克酰胺），在反应中转移氢离子和电子。

金属离子的作用

辅基多为金属离子，如Na^+、Ca^{2+}、Mg^{2+}、Mo^{2+}等。其中有的金属离子与酶蛋白结合紧密，不易用透析或超滤去除，这类酶称为金属酶（metalloenzyme）。有的金属离子虽是酶的活性中心所必需的，但与酶可逆结合，在提取过程中易丢失，这类酶则称为金属激活酶，其中的金属离子可以作为连接酶与底物的"桥梁"，例如，己糖激酶催化葡萄糖磷酸化生成6-磷酸葡萄糖时需要Mg^{2+}。金属离子在酶促反应中的主要作用是：①稳定酶的构象；②参与催化反应，传递电子；③在酶与底物间起桥梁作用；④中和负电性，降低反应中的静电排斥等。

相关文献阅读推荐

[1] 程威，李冬梅，宋传超，等. 黑腹果蝇中辅酶Q的鉴定及其对寿命的影响[J]. 厦门大学学报（自然科学版），2011，50（3）：607-611.

[2] 贾男，臧国伟，李春，等. 辅因子在微生物细胞工厂中的代谢调控与应用[J]. 中国生物工程杂志，2022，42（7）：79-89.

[3] 李根，朱开容，郭丽. 金属酶活性位点对比法发现新的金属β-内酰胺酶抑制剂[J]. 华西药学杂志，2021，36（5）：501-504.

[4] 李亚静，汪洋，孔维宝，等. 酶学研究中的诺贝尔奖获得者及其贡献[J]. 生物学通报，2014，49（9）：54-58.

[5] 林荣，宋祖坤，张玲，等. FAD为辅基的葡萄糖脱氢酶发酵、纯化及酶学性质[J]. 食品与生物技术学报，2020，39（2）：104-111.

[6] 刘里，石柔. 辅酶A测定方法综述[J]. 煤炭与化工，2022，45（6）：140-147，157.

[7] 王继乾，闫宏宇，李洁，等. 基于多肽自组装的人工金属酶[J]. 化学进展，2018，30（8）：1121-1132.

[8] 王瑞勇，张璐，柴亚辉，等. 一氧化氮合酶FMN结合结构域的电子传递及调控机制研究现状[J]. 生命科学，2011，23（8）：790-795.

[9] 杨鸿辉，孙媛，王新博，等. NAD^+代谢机制及其对衰老相关疾病影响研究进展[J]. 生物学杂志，2023，40（2）：101-108.

[10] 余俊霖，李国菠. 计算机辅助金属酶靶向药物发现的研究进展[J]. 中国现代应用药学，2022，39（21）：2828–2833.

酶促反应动力学

思政故事：淀粉的人工合成

我国的国家安全依赖于粮食安全的构建，因此人工合成淀粉的开发，即使仅能部分替代淀粉作为工业原料、饲料，也将缓解我国的农业生产压力。

2021年，中国科学院天津工业生物技术研究所的科研人员在淀粉的人工合成方面取得突破性进展，在国际上首次实现了从 CO_2 到淀粉的合成，相关研究成果发表于国际顶尖期刊 Science 上。

在实现人工合成淀粉中，最大的难题在于植物中淀粉合成途径是通过长达亿年的进化完善的，淀粉合成途径的各个酶在长时间的进化中达到了高效的适配协作，而人为设计的生物反应途径很可能在短时间内无法匹敌或超过自然选择的效率。

然而，中国科学院天津工业生物技术研究所科研人员迎难而上，一步一个台阶。他们先是创建了人工合成淀粉的1.0版，在实验室内实现了人工淀粉合成。这个1.0版本的合成途径中包括动物、植物、微生物等31个不同物种来源的62个生物酶作为催化剂。在1.0版本的基础上，科研人员继续利用蛋白质工程等手段，对1.0版本中的3个关键限速酶做了改造，解决了淀粉合成中的限速酶活性低、辅助因子抑制、ATP竞争等难题，从而得到了2.0版的合成途径。然而我国科研人员并未止步于此，他们将体系与 CO_2 化学法生成甲醇的反应偶联，构建出一个化学反应单元和一个多酶反应体系相互融合的3.0版本，最后使人工合成淀粉的速度达到玉米淀粉合成速度的8.5倍。

可以预计，一旦实现人工合成淀粉的产业化，与通过传统农业种植生产淀粉相比，可节省90%以上的土地和淡水资源，而且可以降低农药、化肥等对环境的副作用。因此，实现人工合成淀粉产业化对提高我国粮食安全，促进碳达峰、碳中和都具有相当重大的意义。

意义：我们应意识到，科学工作者只有从国家需求、从经济社会发展的需求出发，才能获得既符合实际又有突破式创新的科研成果，把科研成果书写在祖国大地上。

生化知识点简要概述

V_{max}和K_m的概念

米氏方程 $V = \dfrac{V_{max} \cdot [S]}{K_m + [S]}$。$V_{max}$代表酶促反应中的最大反应速度，需要注意的是，我们往往无法在实验中准确确定V_{max}的值，因此我们经常在实验室测量不同浓度下的酶促反应速度，然后通过Lineweaver-Burk作图法找到直线对Y轴的截距，再取倒数就可以得到V_{max}值；[S]代表底物浓度；K_m为反应速度达到最大速度一半时的底物浓度，也叫作米氏常数。K_m是酶的特征性常数，在酶和底物确定后，相同的环境（pH、温度、离子浓度等）下K_m为固定值，K_m只与酶和底物有关，但与酶的浓度无关。对米氏方程进行进一步分析，我们发现当$K_m = [S]$时，反应速度$V = \dfrac{1}{2}V_{max}$，因此K_m的单位就是浓度的单位，且K_m的值是当反应速度处于最大反应速度一半时的底物浓度。在底物浓度远小于K_m时，反应速度与底物浓度的增加成正比，而当底物浓度大于K_m值10倍以上时，反应速度逐渐接近V_{max}，增加底物浓度对反应速度影响较小。K_m是酶的特异性常数，在一定条件下，K_m可以表示亲和力（或解离能力），K_m值越小，表示亲和力越大（解离能力越大）。K_m值还可以帮助我们判断一个可逆反应进行的方向。当酶对底物的K_m值小于对酶产物的K_m值，则反应有利于向正反应方向进行；当酶对底物的K_m值大于对酶产物的K_m值，则反应有利于向逆反应方向进行。当底物浓度远大于酶浓度的时候，随着酶浓度的增高，酶促反应速度呈正比增大。

根据米氏方程画出的底物浓度-反应速度矩形双曲线（图4-2），当反应速度达到最大反应速度一半的时候，底物浓度在数值上等于K_m值。

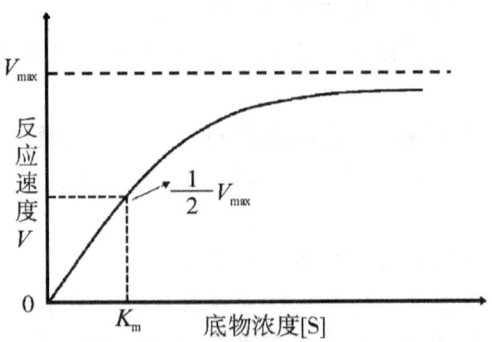

图4-2 底物浓度-反应速度矩形双曲线

最适 pH 和最适温度

酶的活性受环境的影响而改变。通常各种酶只在一定的 pH 范围内具有活性。酶表现最大活力时的 pH 称为酶的最适 pH。低于或高于最适 pH，酶的活性会下降。一般认为酶的最适 pH 不是常数，受酶的纯度、缓冲液的种类和浓度、底物的种类和浓度等影响。不同酶的最适 pH 不同，例如，人的胃蛋白酶的最适 pH 为 1.5～2.5，胰蛋白酶的最适 pH 为 8 左右。

酶的活性除了受到环境 pH 的影响，还受到环境温度的影响。酶的催化活性最高时的温度是酶的最适温度。一般来说，酶反应时的最适温度不会过高，因为超过 60 ℃ 的情况下，酶可能因失活而导致其活性的下降；酶反应时的最适温度也不会太低，温度较低的情况下分子热运动不足，酶促反应速度也会下降。

相关文献阅读推荐

[1] 景一娴，饶菁菁，廖飞，等. 低于米氏常数底物浓度下酶动力学参数的测定 [J]. 重庆医科大学学报，2018，43 (11)：1464 – 1468.

[2] 马中良，李艳利，鲍真真，等. 从米氏常数（K_m）的测定谈药学生物化学实验教学 [J]. 药学教育，2005 (2)：44 – 45.

[3] 史珅，常伟，尚小玉，等. 几种天然产物对黄嘌呤氧化酶的抑制作用 [J]. 中国食品学报，2014，14 (7)：138 – 143.

[4] 王旺银. 从液态阳光人工光合成淀粉（英文）[J]. 催化学报. 2022 (4)，895 – 897.

[5] 王志鹏，车子良，马新雨，等. 酶促反应动力学教学刍议：米氏方程衍生公式与图像 [J]. 化学教育（中英文），2021，42 (8)：105 – 110.

[6] 张振华，闫红，倪元颖，等. α - 阿拉伯糖苷酶的酶动力学性质研究 [J]. 食品科技，2004 (10)：16 – 19.

[7] 赵光耀. 运用双倒数法对黔产蒲公英不同萃取部位抑制 α - 葡萄糖苷酶竞争类型的研究 [J]. 广东化工，2022，49 (14)：37 – 40.

[8] 赵燕，涂勇刚，郭建军，等. 玉米淀粉的 β - 淀粉酶酶解动力学研究 [J]. 食品科学，2009，30 (17)：190 – 194.

[9] 周丽亚，牛玉杰，郑晓冰，等. 谷氨酸脱羧酶的分子改造及酶学性质研究 [J]. 中国生物工程杂志，2023，43 (5)：24 – 36.

[10] CAI T, SUN H, QIAO J, et al. Cell-free chemoenzymatic starch synthesis from carbon dioxide [J]. Science. 2021, 373 (6562), 1523 – 1527.

抑制剂与激活剂

思政故事：戚正武院士从海洋中寻找药物

戚正武院士多年来对酶、蛋白酶抑制剂、活性多肽等进行了深入的研究。他长期从事蛋白酶及其抑制剂的研究。在几十年的研究生涯里系统研究了3种不同家族蛋白酶抑制剂的结构与功能，其中慈菇抑制剂为他首先发现的新抑制剂家族，使中科院成为国际上研究蛋白酶抑制剂的重要研究中心。他近年来又解析了中华马氏钳蝎毒素中多种钠离子通道毒素的氨基酸序列及基因结构，他的课题组还从6种南海芋螺中首次纯化及克隆得到100多种新毒素，为研发具有自主知识产权的神经系统疾病新药提供了可能性。

我国南海的各色芋螺，在海洋中进行猎捕时会猝然地向其目标发射"毒箭"，使之麻痹后将其吞食。迄今为止已发现500多种小芋螺，这些芋螺可以生成5万多种不同结构与功能的毒素。因此，继20世纪60年代开始的蛇毒及20世纪80—90年代开始的蝎毒、蜘蛛毒研究之后，芋螺毒素成为当前医药研究的热点。目前已有数百种来自蝎子、蜘蛛的神经毒素被纯化，但被阐明功能的芋螺毒素数量还不到上述毒素的百分之一。因此这些芋螺物种，是一个潜在的有待挖掘的中国生物资源库，以这些毒素为基础开发出的新药将有可能用于多种神经系统疾病的治疗。

戚正武院士课题组利用多种生物化学与分子生物学手段，分离纯化并深入研究了芋螺毒素的蛋白质结构、生理功能等。他们已鉴定了新的芋螺多肽毒素约40个，已克隆鉴定的新基因超过100个。据戚院士介绍，芋螺毒素比蝎、蜘蛛等来源的毒素分子量要小，芋螺多肽毒素一般只含10～40个氨基酸残基，然而芋螺多肽毒素种类繁多，且结构稳定，非常适合于开发具有自主知识产权的新药。更重要的是，芋螺毒素具有高度的组织特异性，靶向神经细胞的毒素往往并不作用于肌肉细胞。因此，芋螺毒素与蛇蝎等传统毒素相比，更能直击要害部位，且副作用较小。

意义：因地制宜，从我国的具体情况出发，寻找并发现大自然中存在的瑰宝，将自己的科研成果转化为可以改善人类健康的药物。

生化知识点简要概述

抑制剂

抑制剂对酶促反应的抑制作用包括不可逆性抑制和可逆性抑制，不可逆性抑制的特点是抑制剂和酶共价结合，而可逆性抑制的特点是抑制剂和酶之间是非共价结合。

1. 不可逆性抑制

不可逆性抑制剂与酶活性中心的必需基团共价结合，从而使酶失活。不可逆性抑制剂不能通过透析、超滤等物理方法去除。

2. 可逆性抑制

可逆性抑制剂与酶之间是非共价结合，可以通过透析、超滤等物理方法去除。其中可逆性抑制又可以分为竞争性抑制、反竞争性抑制、非竞争性抑制。

竞争性抑制剂与底物竞争结合酶的活性中心，从而阻碍酶-底物复合物的形成。

竞争性抑制特点：抑制剂与底物结构类似，从而竞争酶的活性中心；抑制程度取决于抑制剂与酶的相对亲和力及底物浓度；动力学特点为 V_{max} 不变，表观 K_m 增大。例如，磺胺类药物即通过竞争性抑制作用产生抗菌效应。

非竞争性抑制剂与酶活性中心外的必需基团结合，但不影响酶与底物的结合，同时酶和底物的结合也不影响抑制剂与酶的结合。底物和抑制剂之间无竞争关系。但酶-底物-抑制剂三元复合物不能进一步反应释放出产物。

非竞争性抑制特点：抑制剂与酶活性中心外的必需基团结合，底物与抑制剂之间无竞争关系；抑制程度取决于抑制剂的浓度；动力学特点为 V_{max} 降低，表观 K_m 不变。例如，亮氨酸对精氨酸酶的抑制。

反竞争性抑制剂仅与酶和底物形成的中间产物结合，使中间产物的含量下降。中间产物的下降体现在两个方面：一方面是从中间产物转化为产物的量减少，另一方面是从中间产物解离出酶和底物的量也减少。

反竞争性抑制特点：抑制剂只与酶-底物复合物结合；抑制程度取决于抑制剂的浓度及底物的浓度；动力学特点为 V_{max} 降低，表观 K_m 也降低。例如，五氯酚对人胎盘碱性磷酸酶的抑制。

激活剂

使酶由无活性变为有活性或使酶活性增加的物质称为酶的激活剂（activator）。激活剂可以分为必需激活剂和非必需激活剂。例如，作为糖酵解里关键酶的磷酸果糖激酶1，其最强的激活剂是果糖-2,6-二磷酸。

相关文献阅读推荐

[1] 陈航，陈晓乐．跨膜丝氨酸蛋白酶TMPRSS2的纯化及类胰蛋白酶活性研究［J］．海峡药学，2022，34（4）：118-120．

[2] 陈舒丽，邓秋红，黎威巍，等．"丙二酸对琥珀酸脱氢酶竞争性抑制作用"实验的改进及分析［J］．山西化工，2022，42（2）：7-10．

[3] 陈银霞．影响酶促反应速度的外因研究［J］．现代农业科技，2008，488（18）：238-239．

[4] 耿芳宋，王秀丽，童家明，等．五氯酚对人胎盘碱性磷酸酶抑制的研究［J］．生物化学与生物物理进展，2000（4）：397-401．

[5] 郭建军，朱晶，赵永跃，等．不可逆性酪氨酸激酶抑制剂的研究进展［J］．中国药理学通报，2015，31（6）：749-754．

[6] 胡雨彤，舒晓宏，张健．激酶别构调节剂的研究进展［J］．中国科学：化学，2015，（9），884-891．

[7] 李馨．酸碱度对人胎盘碱性磷酸酶活性的影响［J］．青岛大学医学院学报，2004（1）：72-73．

[8] 梁雅婷，李梦，姚戈，等．基于无细胞蛋白合成系统体外合成芋螺毒素μ-PⅢA［J］．军事医学，2021，45（2）：81-84．

[9] 王克夷，戚正武．胰蛋白酶的天然抑制剂［J］．生理科学进展，1965（2）：133-145．

[10] 吴赟，杨满意，张玮，等．O2-芋螺毒素Tx7.29抑制钙通道电流及镇痛活性研究（英文）［J］．生物化学与生物物理进展，2022：1-10．

[11] 武梦琳，秦崇臻，柴玉娜，等．广藿香醇在体外对人肝微粒体中CYP3A4的非竞争性抑制作用研究［J］．中南药学，2021，19（10）：2082-2086．

[12] 谢志伟，罗明娟，戚正武．慈菇蛋白酶抑制剂中二硫键Cys112-Cys115功能的研究［J］．生物化学与生物物理学报，1996（6）：700-702．

[13] 许冰，孟晓云，原媛．激动剂和抑制剂对酶活性的影响［J］．临床合理用药杂志，2010，3（9）：6．

[14] 袁勤生，张天民，荣晓花．蛋白质化学专家：戚正武院士［J］．中国生化药物杂志，2006（1）：47-48．

[15] 张雨点，谢锦艳，李小川，等．木犀草素是具有PPARγ激动剂活性的新型AMPK激活剂［J］．现代生物医学进展，2019，19（9）：1601-1607．

酶活性的调节

思政故事：为治愈白血病不懈努力

慢性粒细胞白血病的病因十分复杂，但现在我们认为费城染色体可能是引起慢性粒细胞白血病的主要病因，统计表明 90% 以上的患者细胞内含有费城染色体。那么，费城染色体是什么，又是如何被发现的呢？

美国宾夕法尼亚州立大学病理系的诺埃尔教授团队于 1960 年发现慢性粒细胞白血病患者的细胞中第 22 号染色体比正常人的要短，这一较短小的 22 号染色体现在被称之为费城染色体（以诺埃尔教授团队所在地费城命名）。当时人们认为费城染色体是 22 号染色体的长臂缺失所致。但到了 1973 年，芝加哥大学罗利教授团队在研究观察慢性粒细胞白血病患者的染色体时震惊地发现，原来 22 号染色体丢失的那一小段，易位到 9 号染色体上。这一发现首次提示了染色体易位可能导致恶性肿瘤的发生。

研究表明，9 号和 22 号染色体断裂点上各有一个基因，分别是位于 9 号染色体上的原癌基因 *ABL* 和 22 号染色体上的 B 细胞抗原受体（B-cell receptor，BCR）基因。费城染色体易位形成后，导致新的 *BCR-ABL* 融合基因的形成。这一融合基因编码的酪氨酸激酶的活性不受调控，使细胞在没有生长因子的情况下异常增殖，这可能是慢性粒细胞白血病的发病原因。

根据之前的研究，从 20 世纪 80 年代末，科学工作者开始寻找 BCR-ABL 激酶抑制剂。他们发现 2 - 苯氨基嘧啶（2-phenylamino-pyrimidine）的衍生物具有发展为抑制激酶药物的潜力，它能抑制酪氨酸激酶的活性。但是 2 - 苯氨基嘧啶衍生物的特异性较差，无法用于临床治疗。经过不断的改进，新的分子诞生了。这个新的分子对 BCR-ABL 激酶具有极高的特异性，从而可以抑制肿瘤细胞的增殖。1998 年，这个分子获批进入临床试验，成为后来大名鼎鼎的伊马替尼。在伊马替尼诞生前，慢性粒细胞白血病患者的 5 年生存率仅为 30% 左右，但临床应用伊马替尼将慢性粒细胞白血病患者的 5 年生存率提高到接近 90%。

意义：只有持续不断地坚持基础研究，才能在未来获得推进人类健康和医疗进展的重要研究成果。

生化知识点简要概述

酶的活性调节

酶的活性调节主要包括四种方式：别构调节、化学修饰调节、酶原激活及具有组织特异性的同工酶的调控。根据调节速度的区别，可以分为慢速调节和快速调节。

1. 别构调节

有些酶在效应物的诱导下，结构发生变化，使催化活性改变，这称为别构调节（allosteric regulation）或变构调节。别构酶通常是寡聚酶，反应速度-底物浓度曲线为 S 型（注意和米氏方程所代表的矩形双曲线区别）。别构酶的动力学往往需要 Hill 方程进行描述。

2. 化学修饰调节

化学修饰调节也叫共价修饰调节，是通过对酶蛋白上氨基酸残基进行共价修饰反应从而使酶在活性形式与非活性形式之间转变，包括被乳酸化、磷酸化、棕榈酰化、泛素化、甲基化和乙酰化修饰等。化学修饰调节中最典型的例子就是糖原磷酸化酶的磷酸化修饰调节。化学修饰调节的一个主要作用是可以将化学信号放大。一分子的磷酸化酶激酶可以很快地磷酸化数百个磷酸化酶，而每一个被磷酸化酶激酶磷酸化的磷酸化酶活性会增高，又可进一步催化生成数百个葡萄糖-1-磷酸，这样就形成了级联放大的效果。

3. 酶原激活

酶原激活指的是蛋白酶往往以无活性的酶原（zymogen）形式分泌，经过切断某些肽键，使其构象发生改变，形成催化反应的活性中心。酶原激活可以避免蛋白酶对组织的水解，从而起到保护作用。例如，胃蛋白酶原中有一段碱性序列与活性中心形成盐桥，将活性中心堵塞而抑制酶活性。在酸性环境下，酶原失去 44 个氨基酸残基而自动激活。

4. 同工酶

同工酶指催化功能相同，但结构、理化性质和免疫学性质各不相同的酶，如乳酸脱氢酶（LDH）和肌酸激酶（CK）。一般来说，同工酶的组织特异性、酶对底物的专一性、酶活性及其调节方式都有所不同。因为同工酶的组织特异性的存在，很多同工酶可以作为疾病的标志物。

相关文献阅读推荐

[1] 陈智周，范振符. 胃蛋白酶原Ⅰ、Ⅱ在早期胃癌普查中的意义[J]. 中华肿瘤杂志，2002（1）：5-7.

[2] 冯所远, 符史健. 血清淀粉酶、C反应蛋白、降钙素原与尿胰蛋白酶原激活肽联合检测对急性胰腺炎的诊断价值 [J]. 中国普通外科杂志, 2018, 27 (3): 377-381.

[3] 郭爱霞, 许敏, 李萃萃. 肌钙蛋白、肌酸激酶同工酶以及肌红蛋白对急性心肌梗死的早期诊断价值分析 [J]. 临床研究, 2022, 30 (12): 116-119.

[4] 胡雨彤, 舒晓宏, 张健. 激酶别构调节剂的研究进展 [J]. 中国科学: 化学, 2015, 45 (9): 884-891.

[5] 贾海红, 李冰清. 超氧化物歧化酶翻译后修饰的研究进展 [J]. 生物技术通报, 2022, 38 (2): 237-244.

[6] 刘晓曼, 陈旭, 张新征. 重症肺炎患者C-反应蛋白、磷酸肌酸激酶同工酶及乳酸脱氢酶水平变化及临床意义 [J]. 实用医院临床杂志, 2022, 19 (3): 174-177.

[7] 庞秋香, 庞书香, 赵博生. 酚氧化酶及其酶原的生化特性与分子生物学研究进展 [J]. 现代生物医学进展, 2008 (1): 196-200.

[8] 唐亮, 陈晓晴, 谭伟强, 等. 应用血肌酸激酶或肌酸激酶MM同工酶筛查新生儿杜氏肌营养不良症的系统评价/Meta分析 [J]. 中国循证儿科杂志, 2022, 17 (5): 343-349.

[9] 王卯, 宋军营, 张振强. 不同修饰的Akt在阿尔茨海默病发病机制中的作用 [J]. 中国比较医学杂志, 2021, 31 (11): 114-118, 126.

[10] 邢杨, 叶飞, 杨琳, 等. 基于别构调节机制的HIV-1整合酶抑制剂研究进展 [J]. 中国医药生物技术, 2018, 13 (4): 362-365.

[11] 杨光瑞, 洪霞, 何海宁, 等. 同工酶检测方法及其研究进展 [J]. 安徽农业科学, 2019, 47 (7): 21-24.

[12] 姚怡辰, 徐鹏飞, 许国强, 等. 磷酸化与泛素化修饰对雷帕霉素靶蛋白复合物1 (TORC1) 信号通路的调控 [J]. 生物化学与生物物理进展, 2023, 50 (4): 692-703.

[13] 张庆莲, 张青云. 乳酸脱氢酶同工酶在肿瘤诊断中的临床意义 [J]. 中华临床实验室管理电子杂志, 2015, 3 (2): 82-86.

[14] 周洋洋, 孙星, 叶茂. 翻译后修饰介导的相分离在神经退行性疾病中的作用 [J]. 中国生物化学与分子生物学报, 2023, 39 (4): 545-552.

[15] 朱忠勇. 凝血酶原时间和活化部分凝血活酶时间测定标准化 (附纤维蛋白原测定推荐方法和淘汰过时的出凝血时间的建议) [J]. 中华医学检验杂志, 1998 (5): 51-55.

核 酶

思政故事：核酶的发现

20世纪70年代，真核细胞中存在"RNA剪接"现象已被确认，但奇怪的是编码核糖体RNA（ribosomal RNA，rRNA）的DNA序列中有内含子序列，而成熟的rRNA并没有内含子。美国生物化学家切赫（Thomas R. Cech）试图利用四膜虫解开"RNA剪接"之谜，他一直认为rRNA的剪接也应该是某个酶蛋白催化的结果。

切赫实验室寻找催化rRNA剪切的酶的策略是什么呢？首先他们提取纯化还未剪接的rRNA前体，然后用不同的细胞核提取物去处理这些前体，以期找到负责催化rRNA剪切的蛋白质酶。在寻找酶的过程中，切赫实验室意外地发现不加入任何细胞核提取物的阴性对照组也发生了rRNA剪接。

这个意外的实验结果让切赫及其团队烦恼了很久，他们不断地重复这个实验，仍然很稳定地发现即使无任何细胞核提取物，即仅有rRNA的存在下，仍然可以发生RNA剪接的现象。这促使切赫猜想是否rRNA自身即可完成催化剪接的工作。

于是切赫亲自动手设计并进行了实验，发现四膜虫的26S核糖体中存在的413 bp内含子序列在阳离子及鸟苷酸存在条件下能够进行自剪切反应。切赫把这种具有催化作用的核酸称之为核酶（ribozyme）。

意义：科学研究中的发现和预期不相符合是常态，只有仔细研究，才能从不符预期的实验中找到真相。

生化知识点简要概述

核酶

核酶是具有催化功能的RNA分子。核酶的发现打破了酶只能是蛋白质的传统观念。根据核酶分子的大小和催化机制，核酶可以分为小核酶和大核酶，其中小核酶为40～150个核苷酸，大核酶的核苷酸数可以高达几百到几千个。小核酶一般是来源于某些动、植物病毒的卫星RNA，主要包括发夹状核酶、锤头状核酶、丁型肝炎病毒核酶等。大核酶则包括催化mRNA前体剪接的剪接体（spliceosome）、催化tRNA前体5′端加工的核糖核酸酶等。

相关文献阅读推荐

[1] 卜友泉. 酶和核酶的词源学研究及现实意义 [J]. 中国生物化学与分子生物学报, 2020, 36 (4): 475-480.

[2] 陈维多, 李景鹏. 具有酶功能的多聚核糖核酸 [J]. 生命的化学 (中国生物化学会通讯), 1987 (1): 8-10.

[3] 范云庭, 林筱钧, 郑江, 等. DNA 核酶的分类、筛选及主要应用的研究进展 [J]. 食品工业科技, 2023, 44 (1): 413-419.

[4] 孟斌, 温博贵, 韩金祥. 丁型肝炎病毒核酶的结构特点与催化作用机制 [J]. 中国生物工程杂志, 2003 (8): 52-56.

[5] 周耕民, 刁勇, 李三暑. 核酶的发现及其在基因治疗中的应用 [J]. 华侨大学学报 (自然科学版), 2017, 38 (4): 509-514.

[6] 周颖, 毛建平. Ribozyme 和 DNAzyme 的基因治疗实验应用进展 [J]. 中国生物工程杂志, 2010, 30 (6): 122-129.

(陆文 蔡苗)

第五章 糖 代 谢

糖的摄取与利用

思政故事：GLUT1 结构分析

2014 年，清华大学颜宁教授在 Nature 发表题为 Crystal structure of the human glucose transporter GLUT1 的文章，首次报道了人源葡萄糖转运蛋白（glucose transporter，GLUT）中 GLUT1 的蛋白晶体结构。颜宁课题组解析了大肠杆菌中 GLUTs 的同源蛋白 XylE 与葡萄糖结合的蛋白构象。利用蛋白构象可精确定位疾病与 GLUT1 的氨基酸突变的相关性，揭示致病机理。

意义：颜宁教授回国后注重科研团队的培养，带动了结构生物学的发展。其在生物领域的探究精神和创新意识值得大家学习。

生化知识点简要概述

细胞摄取葡萄糖需要转运蛋白

葡萄糖转运蛋白（GLUT）帮助各组织细胞从体循环中摄取葡萄糖。目前人体中已经发现 12 种 GLUT。GLUT1、GLUT3 广泛分布于全身各组织，亲合力较低，是身体的基础葡萄糖转运蛋白。在肝脏中的葡萄糖转运载体主要是 GLUT2；在肌肉组织和脂肪中主要是 GLUT4，运动可以增加 GLUT4，从而加速葡萄糖的分解。而 GLUT5 主要分布于小肠，是果糖进入细胞的重要运载体。

食物中含有的大量纤维素，它们是葡萄糖分子通过糖苷键连接构成的多聚糖，因人体内无纤维素酶而不能对其分解利用，但却具有刺激肠蠕动等作用，也是维持健康所必需。

相关文献阅读推荐

[1] 董冰子，徐丽丽，王军，等. 钠-葡萄糖共转运蛋白2抑制剂对骨矿代谢及骨折风险的影响[J]. 中华糖尿病杂志，2021，13（8）：5.

[2] 李承霖，刘飞，杨晓蕾，等. 钠-葡萄糖协同转运蛋白2抑制剂对2型糖尿病合并心房颤动影响的研究进展[J]. 中国糖尿病杂志，2022，30（5）：4.

[3] 张瀚桢，郝传明. 钠-葡萄糖共转运蛋白2抑制剂在非糖尿病肾脏疾病中的肾脏保护机制研究进展[J]. 中华肾脏病杂志，2022，38（4）：5.

思政故事：把姓氏写进糖化反应

俞飚，中国科学院院士、中国科学院上海有机化学研究所研究员，在他过去30年的科研生涯中，探索糖化学的奥秘是他一直在坚持做的事情。

那么俞飚是如何与糖化学结下情缘，开启他的"甜蜜事业"的？这要从糖化学的再一次研究高潮说起。在有机化学研究领域，糖化学的研究起始于1891年。当时，由杰出的化学家埃米尔·费希尔提出了d（+）-葡萄糖构型的著名证据，他也因此获得了诺贝尔化学奖。在之后的生命科学研究领域，由于遗传物质核酸的发现，以及对蛋白质的研究不断升温，让糖类研究一度成为"冷门"。而俞飚却正是在这个时间点开启了他的糖化学研究生涯。

1996年，俞飚在美国纽约大学完成了一年的博士后研究，随即便回到了中国科学院上海有机化学研究所，并开始在惠永正教授的指导下研究中药中的糖成分。在多次尝试之后，他们终于在2001年发表了以糖基三氟乙酰亚胺酯为给体的复杂聚糖和糖缀合物合成通用方法。该方法被称为催化糖苷化的三个里程碑之一，被全球100多家实验室成功应用。在糖化学的研究道路上，俞飚一路疾驰。

2008年，他创造性地发展了以糖基邻炔基苯甲酸酯为给体的金催化糖苷化反应，实现了其他方法不能实现的特殊糖苷键的构建。该反应被称为"俞氏糖苷化反应"。有了新的方法，俞飚率先实现了一系列复杂天然糖缀合物的全合成，彰显了当今糖缀合物化学合成领域的前沿水平。与此同时，俞飚还深入开展了聚糖和糖苷分子的构效关系和作用机理的研究及药物研发：合作阐明hoodia皂苷通过激活GPR119受体来控制食欲和治疗糖尿病的机理、研发了糖基化雷公藤内酯作为抗肿瘤药物先导化合物等。

2021年，俞飚获得了惠斯勒糖化学奖。这个奖项是国际顶尖化学奖，自奖项设立以来，共有23位杰出糖化学家获得该殊荣，而俞飚成为迄今唯一获得该奖的中国学者。

意义：专注而低调，努力做好每一件事，只为厚积薄发，为科学进步贡献力量。

生化知识点简要概述

糖的摄取与利用

1. 糖消化后以单体形式吸收

糖主要在小肠中消化，口腔中有少量唾液淀粉酶可以分解淀粉生成糖。淀粉在肠腔胰淀粉酶的作用下，大量生成二糖和三糖及少量极限糊精，它们在肠黏膜细胞外刷状缘处被α-糖苷酶、α-极限糊精酶水解，最终生成葡萄糖。葡萄糖通过Na^+依赖型葡萄糖转运蛋白（Na^+-dependent glucose transporter，SGLT）顺着Na^+浓度梯度差进入肠黏膜细胞，此过程耗能。

2. 细胞摄取葡萄糖需要转运蛋白

体内糖代谢涉及分解、储存和合成三方面。葡萄糖的分解在餐后非常活跃，包括无氧氧化、有氧氧化及磷酸戊糖途径。葡萄糖的储存仅在餐后活跃，以糖原的形式储存在肝和肌肉组织中。而某些非糖物质如甘油、氨基酸等经过糖异生可以转变为血糖。

相关文献阅读推荐

[1] 毕武，申洁，姜保平，等. 茶条槭叶化学成分的分离鉴定及其α-葡萄糖苷酶抑制活性研究［J］. 中草药，2022，53（20）：8.

[2] 费嵩禹，王梓懿，荆晓凤，等. 来源于生孢噬纤维菌的新型β-葡萄糖苷酶SmBgl3A的性质研究［J］. 食品与生物技术学报，2023，42（1）：83-92.

[3] 蒋思绒，王路雅，贾雯靖，等. 唐古特白刺果实酚酸类化学成分及α-葡萄糖苷酶抑制活性研究［J］. 中草药，2023，54（6）：9.

[4] 荆丰雪，钟斌，万娅琼，等. 微生物源β-葡萄糖苷酶在发酵食品中的应用［J］. 食品安全质量检测学报，2022，13（24）：9.

[5] 潘玥，刘小莉，王英，等. 蓝莓叶多酚对α-淀粉酶和α-葡萄糖苷酶的体外抑制活性研究［J］. 天然产物研究与开发，2022（4）：034.

[6] 徐盟，余章昕，张斌，等. 诺丽种子化学成分及其α-葡萄糖苷酶抑制活性研究［J］. 中国中药杂志，2022，47（13）：7.

糖的无氧氧化

思政故事：毕希纳——不小心按下了糖酵解代谢过程的暂停键

1860年，爱德华·毕希纳出生于德国慕尼黑一个有学术传统的巴伐利亚家庭。他曾经短暂就读慕尼黑技术大学化学专业，但因家庭经济困难不得不放弃学业。他在一家罐头厂当了4年工人，在此期间，他对发酵的过程产生了浓厚的兴趣，而这也成为他后来研究的重要内容。经济好转后，毕希纳又重新开始自己的求学之路，1884年他顺利获得学位后，便追随慕尼黑大学化学家阿道夫·拜尔（1905年诺贝尔化学奖获得者）学习化学。

毕希纳一生从事发酵过程和酶化学的研究，并于1896年取得了重大成果，成为著名的生物化学家。他证明了使碳水化合物发酵的是酵母所含的各种酶而不是酵母本身。1907年他因此获得了诺贝尔化学奖。

毕希纳证明了碳水化合物发酵是各种酶的一系列反应过程，他想阐明蔗糖发酵的中间反应步骤，于是就设计了一系列酵母提取物催化蔗糖发酵的实验，希望分离出反应的中间产物，一步步构建反应过程。但他失败了，反应的过程相当快速，没有现代的波谱分析、质谱分析技术，在当时条件下是不可能抓到中间反应物的影子的。这个课题对他来说简直是不可逾越的高峰。经多次实验都毫无进展。但科学的发现往往也是偶然的，在一次蔗糖发酵的实验中，毕希纳不小心在反应体系里加入了氟化物，结果得到了梦想中的结果，反应体系里发现了中间产物的积累。原来是他不小心给某种反应酶（磷酸酶）加入了抑制剂，使酶的反应速度变慢或停止。从此，科学家尝试寻找各种酶抑制剂，研究代谢的反应过程成为可能。

毕希纳所做的关于酵母提取物发酵蔗糖的实验在1860年就被巴斯德和他的学生尝试过，但实验结果显示无法完成发酵。究其原因，是因为巴斯德团队使用的是巴黎酵母，这是一种蔗糖酶缺陷型酵母，酵母汁与糖液无法发酵成功。而毕希纳使用的是慕尼黑酵母，这种酵母细胞中富含蔗糖酶，并且提取酵母汁的方法得当，酶活性保存完好。

意义：毕希纳的一生很跌宕，但他充满进取精神，以兴趣为导向，最后获得成功。他的成功也许有一点点意外和运气，但我们不得不佩服他对于科学技术的创新精神，和对科学研究中任何一个细节都勇于质疑的科学精神。

生化知识点简要概述

糖的无氧氧化

1. 糖无氧氧化的概念

　　缺氧时，葡萄糖在胞质中生成乳酸并释放出少量 ATP 的过程。糖无氧氧化反应发生的部位在胞液中。其过程分为两个阶段：①一分子葡萄糖分子裂解为两分子丙酮酸；②丙酮酸还原为乳酸。

2. 糖酵解

　　一分子葡萄糖在胞液中可裂解为两分子丙酮酸，此途径称为糖酵解（glycolysis）。糖酵解途径：分为两个阶段共 10 个反应，每分子葡萄糖经第一阶段共包括 5 个反应，消耗 2 分子 ATP，为耗能过程；经第二阶段 5 个反应生成 4 个分子 ATP，为释能过程。催化的关键酶有 3 个，分别为丙酮酸激酶、6 - 磷酸果糖激酶 - 1、己糖激酶，其中 6 - 磷酸果糖激酶 - 1 反应速度最慢，为限速酶。

3. 糖的无氧氧化为机体快速供能（生理意义）

　　（1）缺氧时迅速供能，对肌收缩更重要。

　　（2）常压氧气下为某些特殊类型的细胞供能：①无线粒体的细胞，如成熟红细胞；②增殖活跃的细胞，如白细胞、骨髓细胞。

相关文献阅读推荐

　　[1] 林莉香，云红叶，黄守国. 二甲双胍通过己糖激酶 2 调节糖酵解途径抑制卵巢癌细胞增殖和迁移 [J]. 中国老年学杂志，2022，42（9）：4.

　　[2] 陶李蕙苹，沈政洁，赖岳阳，等. 仙连解毒方对人结直肠癌细胞增殖及糖酵解的调控作用及机制 [J]. 中国实验方剂学杂志，2022（8）：28.

　　[3] 王瑞芳，宋军营，袁永，等. 糖酵解途径及其关键酶对阿尔茨海默病的影响 [J]. 中国老年学杂志，2023，43（9）：2293 - 2296.

　　[4] 吴红雁，周世康，王春桃，等. 去氧地胆草素对肝癌 HepG2 细胞增殖、迁移和糖酵解的影响 [J]. 中成药，2023，45（1）：208 - 212.

　　[5] 杨开颖，龚雪，邱桐，等. 糖酵解关键酶 PFKFB3 对婴幼儿血管瘤内皮细胞增殖、迁移及凋亡的影响 [J]. 中华皮肤科杂志，2023，56（4）：

320-324.

[6] 张步春, 张甜甜, 项楚涵, 等. 木犀草素通过 HIF-1α 抑制糖酵解调控 M1 型巨噬细胞极化 [J]. 中国药理学通报, 2023, 39 (2): 244-251.

[7] 张家祥, 闫曙光, 王文霸, 等. 中药调控胃癌有氧糖酵解的研究进展 [J]. 中国实验方剂学杂志, 2022, 28 (20): 9.

[8] 张丽君, 李继东, 李尚峰, 等. 大鼠正畸过程中牙周组织糖酵解途径变化 [J]. 中华实验外科杂志, 2023, 40 (1): 4.

思政故事：乳酸循环的发现

乳酸循环在糖代谢中占有重要的地位，又称为 Cori 循环，因为是由 Cori 夫妇发现的。Cori 夫妇经过 6 年的努力，终于搞清楚了肝糖原在肝可转化为葡萄糖，并由血液输运到身体各部位。在肌肉中，肌糖原分解为葡萄糖，通过糖酵解无氧代谢产生乳酸，乳酸进入血液被运输到肝脏通过糖异生重新转变成葡萄糖。人们称之为乳酸循环。他们第一次将分解糖原产物葡萄糖-1-磷酸（G-1-P）的磷酸酶纯化、结晶，为糖酵解的研究奠定了基础。

意义：科学家锲而不舍的科研精神值得后人学习。

生化知识点简要概述

乳酸循环

在无氧条件下，丙酮酸被还原为乳酸。此反应由乳酸脱氢酶（lactate dehydrogenase，LDH）催化，乳酸脱氢酶有多种同工酶，骨骼肌中主要含有 LDH_5，它和丙酮酸亲和力较高，有利于丙酮酸还原为乳酸，LDH_5 的辅酶是 NAD^+。还原反应所需的 NADH 和 H^+ 是 3-磷酸甘油醛脱氢时产生，作为供氢体脱氢后成为 NAD^+，再作为 3-磷酸甘油醛脱氢酶的辅酶。因此，NAD^+ 来回穿梭，起着递氢作用，使无氧酵解过程持续进行。在有氧的条件下，3-磷酸甘油醛脱氢产生的 NADH 和 H^+ 从细胞质中通过穿梭系统进入线粒体经电子传递链传递生成水，同时释放出能量。

相关文献阅读推荐

[1] 葛威祥, 严时佳, 万国辉. 乳酸在肿瘤微环境中的免疫调节作用 [J]. 药学学报, 2022, 57 (9): 10.

[2] 侯俊杰, 米旭光, 李孝男, 等. 基于乳酸代谢基因的肺腺癌预后

模型的建立和评价[J]. 吉林大学学报：医学版，2022，48（6）：1546-1554.

[3] 沈丽婷，张俊龙，朱慧，等. 运动改善 2 型糖尿病患者乳酸代谢的研究进展[J]. 中国老年学杂志，2023，43（6）：1498-1501.

[4] 吴私，王艳秋，周华. 药物相关乳酸性酸中毒研究进展[J]. 沈阳药科大学学报，2022（8）：39.

[5] 朱苗苗，孔凡明，赵倩. 运动调控乳酸代谢[J]. 中国组织工程研究，2023，27（2）：7.

糖的有氧氧化

思政故事：克雷布斯与三羧酸循环

1900 年 8 月 25 日，克雷布斯（Hans Adolf Krebs）出生于德国下萨克森州南部小城希尔德斯海姆的一个犹太家庭，他的父亲总是鼓励儿子要以高标准做人做事。1925 年，他获得了汉堡大学医学博士学位。1933 年，克雷布斯离开德国前往英国剑桥大学，成为一名讲师。

20 世纪 30 年代，蛋白质、脂类、碳水化合物被称为人体三大基本营养物质，人体的生理活动需要能量。那么，这些营养物质是如何在体内消耗、产生能量、循环的呢？生物化学在当时虽然有了很大的发展，但成果比较零散，没有相关文献系统地阐述食物是如何转化成能量的过程。克雷布斯查阅了很多文献，但看到的只是零散琐碎的报道。例如，淀粉在胃肠道的淀粉酶的作用下转化成为麦芽糖和葡萄糖，血液的葡萄糖可进入细胞，葡萄糖可以转变成一磷酸葡萄糖，一磷酸葡萄糖可以转化成一磷酸果糖，一磷酸果糖可以进一步磷酸化成为二磷酸果糖，二磷酸果糖可以转变成磷酸二羟基丙酮和磷酸甘油醛，还可以在已知酶的作用下递次转化成丙酮酸、乳酸、草酰乙酸、三磷酸腺苷、二氧化碳和水……翻阅着这些零星杂乱的文章，想理清这里面的内在规律，简直是不可想象的任务，但他为了能够弄清楚体内食物的代谢过程，还是一丝不苟地收集他所能查阅的各种生物化学研究成果，反复进行编排、整理。到 1937 年，他大致弄清了食物在体内产生一系列化学反应的基本顺序，但其中一个环节还没有连接上。皇天不负苦心人，他的努力终于在 1940 年换来回报，他终于弄清楚这个代谢断链中所缺的物质就是柠檬酸，有了柠檬酸整个食物的循环链就完整了，于是他将这个循环命名为"柠檬酸循环"（又名"三羧酸循环"，后来人们又将其叫作"克雷布斯循环"）。

克雷布斯发现三羧酸循环已近一个世纪，至今我们所用的教科书上的内容还是他当时所发现的那样，没有人能改动一下。

1953年，他与发现辅酶A的美国生化学家李普曼一起荣获诺贝尔生理学或医学奖。

意义：克雷布斯在父亲的影响下，从小立志成为一个以高标准做人做事的人。他也践行了他的理想，一生中发现了"尿素循环"和"柠檬酸循环"，这两个发现都是生物化学界的里程碑。我们应怀着崇敬的心情，学习克雷布斯立大志，做实事。

生化知识点简要概述

糖的有氧氧化

机体利用氧将葡萄糖彻底氧化分解为 CO_2、H_2O，并释放出能量的过程，称为糖的有氧氧化。糖的有氧氧化是机体氧化供能的主要方式。绝大多数细胞以此种方式获得能量。糖有氧氧化分为三个阶段：第一阶段，糖酵解；第二阶段，丙酮酸的脱氢脱羧；第三阶段，三羧酸循环。

糖酵解

当机体处于相对缺氧状态下或需要快速获得能量时，如剧烈运动时，葡萄糖或糖原会发生无氧酵解，分解生成乳酸，并产生少量能量为机体供能。这个代谢途径因与酵母的生醇发酵相似，故又称为糖酵解。糖酵解的全部反应过程均在细胞质中进行。有三个关键酶催化的代谢不可逆，分别为己糖激酶、6-磷酸果糖激酶-1和丙酮酸激酶。

丙酮酸的氧化脱羧

丙酮酸进入线粒体后，经丙酮酸脱氢酶复合体脱氢脱羧。丙酮酸脱氢酶复合体由三个蛋白及五个辅酶共同构成，分别是丙酮酸脱氢酶、二氢硫辛酰转乙酰酶、二氢硫辛酰脱氢酰酶、TPP、HS-CoA、FAD、NAD^+ 和硫辛酸。

三羧酸循环

由于生成的第一个产物是含有三个羧基的柠檬酸，比较独特，而且反应的起始物是草酰乙酸和乙酰辅酶A，反应的最后又重新生成草酰乙酸，构成一个循环。因此，这一过程称为三羧酸循环，又称为柠檬酸循环。该过程发生在线粒体中。

三羧酸循环的意义：①三羧酸循环是体内糖、脂肪、蛋白质三大营养物质的分解代谢的最终通路。经过三羧酸循环，三大营养物质中的碳原子被氧化成 CO_2；②三羧酸循环是三大营养物质代谢联系的枢纽，例如糖变成脂肪或氨基酸，都是通过三羧酸循环这个联系的枢纽。

相关文献阅读推荐

[1] 邓威，陈倩，郭金，等. 异柠檬酸脱氢酶1在肝脏疾病中作用的研究进展 [J]. 山东医药，2022 (62)：10.

[2] 耿兆红，何丹，张丽娇，等. 丙酮酸脱氢酶在心血管病中的细胞调控作用 [J]. 中华高血压杂志，2021，29 (6)：4.

[3] 贺喆，危当恒，唐惠芳. 琥珀酸与代谢性疾病的研究进展 [J]. 中国动脉硬化杂志，2022 (5)：30.

[4] 李鹏，陈颖，李艳玲，等. 异柠檬酸脱氢酶1突变相关胶质瘤 MRI 特征及预后 [J]. 中国老年学杂志，2023，43 (3)：5.

[5] 刘孟瑞，郝延芝，左茜茜，等. 补肾法通过三羧酸循环酶改善重复控制性卵巢刺激模型小鼠 2-细胞胚胎发育潜能 [J]. 北京中医药大学学报，2023，46 (2)：8.

[6] 王雅楠，王奇钰，张治宽，等. 基于代谢组学的中药抗大肠癌研究 [J]. 中国中医基础医学杂志，2022，28 (11)：1891-1895.

[7] 魏晨，徐瑞华，鞠怀强. 三羧酸循环的代谢物与肿瘤发生相关性的研究进展 [J]. 中国肿瘤临床，2021，48 (23)：1.

[8] 吴洁，张伟金，赵淑灿，等. 脓毒症代谢中丙酮酸脱氢酶复合体调控机制的研究进展 [J]. 中华危重病急救医学，2021，33 (6)：4.

[9] 张晨，左其生，邹艺琛，等. 糖酵解调控鸡体外 PGCLC 形成的功能研究 [J]. 生物技术通报，2021，37 (6)：8.

磷酸戊糖途径

思政故事：谢骏破解脆皖鱼的秘密

脆皖鱼是一种具有重要经济价值的淡水鱼类，它的养殖兴起于广东省中山市，可追溯到 20 世纪 70 年代，距今已有将近半个世纪的养殖历史。由于其肉质紧实爽脆，韧性十足，十分受到食客欢迎。近年来，由于人们追求食品美味，如何使肉质脆化已成为该鱼类繁殖及生产中的重要问题。那脆皖鱼口感脆爽的秘密是什么呢？其实脆皖鱼是用普通草鱼养殖出来的，只是在个体长到 2.5～3.5 kg 后，投喂发酵过的蚕豆大约 120 天，就长成了我们所熟知的脆皖鱼。

2017 年 4 月 3 日，大宗淡水鱼岗位科学家谢骏团队揭示了草鱼肌肉品质改良的蛋白质调控分子机制，在 Scientific Reports 发表了题为 Proteomic signature of muscle fibre hyperplasia in response to faba bean intake in grass carp 的研究论文。谢骏研究员为该文的通讯作者。他们首次发现脆皖鱼肉质的改变原因是肌纤维细胞的快速增殖（hyperplasia），并构建出草鱼肌纤维相关蛋白质的关键调控元件及鱼类肌肉运动调控蛋白质作用模式。该文揭示了蚕豆调控草鱼肌肉的糖代谢和脂质代谢经由热应激蛋白 hspd1 再导致肌纤维结构蛋白变化。文中还揭示了蚕豆通过戊糖磷酸途径的代谢，导致"过度脆化"草鱼的溶血。该研究结果将为鱼类的肌纤维发育研究提供重要理论依据，也对鱼类肌肉品质的营养调控和鱼类营养学研究具有重要指导意义。

蚕豆中有一种名为 L-3,4-二羟基苯丙氨酸的特殊物质，这种物质还是蚕豆病的致敏因子，能破坏红细胞的稳定性。一般而言，草鱼并不会受到蚕豆中致敏因子的威胁，这是因为草鱼体内有丰富的抗氧化性很强的蛋白酶，能够及时修复 L-3,4-二羟基苯丙氨酸带来的溶血伤害。在蛋白酶与致敏因子的反复作用下，草鱼的肌肉肌纤维结构会发生变化，宏观表现就是肉质发生了脆化。简单来说，蚕豆的投喂使脆皖鱼肉中胶原蛋白和肌原蛋白的含量升高，增加了细胞外凝胶蛋白的脆化。

意义：科学技术前进的每一小步，都离不开科研工作者的辛勤付出。

生化知识点简要概述

磷酸戊糖途径

磷酸戊糖途径在细胞质中进行，主要特点是葡萄糖直接氧化脱氢和脱羧，不必经过糖酵解和三羧酸循环，脱氢酶的辅酶不是 NAD^+ 而是 $NADP^+$，产生的 NADPH 作为还原力以供生物合成用，不以生成 ATP 为目的。关键酶是葡萄糖-6-磷酸脱氢酶。葡萄糖-6-磷酸脱氢酶和 6-磷酸葡萄糖酸脱氢酶的活性受到 NADPH 的反馈调节。

代谢过程：起始物是葡萄糖-6-磷酸，终产物是甘油醛-3-磷酸和果糖-6-磷酸。产生两个重要的中间代谢物，分别是核糖-5-磷酸和 NADPH。

代谢的意义：核糖-5-磷酸和 NADPH 作为体内合成代谢的重要原料，

该过程不以生成 ATP 为目的。核糖-5-磷酸可以生成核苷酸，也是 DNA 和 RNA 的合成原料。NADPH 作为还原力以供生物合成用，如为体内的生物转化中的羟化反应，以及脂肪合成、胆固醇合成过程提供还原氢。NADPH 还可以使体内的主要抗氧化物谷胱甘肽（GSH）维持于还原态，而 GSH 又可以使体内发生氧化的物质还原，如含巯基的蛋白质或酶类，防止脂膜过氧化、维持血红素中的二价铁离子稳定等。

蚕豆病

遗传性葡萄糖-6-磷酸脱氢酶（G6PD）缺乏症又称为蚕豆病，该酶的缺失会导致 NADPH 的合成不足，不能维持 GSH 的持续生成，体内的还原能力减弱。而蚕豆中含有丰富的过氧化物，当 G6PD 缺乏的儿童摄食新鲜蚕豆时，由于红细胞膜的脂质过氧化发生，细胞膜上的蛋白酶被氧化等，引发细胞膜脆性增加，发生红细胞破裂而溶血。该酶的基因位于 X 染色体上，是伴 X 染色体不完全显性遗传。我国是 G6PD 缺乏症的高发区之一，呈"南高北低"的分布特点，南方地区发病率可达 4%～20%，主要分布在长江以南各省，海南、广东、广西、云南、贵州、四川等省为高发病区。

相关文献阅读推荐

［1］陈德玮. 蚕豆病患儿的临床急救措施和护理方法［J］. 医药卫生，2022（4）：3.

［2］陈红兰，吴怡，胡滔，等. 外周血 G6PD 活性检测对于感染高危型人乳头瘤病毒宫颈癌患者的诊断预后价值［J］. 昆明医科大学学报，2022，43（2）：7.

［3］黄慈丹，刘秀莲，许海珠，等. 海南黎族自治县地区新生儿 G6PD 缺乏症基因分析［J］. 中国热带医学，2021，21（3）：5.

［4］李东燕，蒋美丹，赵莹，等. 儿童亚硝酸盐中毒诱发蚕豆病的急救护理［J］. 护理与康复，2023，22（1）：83-84.

［5］李统慧，刘四喜. 凶险的"蚕豆病"［J］. 大众医学，2021（5）：1.

［6］刘艳萍，李可成，黄婷，等. 广西壮族自治区柳州市壮族高胆红素血症新生儿 G6PD 缺陷及基因突变特点分析［J］. 中国医药导报，2023，20（3）：4.

［7］石梦婕，苏银帆，谢明水，等. 一个蚕豆病遗传家系 G6PD 基因突变及 X 染色体失活偏移检测［J］. 生物资源，2022，44（6）：7.

［8］张蜜，朱俐莎，李贵南. 新的 G6PD 基因半合变异导致新生儿 G6PD 缺乏症一例［J］. 中国医师杂志，2022，24（5）：3.

糖原的合成与分解

思政故事:人类史上第一次在试管中合成出生物大分子

卡尔·科里(Carl Cori)和格蒂·科里(Gerty Cori)是一对伉俪,他们一起从事科研工作。他们最重要的贡献是建立了"科里循环"(Cori cycle)。

格蒂于1896年出生在布拉格一个富裕的犹太家庭。在大学时期,她爱上了生物化学,同时,她还遇到了一生的挚爱和研究伙伴——卡尔。1922年,科里夫妇移居美国。格蒂和卡尔夫妇作为研究人员的最大优势就是他们的团队合作,格蒂对科学富有想象力和创造性的洞见,经常会提出某个想法,而卡尔则擅长于设计实际的实验方法进行验证,格蒂则去操作执行。

1936年,科里夫妇发现了肝糖原分解的重要产物:葡萄糖-1-磷酸。不久后,他们又发现了肝糖原分解的关键酶:磷酸化酶。通过发现和提纯糖原分解每一步反应的酶,他们最终得以将葡萄糖逆合成为糖原。在1939年多伦多的一个国际会议上,卡尔第一次当众展示大分子(肝糖原)可以在试管里合成。这是人类历史上第一次在试管中合成出生物大分子。

1947年,科里夫妇被授予诺贝尔生理学或医学奖。而不幸的是,在获悉得奖前的两个多月,格蒂被确诊了不治之症:骨髓纤维化。然而,格蒂并未被疾病击倒,即使疾病恶化,也未能磨灭她对科学的热情。她一直工作到生命的最后。1957年,格蒂·科里去世,享年61岁。

意义:格蒂是一位孜孜不倦的科学工作者,即使生活和命运对她不公,也不能磨灭她对科学的热爱。

生化知识点简要概述

糖原的合成与分解

糖原是动物体内的葡萄糖多聚体,是可迅速动用的能量储备。

(1)种类和功能:①肌糖原:180~300 g,主要为肌收缩供能;②肝糖原,70~100 g,维持血糖水平。

(2)糖原的结构特点:多分支状,具有一个还原性末端和多个非还原性末端；主要以 α-1,4-糖苷键连接，分支处为 α-1,6-糖苷键连接；葡萄糖单元的增减发生于多个非还原端。

1. **糖原合成**（glycogenesis）

糖原合成是指葡萄糖生成糖原的过程。肝、肌细胞的细胞质中，葡萄糖连接形成分支状多聚体。糖原合成时，葡萄糖先活化，再形成直链和支链。

（1）葡萄糖活化为尿苷二磷酸葡萄糖（uridine diphosphate glucose，UDPG）。葡糖-1-磷酸与尿苷三磷酸（UTP）在 UDPG 焦磷酸化酶作用下，水解释放 1 分子焦磷酸生成 1 分子尿苷二磷酸葡萄糖，它是体内葡萄糖基的直接供体。

（2）糖原合成的起始需要引物。糖原的合成是由糖原合酶（glycogen synthase）催化的。它把 UDPG 中的葡萄糖基转移到糖原引物的非还原性末端。而糖原引物的合成则由糖原蛋白作为最初的葡萄糖基受体而开始葡萄糖链合成。糖原合成的引物长度大约为 8 个葡萄糖残基的连接。

（3）UDPG 中的葡萄糖基连接形成直链和支链。在非还原性末端，由糖原合酶催化，形成 α-1,4-糖苷键，糖链进一步延伸。当糖链长度达到至少 11 个葡萄糖残基的时，分支酶从该糖链的非还原末端将 6～7 个葡萄糖基转移到邻近的糖链上，以 α-1,6-糖苷键连接。

2. **糖原分解**（glycogenolysis）

糖原分子从非还原性末端进行磷酸解而被机体快速利用，分解产物主要为葡糖-1-磷酸，少量为游离葡萄糖。它不是糖原合成的逆反应。对应分解直链 α-1,4-糖苷键的酶为糖原磷酸化酶，而对应分解支链 α-1,6-糖苷键的酶为糖原脱支酶。

相关文献阅读推荐

［1］杜彩琪，魏虹，张偲，等. 动态血糖监测在肝糖原累积病治疗中的应用［J］. 中华儿科杂志，2021，59（6）：7.

［2］吕毓虎，程林，林文燮，等. 糖原代谢中糖噬的作用及调控机制［J］. 中国组织工程研究，2022，26（20）：7.

［3］马永丹，王翊丞，岳利民. 子宫内膜糖原代谢在胚胎着床中的作用研究进展［J］. 生理学报，2022（2）：074.

［4］莫伟彬，黄天昌，曾智伟，等. 葛根总黄酮干预长时耐力运动后再力竭运动大鼠脑组织 β-连环蛋白及糖原合成酶激酶 3β 的表达［J］. 中国组织工程研究，2022，26（5）：6.

［5］文玉敏，周学锋，徐杨，等. 黄芪甲苷Ⅳ对高糖诱导的小鼠足细

胞损伤的保护作用［J］．中国临床药理学杂志，2021，37（19）：5.

［6］夏瑜，葛文松，杜陶子，等．合并炎症性肠病的糖原累积病－Ⅰb型5例患儿SGLT2抑制剂治疗效果分析［J］．临床儿科杂志，2023，41（4）：294－299.

［7］叶丽萍，陈涣，李慧雯，等．儿童Ⅰ型糖原贮积病的消化道特征［J］．中华实用儿科临床杂志，2022，37（11）：4.

［8］袁璐，魏建梁，赵亚男，等．从糖原合成酶激酶－3β干预炎症反应角度探讨四妙勇安汤对糖尿病溃疡大鼠的促愈机制［J］．中华中医药杂志，2023，38（2）：5.

［9］赵新军，李循，王书恒，等．HBx诱发肝脏糖原代谢的昼夜节律性异常［J］．原子与分子物理学报，2021，38（5）：8.

［10］周圣曜，赵新军．糖原合酶激酶3（GSK3）介导的胰岛素对糖原合酶2（GYS2）的抑制调节［J］．原子与分子物理学报，2022，39（3）：9.

糖 异 生

思政故事：蔡翘研究肝的糖代谢

蔡翘，医学教育家，中国科学院院士。1919年秋，他受五四运动的影响，胸怀"科学救国"志，揣着家里给的不多的钱，从上海坐船经日本到美国留学。他先后在加利福尼亚大学和印第安纳大学学习心理学，用两年时间完成大学课程学习。为了振兴中华，促进我国教育事业的发展，1925年他决定到复旦大学执教。当时除一些教会大学外，我国自办的大学中很少有开设实验生物学课程的。

从1932年秋至1936年底在上海雷士德研究所期间，蔡翘研究肝在糖代谢中的作用问题，科研成果发表在《中国生理学杂志》上，共计11篇论文。蔡翘教授及其团队不断改进实验技术，其改良的腹腔内大血管取血法，比较了入肝和出肝的血糖浓度，发现动脉的血糖浓度通常从进食后第二小时起逐渐升高，至第五小时升到最高水平，比进食前增加20%～40%，然后维持这样的高水平直到第七小时。这一系列的实验揭示肝在保持血糖正常浓度中的作用，主要是在于不断地以非糖类和糖类食物的消化产物合成糖原，从而在消化间期释放出葡萄糖以保持循环血糖浓度的相对稳定。这些实验研究成果受到国内外学界的重视及引荐。

在极端艰苦的条件下,他筹措经费,添置显微镜等必需仪器,开展生物学、生理学等教学和实验,建立了生物学科。为借鉴国外的先进经验,更全面地发展我国的生理科学,1930年蔡翘再度出国,先在英国伦敦大学、剑桥大学,后在德国法兰克福大学等进修,并在进修期间前往这两个国家的其他著名生理实验室参观学习。截至1990年7月,蔡翘先后发表过100余篇学术论文,编著了10余部专著,其代表专著有《生理学》《生理学实验》《航空与空间医学基础》等。

中华人民共和国成立后,蔡翘在为我国国防现代化建设解决重大医学科学技术问题上进行开创性科学实践活动,并起到学术带头作用。

意义:蔡翘胸怀祖国、服务人民、追求真理、严谨治学,他的精神将会激励一代又一代医学生,为我国的医学事业添砖加瓦。

生化知识点简要概述

糖异生

1. 概念

糖异生是指由非糖物质转变为葡萄糖或糖原的过程。

主要原料:乳酸、甘油、生糖氨基酸等。

糖异生的主要器官是肝,肾也有比较弱的糖异生能力。

糖异生的细胞定位:胞液和线粒体。

糖异生途径:从丙酮酸转化成葡萄糖的过程。此途径大部分反应是糖酵解的逆过程。因为糖酵解过程中有多步反应可逆。

酵解过程中有三步限速反应不可逆,分别为己糖激酶、6-磷酸果糖激酶-1、丙酮酸激酶催化的反应,称为"能障"反应。在糖异生途径中需要其他的酶(丙酮酸羧化酶、磷酸烯醇式丙酮酸羧激酶、果糖二磷酸酶、葡萄糖-6-磷酸酶)催化,分别越过"能障",完成逆反应过程。

糖异生的不可逆反应:

(1)丙酮酸到磷酸烯醇式丙酮酸。第一步反应,丙酮酸在丙酮酸羧化酶(辅酶是生物素)的催化下,羧化生成草酰乙酸,反应需要消耗ATP;第二步反应由磷酸烯醇式丙酮酸羧激酶催化,使草酰乙酸转变为磷酸烯醇式丙酮酸,反应从GTP获得高能磷酸键,同时进行脱羧。这两个反应对应的是糖酵解过程中丙酮酸激酶所催化的反应。

(2)1,6-二磷酸果糖转变为6-磷酸果糖。此反应由果糖二磷酸酶催化。C1位的磷酸酯进行水解是放能反应，并不生成ATP，故反应易于进行。对应糖酵解反应中的6-磷酸果糖激酶-1所催化的反应。

（3）6-磷酸果糖水解生成葡萄糖。此反应在葡萄糖-6-磷酸酶催化下完成。对应糖酵解反应中的己糖激酶所催化的反应。

2. 糖异生的生理意义

①维持空腹或饥饿情况下血糖浓度的相对恒定；②是补充和恢复肝糖原储备的重要途径；③调节酸碱平衡。

肾在长期饥饿的条件下，酮体浓度上升，体液的pH降低，促进肾小管中磷酸烯醇式丙酮酸羧激酶的合成，从而增加糖异生作用，草酰乙酸来源减少，肾中α-酮戊二酸降低，引发谷氨酰胺脱氨后续谷氨酸脱氨反应增强，肾小管细胞将NH_3分泌入管腔，以铵盐形式排出体外，降低了H^+浓度，以防止酸中毒。

相关文献阅读推荐

[1] 郭凌云. 危重症患者的食品营养支持 [J]. 食品工业, 2021, 42 (4): 1.

[2] 韩思婕, 潘翔, 朱芊芊, 等. 茯苓多糖调节2型糖尿病模型大鼠肝脏糖异生的机制研究 [J]. 中国药房, 2022, 33 (13): 7.

[3] 马军仁, 李九智, 李循, 等. 胰岛素通过CREB调节肝脏糖异生的模型化研究 [J]. 原子与分子物理学报, 2023, 40 (6): 9.

[4] 牟川, 陈庆果. 有氧运动抑制胰岛素抵抗小鼠肝脏糖异生及FNDC5/Irisin调控研究 [J]. 西安体育学院学报, 2022, 39 (3): 10.

[5] 宁丽丽, 詹康, 霍俊宏, 等. 丙酸对山羊小肠上皮细胞糖异生途径关键基因表达的影响 [J]. 中国农业大学学报, 2021, 26 (3): 6.

[6] 沈丽婷, 张俊龙, 朱慧, 等. 运动改善2型糖尿病患者乳酸代谢的研究进展 [J]. 中国老年学杂志, 2023, 43 (6): 1498-1501.

[7] 魏爽, 李冀, 付强, 等. 黄芪-葛根药对通过PI3K/Akt/FoxO1通路调控糖异生作用治疗糖尿病大鼠作用机制 [J]. 中华中医药学刊, 2022, 40 (8): 8.

[8] 吴军林, 王玲, 吴清平. 低碳水化合物饮食对2型糖尿病患者的影响研究进展 [J]. 食品工业科技, 2021, 42 (5): 5.

血糖及其调节

思政故事："血液化学方面的革命"推动者——吴宪

吴宪（1893—1959）先生的故乡福州是中国最早发展造船业的地区，中日甲午战争的失败对他的早年成长产生了极大的影响。1910年，吴宪通过了清政府组织的庚子赔款留美考试。作为中国第一批留美预备班的成员，于1911年赴美国麻省理工学院造船系学习，立志学习造船，以帮助中国重建海军。

后来吴宪受到赫胥黎《生命的物质基础》一文的影响，开始关注生物化学问题。1913年9月，吴宪改专业主修化学，副修生物学。1916年6月，他获得麻省理工学院学士学位。翌年秋，他被哈佛大学研究生院录取，师从美国著名生物化学家奥托·福林研究血液化学，不到两年便获得博士学位。其博士论文《一种血液分析系统》被认为"引发了一场血液化学方面的革命"，是奠定吴宪在生物化学界地位的主要论著。

随后，在福林实验室的博士后研究期间，他独自完成了血糖定量分析的改进方法，此方法用血量少，操作简便，数据准确，大大优于当时常规的本尼迪克特法。后来学术界认为，如果没有吴宪改进的血糖测定法，胰岛素的发现会大受阻碍。

1920年，吴宪回国，回国后的这段时期是吴宪的学术巅峰时期。他在协和医学院完成了许多研究项目，将其带领的学科发展成生物化学的重要学科基地，并参与创办了《独立评论》杂志。

意义：吴宪在临床化学、气体与电解质的平衡、蛋白质化学、免疫化学、营养学及氨基酸代谢等领域的研究居当时国际前沿地位，并为中国近代生物化学事业的建立和发展做出了开拓性和奠基性的工作。

生化知识点简要概述

1. 血糖平衡

血糖是指血液中的葡萄糖。血糖的来源为食物在肠道的消化吸收、肝糖原分解和糖异生生成的葡萄糖释放入血。而血糖的去路则是被各组织器官摄取后氧化分解、合成糖原、通过磷酸戊糖途径生成其他糖及转变为脂肪或氨基酸。

2. 血糖水平保持恒定的成因

正常情况下，血糖水平始终保持在 3.9～6.0 mmol/L，这是由于血糖的来源和去路一直保持着动态平衡。饱餐后，血糖来自肠道吸收，所有代谢去路都非常活跃。短期饥饿时，血糖来自肝糖原的分解；长期饥饿时，血糖来自非糖物质的糖异生。

3. 糖代谢障碍导致血糖水平异常

正常情况下，人体中有一套精妙的血糖调节机制，使得当一次性进食大量葡萄糖后，血糖水平并不会出现大的波动。糖耐量实验发现，正常人对摄入的葡萄糖有很强的耐受力：服糖后 1 小时内达到高峰，而在 3 小时内回落到空腹水平。糖代谢障碍会引发血糖水平紊乱，导致低血糖或高血糖。

4. 糖尿病是最常见的糖代谢紊乱疾病

糖尿病主要病因是部分或全部胰岛素缺失、胰岛素抵抗（胰岛素受体减少或受体敏感性下降）。临床上将糖尿病分为四型：胰岛素依赖型（1型）、非胰岛素依赖型（2型）、妊娠糖尿病和特殊型糖尿病。糖尿病常伴随并发症，如糖尿病视网膜病变、糖尿病周围神经病变、糖尿病周围血管病变、糖尿病肾病等。

5. 高血糖引发的危害

目前认为血中持续的高糖会刺激细胞生成晚期糖化终产物（advanced glycation end products，AGEs），同时发生氧化应激。例如，高糖会使血红蛋白生成糖基化血红蛋白（glycated hemoglobin，GHB），继续生成更多 AGEs，它们会使体内的多种蛋白质发生广泛交联，对肾、视网膜、心血管等造成损伤。AGEs 还会激活多条信号通路，产生活性氧而诱发氧化应激，使机体多种酶和脂质发生氧化，从而丧失正常生理功能。

相关文献阅读推荐

[1] 赖伟华，罗思婵，陈广树，等. 不同胰岛素注射方式治疗非昏迷高血糖危象患者的疗效研究 [J]. 中国全科医学，2022，25（6）：5.

[2] 潘梦醒，刘诗宇，曹哲，等. 1 型糖尿病孕妇孕期高血糖与妊娠结局的相关性研究 [J]. 中华糖尿病杂志，2021，13（11）：6.

[3] 任丽君，高红红，宋瑞捧. 胰高血糖素样肽 1 受体基因遗传变异对利拉鲁肽治疗 2 型糖尿病患者疗效的影响 [J]. 实用医学杂志，2023，39（2）：164-169.

[4] 王思宏，黄崇兵，倪孝兵，等. 利拉鲁肽联合益生菌对 Ⅱ 型糖尿

病患者临床指标及肠道菌群的影响［J］．中国病原生物学杂志，2021，16(8)：951-954．

［5］张玮，刘敏，田梓璇，等．内蒙古地区高血糖，高血压，高血脂患者治疗与控制现状及影响因素分析［J］．现代预防医学，2021．

［6］周海茸，范周全，杨华凤，等．2011与2017年南京≥25岁居民归因于高血糖相关慢性病疾病负担分析［J］．中国公共卫生，2021，37(4)：5．

［7］周建华，李晓华，贝鹏剑，等．早期2型糖尿病肾病患者血糖波动与氧化应激，炎症及单核细胞自噬的相关性［J］．中国老年学杂志，2021，41(1)：32-36．

思政故事：中国胰岛素产业的发展

2021年是胰岛素发现的一百周年。在一百多年前，加拿大小镇医生班廷和他的学生贝斯特，给一只编号为406的狗，注射了8 mL从胰腺中制备的提取物。1小时后，此前已处于昏迷状态、看上去奄奄一息的406号小狗站了起来并能在地上行走。一个在动物胰腺内合成分泌的激素，被发现无须任何修饰就能直接成药，把糖尿病由绝症转化为可以控制的慢性疾病，这无疑是人类医学史上的巨大进步。

1958年，在中国科学院王应睐、曹天钦、邹承鲁、钮经义、沈昭文等科学家的带领下，我国正式启动人工合成胰岛素课题。当时，有关蛋白质的研究领域集中于它们的生物功能、物化性质，对结构-功能关系的了解不够深入，对化学合成蛋白质则更是知之不多，充满着"神秘色彩"。人工合成胰岛素有没有可能实现，还是一个未知数。经过7年时间的艰苦攻关，1965年9月17日，中国在世界上首次人工合成结晶牛胰岛素，经严格鉴定，它的结构、生物活力、物理化学性质、结晶形状与天然的牛胰岛素完全一样。掌握牛胰岛素的人工合成，使人类揭开生命奥秘、解决医学难题迈出了重要一步，成为中国攀登世界科技高峰征程上的一座里程碑。

甘忠如，1948年出生，毕业于北京大学生物学系，1987年在密歇根州立大学获得博士学位。1995年，全世界仅有两家公司有能力生产第二代胰岛素——礼来和诺和诺德。甘忠如认为中国的生物医药需要及时发展，毅然决然踏上了回国之路。回国三年后，甘忠如组建的团队研发出中国第一支基因重组人胰岛素，这让中国在全世界成为第三个能够生产销售重组人胰岛素的国家。甘李药业是第一家打破了跨国药企胰岛素垄断的药物公司。对于中国乃至全世界来说，甘忠如对于胰岛素的研发做出了卓越的贡献。

意义：事了拂衣去，深藏身与名。

生化知识点简要概述

血糖的调节

调节血糖的激素主要有胰岛素、胰高血糖素、肾上腺素和糖皮质激素等。

胰岛素是降低血糖的主要激素，由胰岛 β 细胞分泌，是体内具有降糖作用的主要激素。胰岛素的分泌受血糖控制，血糖升高使胰岛素分泌加强，血糖降低会使其分泌减少。胰岛素降低血糖的机制是促使血糖的代谢去路增加、来源降低，主要包括：①促进肌肉、脂肪组织等通过 GLUT4 摄取葡萄糖；②通过激活磷酸二酯酶，降低环磷酸腺苷（cAMP）水平，使糖原合成酶被活化、磷酸化酶被抑制，从而加速糖原合成，抑制糖原分解；③通过激活丙酮酸脱氢酶磷酸酶而使丙酮酸脱氢复合体活化，加快糖的有氧氧化；④抑制肝内糖异生；⑤糖的分解产物乙酰辅酶 A（CoA）和 NADPH 升高，有利于合成脂肪。

胰高血糖素是升高血糖的主要激素。糖皮质激素和肾上腺素也可以升高血糖。

相关文献阅读推荐

[1] 李堂. 生长激素激发试验和胰岛素样生长因子 1 水平检测对生长激素缺乏症的诊断意义和思考 [J]. 中国当代儿科杂志，2023，25（12）：1193-1197.

[2] 金昕，侯瑞芳，陆灏. 胰岛素强化治疗后转换为利拉鲁肽治疗新诊断 2 型糖尿病合并肥胖 1 例 [J]. 中华糖尿病杂志，2023，15（Z2）：189-192.

[3] 刘燕，熊向源. 靶向纳米载体用于口服胰岛素递送的研究进展 [J]. 功能高分子学报，2023，37（1）：82.

[4] 高哲，段凯欣，吕秀芹，等. 胰高血糖素样肽-1 受体激动剂改善高果糖饮食诱导的胰岛素抵抗大鼠肝脏脂质沉积机制研究 [J]. 中国全科医学，2023，26（21）：8.

[5] 周意男，杨琨，姜嘉怿，等. 葡萄糖转运蛋白 1/4 基因多态性与运动能力的关系 [J]. 中国组织工程研究，2023，27（5）：6.

[6] 栗西彤，关红，杨乐. 胰岛素抵抗与 2 型糖尿病认知功能障碍的

研究进展 [J]. 中国老年学杂志, 2023, 43 (1): 239-242.

[7] 查涛, 高梅红, 王松华. 利拉鲁肽对糖尿病骨质疏松症大鼠骨密度和胰岛素抵抗的影响 [J]. 中国临床药理学杂志, 2023, 39 (18): 2659-2663.

（麦明晓　杜冠魁）

第六章 生物氧化

线粒体氧化体系与呼吸链

思政故事：我国生物膜研究第一人杨福愉

1965年的戈壁滩上，我国第二次原子弹爆炸即将开始。高度保密的爆炸现场出现了几个陌生人，他们既不是现场的工作人员，也不是核物理科研工作者，没有人知道他们是谁，只知道这些人来到戈壁是为了执行神秘的"21号任务"，杨福愉就是其中一员。爆炸后，杨福愉通过测试和观察大白鼠受核爆损伤的情况，提出"以血液为中心，红血球为重点"，寻找慢性放射病早期诊断生化指标的指导思路，为我国和平利用原子能事业的发展提供了重要科学数据。

杨福愉是我国生物膜研究第一人。20世纪60年代起，他从事线粒体膜的结构与功能研究，致力于生物膜脂－膜蛋白相互作用的研究，一做就是30年，他的课题小组也获得具有特色的创新成果。他们探索二价金属离子（Mg^{2+}、Ca^{2+}等）对膜脂－膜蛋白相互作用的影响、对膜蛋白结构与功能的影响，发现了Mg^{2+}影响电子传递链的复合体构象与活性变化的位置；发现跨膜Ca^{2+}浓度梯度差对膜蛋白结构与活性具有重要的调节作用。他提出克山病是一种心肌线粒体病的观点，并创新地使用匀浆互补法预测农作物杂种优势。

自1979年恢复研究生制度起，杨福愉便承担起了培养青年人才的重任。杨福愉说，教书育人是他最有成就感的一件事。他先后指导并培养了博士研究生29名、硕士研究生34名，其中不乏中国科学院院长奖学金特等奖或优秀奖、中国科学院杰出青年称号、中国青年科技奖等获得者。为了发展我国生物膜研究，他甘作铺路石子，动员开展生物膜多学科交叉研究，为中国生命科学的长远发展谋划蓝图。

意义："穷理以致其知，反躬以践其实。"杨福愉生于不和平的年代，在战乱中成长，他在新中国最需要人才力量的时候挺身而出，奋斗一生。他的家国情怀、追求真理和俯首甘为孺子牛的精神都值得我们后辈学习。

生化知识点简要概述

氧化呼吸链是由具有电子传递功能的复合体组成

1. 呼吸链

代谢物脱下的成对氢原子（2H）通过排列在线粒体内膜上的一系列酶和辅酶的连锁反应逐步传递，最终与氧结合生成水，过程中伴随 ATP 的生成。这一系列酶和辅酶称为呼吸链（respiratory chain），又称电子传递链。

2. 呼吸链的分布

在原核细胞中分布于质膜上，而在真核细胞中则分布于线粒体的内膜上。

3. 呼吸链的组成

主要由 4 种酶复合体和 2 种可移动电子载体构成。固定在线粒体内膜上的复合物分别是复合体Ⅰ、Ⅱ、Ⅲ、Ⅳ，辅酶 Q 也存在于线粒体内膜上，但它是溶解于其中，处于流动状态，在电子募集和传递中起到核心作用。而细胞色素 c（Cytc）是水溶性，存在于线粒体双层膜的膜间隙中，可以在复合体Ⅲ和复合体Ⅳ之间通过移动而传递电子。

4. 电子传递链的排列顺序

电子传递链有两条，分别为：①NADH 呼吸链，NADH→复合体Ⅰ→辅酶 Q→复合体Ⅲ→Cytc→复合体Ⅳ→O_2；②琥珀酸呼吸链，琥珀酸→复合体Ⅱ→辅酶 Q→复合体Ⅲ→Cytc→复合体Ⅳ→O_2。

相关文献阅读推荐

[1] 崔清洋，尚云，曹银利，等. COA6 基因新发变异致婴儿细胞色素 c 氧化酶缺陷致心脑肌病 4 型 1 例报告并文献复习 [J]. 临床儿科杂志，2021，39（4）：5.

[2] 高大林，贺慧颖. 琥珀酸脱氢酶复合物变异在肿瘤病理诊断中的意义 [J]. 中华病理学杂志，2021，50（2）：5.

[3] 高海明，刘晓亮. TMEM70 基因新型复合杂合突变致线粒体呼吸链酶复合物 V 缺乏症 1 例报告 [J]. 中国实用儿科杂志，2022，37（12）：4.

[4] 施译琳，杨奥林，王锐杰，等. 辅酶 Q_{10} 抑制过氧化氢诱导的血小

板线粒体功能紊乱［J］．中山大学学报：医学科学版，2022，43（1）：7．

［5］孙雪，佟振华，任天舒，等．阿托伐他汀与辅酶 Q_{10} 联用对冠状动脉硬化性心脏病患者血浆脂蛋白和血清酶的影响［J］．实用药物与临床，2022（5）：25．

［6］王光裕，姜维，林鹏飞．艾地苯醌药理作用机制及其临床研究进展［J］．国际神经病学神经外科学杂志，2022（4）：49．

［7］徐仲航，何成彦，房学东．线粒体内膜蛋白与肿瘤关系的研究进展［J］．吉林大学学报：医学版，2023，49（1）：231-236．

［8］叶飞宇，魏亚康，王桂凤．线粒体呼吸链复合物Ⅰ的结构与装配路径［J］．中国生物化学与分子生物学报，2022（38）：1．

［9］易永丽，雷娅，王坤，等．大黄-桃仁药对调控子宫腺肌病在位内膜线粒体稳态的机制研究［J］．中草药，2022（15）：53．

［10］赵安然，王思琪，赵振武，等．丹栀逍遥散对焦虑模型大鼠行为学及线粒体形态和功能的作用研究［J］．中国中药杂志，2022，47（20）：7．

氧化磷酸化与 ATP 生成

思政故事：近代中国生物化学奠基人邹承鲁

邹承鲁是我国著名的生物化学家、是近代中国生物化学奠基人之一。他一生的科研成果颇多，如我国胰岛素人工合成就是他参与发起的，并取得了成功。1945 年，邹承鲁从西南联大毕业，次年赴英深造，师从英国剑桥大学著名生物化学家凯林（David Keilin）教授，从事呼吸链相关酶研究。在研究生学习期间，邹承鲁是国际上最早利用蛋白水解酶部分水解方法研究蛋白质结构与功能的关系的学者，并单独署名在英国 Nature 杂志发表论文。他发现细胞色素 c 纯化后与线粒体结合时在性质上发生变化，这是纯化蛋白质与在体内时性质差异的首次报道。1951 年，他获得英国剑桥大学生物化学博士学位，同年回国。当时科学界普遍认为细胞色素 b 就是琥珀酸脱氢酶，邹承鲁证明了细胞色素 b 与琥珀酸脱氢酶不是同一物质。邹承鲁与王应睐及汪静英合作纯化了琥珀酸脱氢酶，并发现其辅基为与蛋白部分共价结合的 FAD。此外，他们对呼吸链及其他酶系也进行了一系列研究工作，为我国的呼吸链研究奠定了良好基础。

邹教授共发表过100多篇科学论文。晚年，他渐渐淡出科研工作后，又致力于反对学术腐败、维护科学尊严的工作，先后发表过50多篇相关论文。

邹承鲁先生在科研生涯中一贯是"说真话，说实话"。20世纪50年代，他曾毫不犹豫地向中国科学院的领导提出了科学研究体制存在的问题。随着经济的发展，科学界这片净土也开始出现腐败现象。有些人企图用抄袭、伪造数据等作弊手段来骗取国家的科研经费。对这些腐败现象，邹承鲁通过写文章、作报告、接受电视采访等各种方式揭露和反对这些违反科学道德的行为。邹承鲁先生深恶痛绝这种行为，他认为：科学是极其严肃的，科学家的天职是追求真理，作为科学家的一个基本责任就是要讲真话。邹承鲁无愧于"科学家"这个神圣的职业。

意义：邹承鲁一生的科研成果无数，但这些成绩离不开他对科研事业忘我的奉献精神。同时，邹承鲁先生是一个真实的人，追求真理，敢于为捍卫科学的严肃性而与科学界存在的不正之风作斗争。他值得我们敬佩！

生化知识点简要概述

ATP生成方式

氧化磷酸化将氧化呼吸链释能与ADP磷酸化偶联生成ATP。

1. 底物水平磷酸化

底物水平磷酸化（substrate level phosphorylation）指糖代谢过程中，通过脱氢或脱水反应，在底物分子上生成高能键，此高能键不稳定，再经分子重排，把高能键转移到ADP或GDP上，使之磷酸化生成ATP（GTP）的过程。

2. 氧化磷酸化

氧化磷酸化（oxidative phosphorylation）指在呼吸链电子传递过程偶联ADP磷酸化生成ATP的过程，又称为偶联磷酸化。

（1）两个电子传递过程中的P/O比值。这是指氧化磷酸化过程中，每消耗1/2摩尔O_2所生成ATP的物质的量（或一对电子通过氧化呼吸链传递给氧所生成ATP分子数）。

（2）化学渗透假说。关于呼吸链传递电子能够产生ATP的原因，目前的解释以化学渗透假说最为容易接受。电子经呼吸链传递时，可将质子（H^+）从线粒体内膜的基质侧泵到内膜胞浆侧，产生膜内外质子电化学梯度储存能量。当质子顺浓度梯度回流时驱动ADP与Pi生成ATP。也就是电子传递的氧化过程与ATP酶生成ATP两者是偶联的过程，因此称之为氧化磷酸化。

相关文献阅读推荐

［1］冯汉青，王建荷，张悦婧，等．呼吸链影响光化学反应过程中细胞外 ATP 调控作用的研究［J］．西北师范大学学报（自然科学版），2022，58（1）：7．

［2］高海明，刘晓亮．*TMEM*70 基因新型复合杂合突变致线粒体呼吸链酶复合物 V 缺乏症 1 例报告［J］．中国实用儿科杂志，2022，37（12）：4．

［3］黄蓉蓉，瞿珊珊，郭鸿，等．不同时间高氧对大鼠肺泡 II 型上皮细胞能量代谢的影响［J］．中国医学科学院学报，2023，45（1）：9－15．

［4］刘玲，黄磊，彭婷，等．涤痰解毒方对有机磷农药中毒模型大鼠线粒体呼吸链复合物的影响［J］．中药新药与临床药理，2023，34（2）：6．

［5］刘鑫，游秋云，王平，等．酸枣仁汤对老年慢性快动眼睡眠剥夺模型大鼠肝脏线粒体能量代谢及其机制的影响［J］．中国实验方剂学杂志，2021，27（16）：6．

［6］尚磊晶，孙盈盈，李元海．吲哚美辛通过 NOS_3 影响线粒体呼吸链对非小细胞肺癌的机制［J］．中国药理学通报，2022，38（12）：7．

［7］田磊，王世伟，赵立，等．线粒体三磷酸腺苷敏感钾离子通道在大鼠心肺复苏后急性肾损伤中的作用研究［J］．上海医学，2023，46（1）：6．

［8］勇入琳，刘路，董佳梓，等．电针足三里对脾气虚模型大鼠骨骼肌线粒体呼吸链复合物活性和 ATP 含量的影响［J］．上海针灸杂志，2022，41（12）：6．

［9］于婧文，郭敏芳，李苏垚，等．黄芪甲苷通过调控线粒体功能抑制 H_2O_2 诱导的 SH-SY5Y 细胞凋亡［J］．中国病理生理杂志，2022（9）：38．

氧化磷酸化的影响因素

思政故事：林其谁成功提取线粒体解偶联蛋白

林其谁，生物化学家。1937年12月15日生于上海，原籍福建莆田。1959年毕业于上海第一医学院。曾任联合国教科文组织国际细胞研究组织主席、亚洲大洋洲生物化学家与分子生物学家联合会主席。2003年当选为中国科学院院士。

林其谁主要从事生物膜的结构与功能研究。在研究氧化磷酸化时，曾发现偶联线粒体琥珀酸的氧化受内源NADPH的抑制，并分离了线粒体内膜上不含ATP酶活力的偶联因子。他从富含丰富ADP-ATP运载体的棕色脂肪组织的线粒体内膜上分离解偶联蛋白的方法，至今仍被用于纯化基因工程表达的解偶联蛋白。

林其谁的辉煌成果不止如此。他少年时受父亲的影响考大学时报考了医学专业，立志要成为一名好医生。然而，当时的毕业生都是服从国家分配，他被分配到了中国科学院生物化学研究所，从此开始了"专业不对口"的生化人生。一切从头学起，林其谁响应国家要求，参与了中国人工全合成结晶牛胰岛素项目，负责其中多肽B链的合成。

林其谁认为："实验并不总是愉快的事情，不愉快的时间往往会占了大多数，真正开心的时刻主要在数据结果理想或得到有意义的结果的时候。而接下去又要面对新的问题与挑战。面对重重困难是常态。如果不喜欢，从事科研会是既困难又痛苦的。而且，实验结果必须多次重复。掌握了技术方法之后，相当部分都是重复或大同小异的操作，旁人看来会显得非常枯燥。因此，热爱是做科学研究的第一保证。"

林其谁在上海生化化学研究所连任三届所长，但他自己一直住在安顺路上的一间"老破小"房子里。新房都分给年轻人才，解决他们的后顾之忧。

他是一位充满智慧的科学家，从未改变的是他严谨的工作作风、务实的工作态度和勤俭的生活习惯。"高山仰止，景行行止"便是对他最恰当的写照。

意义：林其谁把自己的一切都奉献给了国家的科研事业，"哪里需要往哪搬"！从一名医学生转行做生化研究，一切都需要重新学习。他不但成功参与了新中国牛胰岛素的合成，而且在自己的科研领域也做出了巨大的贡献。同时，他一身正气，不计较个人得失，是我们敬佩和学习的榜样。

生化知识点简要概述

氧化磷酸化的影响因素

1. 体内能量状态可调节氧化磷酸化速率

氧化磷酸化是机体合成能量载体 ATP 最主要的途径，因此机体根据能量需求调节氧化磷酸化速率，从而调节 ATP 的生成量。ADP 浓度上升，则氧化磷酸化加速；ADP 浓度下降，则氧化磷酸化减慢。

2. 抑制剂可阻断氧化磷酸化过程

由于氧化磷酸化是由电子传递链和 ATP 合酶偶联组成，因此阻断此过程包含三种抑制剂：呼吸链抑制剂、解偶联剂（uncoupler）、氧化磷酸化（ATP 合酶）抑制剂。

（1）呼吸链抑制剂阻断电子传递过程。电子传递链组成的四个复合体都有相对应的抑制剂。

①复合体Ⅰ抑制剂：鱼藤酮（rotenone）、粉蝶霉素 A（piericidin A）及异戊巴比妥（amobarbital）；②复合体Ⅱ的抑制剂，萎锈灵（carboxin）；③复合体Ⅲ抑制剂，抗霉素 A（antimycin A）、二巯基丙醇；④复合体Ⅳ抑制剂，CO、CN^-、N_3^- 及 H_2S。

（2）解偶联剂阻断 ADP 的磷酸化过程。解偶联剂可使氧化与磷酸化的偶联相互分离，基本作用机制是破坏电子传递过程建立的跨内膜的质子电化学梯度，使电化学梯度储存的能量以热能形式释放，ATP 的生成受到抑制，如二硝基苯酚（dinitrophenol，DNP）、双香豆素、解偶联蛋白-1（uncoupling protein-1，UCP-1）。

（3）ATP 合酶抑制剂。如寡霉素（oligomycin）可结合 F_0 单位，二环己基碳二亚胺（dicyclohexyl carbodiimide，DCCD）共价结合 F_0 的 C 亚基谷氨酸残基，阻断质子从 F_0 质子半通道回流，抑制 ATP 合酶活性。

3. 甲状腺激素可促进氧化磷酸化和产热

当患者患有甲亢后，Na^+/K^+-ATP 酶和解偶联蛋白基因表达均增加，导致 ATP 合成上升，ATP 分解上升，总耗氧量也上升。表现为基础代谢升高，患者易热、易喘、情绪激动。

相关文献阅读推荐

[1] 关璐，刘川川，张瑞霞. UCP1 调控棕色脂肪组织能量代谢及线粒

体稳态 [J]. 生理科学进展, 2022, 53 (5): 342-346.

[2] 李丽红, 李欣, 李硕, 等. 解偶联蛋白 2 在槲皮素改善肝细胞脂肪变性中的作用研究 [J]. 中国临床药理学杂志, 2022 (16): 38.

[3] 刘玲, 黄磊, 彭婷, 等. 涤痰解毒方对有机磷农药中毒模型大鼠线粒体呼吸链复合物的影响 [J]. 中药新药与临床药理, 2023, 34 (2): 6.

[4] 马燕, 尹瑞梨, 赵冬, 等. 胰高血糖素样肽 1 受体激动剂艾塞那肽调控棕色脂肪组织活性的机制研究 [J]. 中国糖尿病杂志, 2022, 30 (5): 6.

[5] 尚磊晶, 孙盈盈, 李元海. 吲哚美辛通过 NOS_3 影响线粒体呼吸链对非小细胞肺癌的机制 [J]. 中国药理学通报, 2022, 38 (12): 7.

[6] 吴倩, 王静, 于亮宇, 等. 棕色脂肪白色化研究进展 [J]. 中国药理学通报, 2021, 37 (1): 5.

[7] 谢正应, 周新华, 王娟. 血清解偶联蛋白 2 在脓毒症及脓毒性休克中的表达及其临床意义 [J]. 中国急救医学, 2021.

[8] 杨珮珮, 杨珺涵, 柳梦婷, 等. 解偶联蛋白 2 对皮肤黑色素瘤预后和免疫微环境的影响 [J]. 中国肿瘤生物治疗杂志, 2022, 29 (10): 9.

[9] 张毅敏, 宋海岩, 张伟. 鱼藤酮诱导帕金森大鼠导致棕色脂肪产热功能的变化 [J]. 中国临床药理学杂志, 2021, 37 (21): 5.

思政故事：尹芝南与 2 型糖尿病

2021 年 11 月 24 日，*Nature* 在线刊登了一篇名为 *IL-27 signaling promotes adipocyte thermogenesis and energy expenditure*（《白细胞介素 - 27 信号促进脂肪细胞产热和能量消耗》）的论文。该论文展示了暨南大学尹芝南教授团队的一项研究成果：首次发现 IL-27 可以直接靶向并促进脂肪细胞的棕色化和产热，通过燃烧脂质以减轻肥胖和改善 2 型糖尿病。这项发现随即得到了学术界的高度肯定，IL-27 入选 2021 年全球十九大药物靶点，也是国内唯一一个新药靶点。

尹芝南 1984 年毕业于湖北医科大学，1988 年获得上海第二医科大学（现上海交通大学医学院）免疫学硕士学位。1992 年年底，尹芝南赴意大利国家肿瘤中心进修。

1997 年，尹芝南赴耶鲁大学 Joseph Craft 实验室进行博士后研究。从 1997 年到 2006 年，在耶鲁大学工作的 10 年里，尹芝南先从事博士后研究，然后从助理教授晋升为副教授，先后承担了美国国立卫生研究院多项基金项目，于 2006 年获得耶鲁大学内科系科研成就奖。这在学术界堪称傲人的成就。但是，在这样的学术成就面前，尹芝南选择了回国。2007 年，尹芝南回国担任南开大学生命科学学院院长。

尹芝南教授是暨南大学生物医学转化研究院院长、教育部"国家重大工程人才入选者"、高层次海外留学归国创业人才；担任广东省免疫学会理事长、中国细胞生物学会免疫细胞分会理事长、中国免疫学会常务理事等社会职务；为博士研究生导师、国家杰出青年基金获得者、"973"项目首席科学家。

尹芝南关于白细胞介素-27（IL-27）的最新发现为肥胖及其相关代谢性疾病的治疗提供了新的靶点和潜力药物。这项研究成果是整个团队历时 7 年的努力。

意义：尹芝南教授在美国耶鲁大学工作期间，在学术界获得了堪称傲人的成就，但他依然选择回国，为我国家免疫学科研事业添砖加瓦，彰显了他的赤子情怀。同时，他还是一位热心科普的"B 站"网络视频博主，爱做科普视频，用幽默的语言使高深的医学研究变得通俗易懂、妙趣横生，他的科普视频常引得百万人关注。他是一位平易近人的大学者，值得我们学习。

生化知识点简要概述

解偶联剂阻断 ADP 的磷酸化过程

解偶联剂可使氧化与磷酸化的偶联相互分离，基本作用机制是破坏电子传递过程建立的跨内膜的质子电化学梯度，使电化学梯度储存的能量以热能形式释放，ATP 的生成受到抑制。

棕色脂肪组织的线粒体内膜中富含一种特别的蛋白质，称为解偶联蛋白-1（UCP-1）。它是由 2 个 32 kD 亚基组成的二聚体，在线粒体内膜上形成质子通道，内膜细胞质侧的 H^+ 可以经此通道回流线粒体基质，使氧化磷酸化解偶联不生成 ATP，能量以热能的形式释放。因此，棕色脂肪组织可以产热御寒。新生儿硬肿症是由于缺乏棕色脂肪组织，不能维持正常体温而使皮下脂肪凝固。激活棕色脂肪组织生成可以成为减脂的一个研究方向。

相关文献阅读推荐

[1] 陈江慧，周玫余，黄荣凤，等．进食节律差异调节棕色脂肪组织的生物钟与代谢基因昼夜节律 [J]．生理学报，2022，74（5）：11.

[2] 凡若楠，钟凌云，张依欣．棕色脂肪组织及其与中药相关性研究

进展 [J]. 中华中医药杂志, 2021, 36 (2): 968-971.

[3] 关璐, 刘川川, 张瑞霞. UCP1 调控棕色脂肪组织能量代谢及线粒体稳态 [J]. 生理科学进展, 2022, 53 (5): 342-346.

[4] 马燕, 尹瑞梨, 赵冬, 等. 胰高血糖素样肽 1 受体激动剂艾塞那肽调控棕色脂肪组织活性的机制研究 [J]. 中国糖尿病杂志, 2022, 30 (5): 6.

[5] 宋鸽, 邓懿敏, 徐瑞, 等. 运动对生长发育期高脂饲养大鼠棕色脂肪组织功能调控相关基因表达的影响 [J]. 中国运动医学杂志, 2021, 40 (1): 9.

[6] 孙倩雯, 许雅琪, 陈微, 等. 诱导白色脂肪棕色化的靶向递送载体的研究进展 [J]. 药学学报, 2022, 57 (7): 8.

[7] 王晓杰, 赵晨露, 赵文霞. 基于脾主运化与白色脂肪棕色化的相关性探讨中医药治疗非酒精性脂肪性肝病的机制 [J]. 中医杂志, 2023, 64 (6): 6.

[8] 吴倩, 王静, 于亮宇, 等. 棕色脂肪白色化研究进展 [J]. 中国药理学通报, 2021, 37 (1): 5.

其他氧化与抗氧化体系

思政故事：青蒿素的发现者屠呦呦

由中国药学家屠呦呦担任组长的中国抗疟药研究团队从 1969 年开始，经过大量的反复筛选后，工作重点集中到了中药青蒿。经过多次提取失败后，创新性地提出了用乙醚回流或冷浸，而后用碱溶液除掉酸性部位的低温萃取法，获得了青蒿乙醚中性提取物样品，动物实验发现其疟疾抑制率甚至可达 100%，并在此后的临床实验中疗效显著。根据世界卫生组织的统计，2000 年至 2015 年期间，全球疟疾发病率下降了 37%，疟疾患者的死亡率下降了 60%，共挽救了全球 620 万人生命。

1972 年 11 月，中国抗疟药研究团队成功提取了一种单体化合物的结晶，将其命名为"青蒿素"。青蒿素及其衍生物抗疟的主要机理包括：在二价铁离子作用下，青蒿素及其衍生物产生大量以青蒿素碳原子为中心的自由基和活性氧，致疟原虫死亡；抑制血红素的内化；抑制疟原虫肌肉内质网膜钙离子依赖的 ATP 酶活性等。

由于从黄花蒿中提取青蒿素并开创疟疾治疗新方法，屠呦呦也因此获得 2011 年拉斯课临床医学奖和 2015 年诺贝尔生理学或医学奖。但这位已经誉满全球的科学家，没有停下攀登的脚步。如今，年近九旬的屠呦呦还在抗疟领域攻坚克难，针对青蒿素出现的抗药性难题，不断提出新的治疗应对方案。

意义：屠呦呦在 2015 年获得诺贝尔生理学或医学奖，表明了国际医学界对中国医学研究的深切关注，表明了中医药对维护人类健康的深刻意义，展现了中国科学家的学术精神和创新能力，是中国医药卫生界的大事件。

生化知识点简要概述

其他氧化及抗氧化体系

心脏是对能量需求最大的地方，心肌细胞中线粒体数量较多。线粒体的呼吸链是产生反应活性氧类（reactive oxygen speces，ROS）的主要部位。氧自由基的产生，导致脂质过氧化的发生，而清除这些成分需要谷胱甘肽过氧化物酶（glutatione peroxidase，GPx）。GPx 是体内防止 ROS 损伤不可缺少的酶，可去除 H_2O_2 和其他过氧化物。硒以半胱氨的形式存在于蛋白质中，因此硒也是 GPx 活性所必需的微量元素。同时硒也参与辅酶 Q 的合成，其缺乏会影响呼吸链生成 ATP 的速度。

微量元素硒

成人硒日需要量为 30～50 μg。肉类、奶制品和蔬菜中都含硒，但食物中的硒含量随地域不同而异，如植物中的硒含量受种植的土壤含硒量的影响。硒的缺乏可引发很多种疾病，如糖尿病、心血管病、神经变性疾病、某些癌症等。

相关文献阅读推荐

[1] 丁锚，杨楠，黄语悠，等. 线粒体活性氧自由基抑制剂 R（+）-普拉克索对脑缺血再灌注损伤大鼠 JAK2-STAT3 通路及炎性因子 TNF-α 的影响 [J]. 首都医科大学学报，2021，42（2）：232-238.

[2] 谷海军，郝丽萍，李丽，等. 2018 年河北省张家口市克山病病区人群内外环境硒水平调查分析 [J]. 疾病监测，2022，37（4）：6.

[3] 戬力维，邓艳，李涛. 酮体 β-羟基丁酸减轻炎症状态下血管内皮细胞线粒体氧化应激的机制研究 [J]. 四川大学学报：医学版，2021，52（6）：6.

[4] 李锋,蔡卫,李津蜀. 2017—2018年四川省克山病病区人群高血压检出情况分析[J]. 中华地方病学杂志,2021(8):40.

[5] 刘颖,杨继红,施红,等. 氧自由基在老年人造影剂肾病中作用的研究进展[J]. 中华老年医学杂志,2021,40(3):4.

[6] 覃颖颖,杨慧莹,吴青,等. 抑制线粒体钙单向转运体对大鼠急性胰腺炎氧化应激的作用研究[J]. 中国现代医学杂志,2022(12):32.

[7] 王佳慧,梁欢,方典,等. 抑制线粒体活性氧自由基可减轻高糖诱导的心肌细胞焦亡和铁死亡[J]. 南方医科大学学报,2021,41(7):8.

[8] 王家怡,聂政. 在神经退行性疾病中Nrf2对线粒体功能的调节[J]. 中国老年学杂志,2021,41(7):4.

[9] 徐宇,许志强,严维辉,等. 急性低氧/复氧胁迫对克氏原螯虾抗氧化-能量代谢的影响[J]. 水生生物学报,2023,47(4):594-601.

(麦明晓 杜冠魁)

第七章 脂类代谢

脂类的构成、功能及分析

思政故事：师徒之承——追踪前列腺素

化学家奥伊勒从人的精液中分离出一种物质，该物质不仅能使子宫的平滑肌收缩，且能使血压下降。随后将其命名为前列腺素。

奥伊勒的弟子贝格斯特罗姆在他的指导下，在屠宰场收集了数吨羊的前列腺，研究持续了13年之久。1962年，贝格斯特罗姆纯化了两种前列腺素（PG）——前列腺素E（PGE）和前列腺素F（PGF），并确定了其结构。他发现前列腺素的前体是花生四烯酸，花生四烯酸这种不饱和脂肪酸主要存在于细胞膜上。在酶的作用下，以花生四烯酸为原料可合成前列腺素。

贝格斯特罗姆因其在前列腺素领域的贡献于1982年获得诺贝尔生理学或医学奖。

意义：每一个科学的发现都是不容易的，我们需要持之以恒的毅力，以及细致入微的观察力，不随波逐流，勇于探索。

生化知识点简要概述

不饱和脂肪酸衍生物

一些不饱和脂肪酸衍生物有复杂的生理功能，前列腺素、凝血烷（TX）、白三烯（LT）都是二十碳多不饱和脂肪酸衍生物。

1. 前列腺素

前列腺素在体内由花生四烯酸合成，为一个五环和两条侧链构成的二十碳不饱和脂肪酸。按其结构分为多个类型。不同类型的前列腺素具有不同的功能，如PGE能舒张支气管平滑肌，降低通气阻力；而PGF的作用则相反。PG的半衰期极短（1～2分钟），除PGI_2外，其他的PG经肺和肝迅速降解，故 PG 不像典型的激素那样，通过循环影响远距离靶向组织的活动，而是在局部产生和释放，对产生 PG 的细胞本身或对邻近细胞的生理活动发挥调节作用。

2. 凝血烷

凝血烷有前列腺素样骨架。血小板产生的 TXA_2、PGE_2 能促进血小板聚集和血管收缩，促进凝血及血栓形成。

3. 白三烯

现在已经证实，过敏反应的慢反应物质 SRS-A，是 LTC_4、LTD_4、LTE_4 的混合物，其支气管平滑肌的收缩作用比组胺、$PGF2\alpha$ 强 100～1 000 倍。

相关文献阅读推荐

［1］程晓亮，钱佳丽，柯亭羽. 前列腺素 E_2 与糖尿病周围神经病变的相关性研究［J］. 中国糖尿病杂志，2022，30（8）：4.

［2］邸金娜，隋丽云，张莉，等. 孟鲁司特治疗血清白三烯增高，呼出气一氧化氮阳性咳嗽变异性哮喘患者的效果［J］. 实用医学杂志，2021，37（8），1060-1063，1067.

［3］郭美娜，刘敏，季爽，等. 前列腺素在腹主动脉瘤中的作用［J］. 生理科学进展，2022（4）：53.

［4］吕莎，叶子芯，陈欢，等. 白三烯在动脉粥样硬化形成及治疗中的作用［J］. 中国比较医学杂志，2022（3）：32.

［5］熊平，张涛，李峥. 白三烯 B_4 在蛛网膜下腔出血后血管痉挛中作用的实验研究［J］. 中国神经精神疾病杂志，2021，47（4）：6.

［6］杨宁，吕国栋，温浩. 前列腺素 E_2 的代谢和转运途径及其在肝再生中的作用［J］. 中华肝脏病杂志，2021，29（2）：5.

［7］周晶晶、方锦颖、李忠心，等. 基于网络药理学探究前列腺素类药物治疗糖尿病肾病的作用机制［J］. 中国实用内科杂志，2021，41（12）：1045-1050.

脂类的消化吸收

思政故事：科学减肥

胃口很差，没有食欲，这是减肥药一种比较常见的副作用。原理也很明显，吃得少了，摄入的热量少了，消耗却不变，自然体重也就下降了。但导致食欲不振的原因并不是身体的自然反应，而是减肥药中可能含有一种食欲抑制剂芬芬，美国食品药物管理局于1997年9月正式禁止将芬芬用于减肥。因为含芬芬的减肥药品在其面世一年多的时间里，带来了很大的副作用，长期服用甚至会造成心脏、肾脏的损伤，以及导致高血压等疾病。减肥药另一种常见的副作用就是腹泻，这说明你服用的减肥药中可能含有番泻叶，此物在临床上是不属于减肥药的，番泻叶的减肥原理是它可以减少食物停留在肠道和胃的时间，降低食物被吸收的概率，加快食物排出体外的过程，从而达到减肥的目的。但如果使用番泻叶不当，轻者可能会引起腹痛、呕吐，重者甚至会诱发女性月经失调、消化道出血等症状，严重影响身体的健康。

意义：要用科学的方法满足消费者的需求而非借科学的噱头伤害消费者的身体。

生化知识点简要概述

脂肪的消化

1. 胆汁酸协助消化酶消化脂质

脂肪不溶于水，而分解脂肪的酶是水溶性的。它们之间要彼此作用，需要依赖一个成分，这个成分叫胆汁酸。胆汁酸有较好的乳化作用，能够降低脂-水之间的界面张力，将脂质乳化成细小微团，使脂质消化酶吸附在乳化微团的脂-水界面，极大地增加消化酶与脂质的接触面积，促进脂质的分解。

脂质消化酶：由胰腺分泌，主要有胰脂酶和辅脂酶等。辅脂酶本身不具有脂酶活性，但它能通过疏水键与甘油三酯（TG）结合，通过氢键与胰脂酶结合，从而使胰脂酶固定在乳化微团的油-水界面上。

2. 脂质的吸收

（1）位置。脂质的吸收主要在十二指肠下段及空肠上段。

(2) 吸收方式。中链（6～10C）及短链脂肪酸构成的 TG 直接被肠黏膜细胞吸收，在肠黏膜细胞中分解为脂肪酸和甘油，通过门静脉进入血液循环；由长链脂肪酸（12～26C）构成的 TG 在小肠分解为游离脂肪酸、2-甘油一酯等才被吸收进入肠黏膜细胞，在肠黏膜细胞重新合成 TG，跟吸收的胆固醇、磷脂及载脂蛋白共同组成乳糜微粒（CM），通过淋巴管进入血液循环。

相关文献阅读推荐

[1] 陈星玲，宿树兰，刘睿，等. 胆汁类动物药中胆汁酸化学成分和药理作用研究进展 [J]. 中国中药杂志，2021，46 (19)：9.

[2] 段晓延，扈金萍. 胆汁酸转运体与相关疾病及药物研发进展 [J]. 药学学报，2022，57 (12)：11.

[3] 冯晓华，王丽娜. 胆汁酸调控动物采食和能量稳态的研究进展 [J]. 动物营养学报，2023，35 (2)：7.

[4] 郭阳，高明坤，包怡红，等. 食物基质及脂质分子结构对体内消化吸收的影响机制 [J]. 中国食品学报，2021，21 (8)：391-399.

[5] 颜雨萌. 胆盐理化性质及其对脂质消化的影响机制研究进展 [J]. 中国油脂，2021，46 (8)：9.

[6] 张哲，黄运芳，赵雯雯，等. 酸枣仁汤对失眠小鼠血清、肝脏和回肠中胆汁酸分子水平的调控作用 [J]. 中国中药杂志，2022 (1)：47.

思政故事：科学家 Knoop 巧妙设计探索脂肪酸的分解模式

1904 年，科学家 Knoop 在毫无酶学知识和放射性同位素标记技术尚未问世的条件下，通过一个经典而巧妙的标记实验研究了脂肪酸的分解。他将末端甲基上连有苯环的脂肪酸喂饲狗，然后检测狗尿中的产物。苯环在体内不能被降解，他用苯环取代脂肪酸 ω-碳原子上的氢，合成五种苯脂酸（苯甲酸、苯乙酸、苯丙酸、苯丁酸和苯戊酸）。当饲喂奇数碳原子脂肪酸（如苯丙酸）时，狗尿液中检测到的是苯甲酸，脱去了 2 分子碳，但还不能确定这 2 分子碳是逐个脱下还是一起脱下的；然后他又用苯环标记偶数碳脂肪酸苯丁酸，并用其饲喂狗，在狗尿液中检测到了苯乙酸。这个实验证明了，脂肪酸分解每次脱去 2 分子碳。Knoop 根据实验结果，推断长链脂肪酸在体内的降解是从羧基端 β-碳原子上开始进行氧化，每次都脱下 2 个碳原子，即生成乙酸和比母体脂肪酸少 2 个碳原子的新脂肪酸，如此反复进行 β 氧化，直至长链脂肪酸全部转变为乙酸。

意义：科学研究不是一蹴而就的。作为年青学子，应在平时注重知识的积累，寻找自己的科研兴趣点，并持之以恒。

生化知识点简要概述

脂类代谢

1. 脂肪动员

脂肪组织的甘油三酯水解是通过脂肪动员来完成的，甘油三酯在甘油三酯脂肪酶、甘油二酯脂肪酶、甘油一酯脂肪酶的逐步水解下生成游离的脂肪酸和甘油。其中甘油二酯脂肪酶为关键酶，又称为激素敏感脂肪酶，受激素严格调控。生成的游离脂肪酸不溶于水，要与清蛋白结合，通过血液运输至能利用脂肪的外周组织进行脂肪酸氧化。

2. 脂肪酸 β 氧化的三个阶段

（1）脂肪酸的活化：在胞液中，脂酰 CoA 合成酶利用 ATP 将游离的脂肪酸催化形成脂酰 CoA 完成激活。

（2）脂酰 CoA 从胞液进入线粒体，参与的酶有 3 个，分别为脂酰肉碱转移酶 I、脂酰肉碱转移酶 II、肉碱 - 脂酰肉碱转位酶，这 3 个酶把脂酰基从胞液转移到线粒体基质中。脂酰肉碱转移酶 I 是整个脂肪酸 β 氧化过程的限速酶。

（3）在线粒体中，脂酰 CoA 经过脱氢、加水、再脱氢、硫解生成比原来脂酰 CoA 少 2 个碳原子的脂酰 CoA、1 分子乙酰 CoA、1 分子 NADH、1 分子 $FADH_2$。这四步反应过程叫 β 氧化。经多次 β 氧化循环后，只生成乙酰 CoA（偶数碳）、NADH、$FADH_2$。NADH 和 $FADH_2$ 顺着线粒体内膜上的呼吸链生成 H_2O 和 ATP。

相关文献阅读推荐

[1] 孙诚园，张毓玲，陈芊汝，等. 左旋肉碱改善代谢综合征的作用及机制研究进展 [J]. 食品工业科技，2023，44（1）：10.

[2] 杨池菊，史彩虹，周成，等. 山东省济宁地区新生儿脂肪酸氧化代谢病筛查及随访分析 [J]. 浙江大学学报（医学版），2021（4）：50.

[3] 杨婧，范晓明，张巧仙，等. 银杏内酯 B 调节长链脂肪酸代谢相关蛋白表达及抗氧化治疗非酒精性脂肪肝病分子机制研究 [J]. 药学学报，2021，56（4）：1057 - 1062.

［4］于玥，沈凌花，邱文娟，等. 肉碱棕榈酰转移酶1A缺乏症患儿六例临床特征及基因突变分析［J］. 中华医学杂志，2021，101（14）：4.

［5］余彦亮，陈雪雨，范国清，等. 左旋肉碱在超未成熟儿脂类及胆红素代谢中的作用［J］. 临床儿科杂志，2022（6）：40.

［6］张会丰，赵婉晴. 左旋肉碱在儿童各类疾病中的应用［J］. 中国实用儿科杂志，2022，37（10）：5.

［7］周珍，杨理明，廖红梅，等. 一例肉碱棕榈酰转移酶1A缺乏症患儿的临床及 *CPT*1A 基因变异研究［J］. 中华医学遗传学杂志，2021，38（2）：4.

［8］朱莉，幸佳佳，魏娟芳，等. 短链脂肪酸在神经退行性疾病中的相关机制研究进展［J］. 中国全科医学，2023，26（24）：3061-3066.

思政故事：左旋肉碱与减肥

脂肪分解为甘油和脂肪酸之后，左旋肉碱是脂肪酸进入线粒体进行进一步氧化分解的载体。如果没有左旋肉碱，人体就无法燃烧脂肪，可见左旋肉碱有很重要的生理功能。因此，一些左旋肉碱保健品的广告宣称服用左旋肉碱可安全减肥，通过额外地补充大量的左旋肉碱可以促进体内脂肪的燃烧。实际上，健康个体的肝脏和肾脏都能通过赖氨酸和甲硫氨酸的内源性合成途径合成足够的左旋肉碱来满足身体的需要。这两种氨基酸在食物中很常见，因此左旋肉碱并不是人体必需的营养素。目前尚无实验表明额外补充左旋肉碱可以促进脂肪的氧化分解。只有较大运动量才能促进脂肪的氧化分解。

意义：科学是指导减肥的重要工具，是迈向健康中国的重要支撑。

生化知识简要概述及相关文献阅读推荐参见"思政故事：科学家Knoop巧妙设计探索脂肪酸的分解模式"。

磷 脂 代 谢

思政故事："血管清道夫"——磷脂的发现

磷脂最早是由 Uauquelin 于1812年从人脑中发现，1844年，法国人Gobley 从蛋黄中将其分离出来，并于1850年根据希腊文 lekithos（蛋黄）命名为 Lecithin（卵磷脂）。

蛋黄中除去水分和蛋白质外，剩下的 1/3 均为脂质。对脂质进一步的研究、分离、提取后发现，其中有近 1/3 为磷脂。磷脂进一步提取的话，还可以细分为磷脂酰乙醇胺、磷脂酰胆碱、鞘磷脂、溶血磷脂等不同的磷脂。蛋黄中含量最高的磷脂是卵磷脂。卵磷脂也是真核生物细胞膜上含量最高的磷脂，在细胞增殖和分化过程中具有重要的的作用，对于维持正常细胞周期有重要意义。同时，卵磷脂又称"血管清道夫"，它能够帮助身体运输胆固醇和甘油三酯，使血管循环通畅。

意义：磷脂有很多营养功能，它的发现为人类的健康事业画上了浓重的一笔。

生化知识点简要概述

磷脂

磷脂（phospholipid）是含有磷酸的脂类，分为甘油磷脂与鞘磷脂两大类。甘油磷脂是组成生物膜的主要成分。磷脂为两性分子，一端为亲水的磷酸，另一端为两条疏水的长脂肪烃链。因此，磷脂分子亲水端相互靠近，疏水端相互靠近，常与蛋白质、糖脂、胆固醇等其他分子共同构成脂双分子层，即细胞膜的结构。

1. 磷脂的来源

磷脂可以自身合成，机体各组织细胞均能将甘油、脂肪酸、磷酸盐、胆碱等原料通过不同途径在体内合成磷脂。除此之外，每天也可从食物中获得磷脂。含磷脂丰富的动物性食物有蛋黄、瘦肉、肝脏等，而植物性食物中以大豆、葵花子等含量较多。

2. 磷脂调节血脂、降低胆固醇

不论是哪一种血浆脂蛋白，都依赖磷脂参与组成，丰富的磷脂是构建极低密度脂蛋白（VLDL）的基础，帮助运输脂肪和胆固醇到全身各组织，可改善脂肪的吸收、转运和代谢分解。磷脂可以分解过高的血脂和过高的胆固醇，清扫血管，使血管循环顺畅，被公认为"血管清道夫"。

3. 磷脂参与构成神经组织

人体神经细胞和大脑细胞是由磷脂所构成的细胞薄膜包覆，磷脂不足会导致薄膜受损，造成智力减退、精神紧张。

相关文献阅读推荐

[1] 侯淑琳，白俊平，陆昕，等. 人分泌型磷脂酶 A2 GⅡE 的 $E54$ 突

变及其对底物选择性的影响［J］. 生物工程学报, 2021, 37 (7): 2513-2521.

［2］马奎, 张璁, 高超, 等. 磷脂酰肌醇蛋白多糖3基因沉默联合三氟拉嗪对肝癌细胞增殖和凋亡的影响［J］. 中国临床药理学杂志, 2022 (10): 38.

［3］马晓慧, 刘江涵子, 罗淦清, 等. 磷脂过氧化在冠心病发病机制中的研究进展［J］. 中国药理学通报, 2022, 38 (8): 7.

［4］张焕焕, 胡志娟, 刘琼, 等. 血清抗磷脂酶A2受体抗体对2型糖尿病合并蛋白尿患者病理诊断的预测价值研究［J］. 中国糖尿病杂志, 2023, 31 (3): 5.

［5］邹俊康, 鲍宗必, 杨启炜, 等. 甘油磷酰胆碱的分析、制备及纯化研究进展［J］. 化工进展, 2021.

脂肪合成

思政故事：糖与心血管疾病

《美国医学会杂志·内科学》曾发表过一篇论文，在这篇文章当中，作者揭露了一件欺瞒大众50年的丑闻。故事要从20世纪60年代说起，当时学术圈正在争论冠心病的饮食诱因，一共有两个派别，一个派别主张"糖"是冠心病的饮食诱因，另一个派别主张饱和脂肪、膳食胆固醇才是冠心病的饮食诱因。原本两派争论得热火朝天，结果没想到，哈佛大学三位著名的教授突然共同在《新英格兰医学杂志》发表了一篇论文，三位作者在论文里声明，他们审查了各种研究和实验，所有这些研究中涉及糖和心血管疾病的研究都有重大问题，他们认为糖与心血管疾病不存在相关性，因此糖不可能是冠心病的饮食诱因。于是，他们得出一个结论——只有在饮食当中减少饱和脂肪、膳食胆固醇的摄入，才能够有效地减少冠心病。由于《新英格兰医学杂志》在医学界属于最具有分量的医学期刊，并且三位作者都是行业内顶尖的学者。基于这两点，学术圈开始接受了这篇论文的观点。到了20世纪80年代，饱和脂肪和膳食胆固醇就直接被认定为冠心病的饮食诱因，深入人心。连美国政府发布的第一版《美国居民膳食指南》都采用了这个观点。也就是说，这一篇论文让糖与心血管疾病彻底划清了界限。

后来，有一位叫作斯坦顿·格兰茨的牙医，发现糖实际上是和心血管疾病有相关性的，而整个健康饮食业界竟然认为没有相关性。这让斯坦顿·格兰茨感到十分惊讶。他在哈佛大学里发现了当初三位哈佛大学的教授和糖业行业的决策者有着密切的书信来往。这些书信来往也揭露了一个骇人听闻的真相。20 世纪 60 年代，制糖业巨头的高管聘请了这三位哈佛大学的教授，要求他们把心血管疾病的饮食诱因归为饱和脂肪和膳食胆固醇的过多摄入，并否定糖类与心血管疾病的相关性研究。作为答谢，这三位哈佛大学教授可以获得 6500 美元，大致相当于现在 5 万美元的币值。这三位哈佛大学教授真的就照做了，他们刻意地裁剪和拼接各种研究和实验，让论文看起来糖类和心血管疾病无关，并与饱和脂肪、膳食胆固醇有关，然后选择了一个顶级的医学期刊进行发表，这完全就是赤裸裸的学术造假行为。于是出现了前面说的那种情况，误导了民众。其中一位哈佛大学的教授后来甚至参与了《美国居民膳食指南》的编写，因此与这个观点相对应的内容被编入《美国居民膳食指南》也就不足为奇了。

意义：科学需要用批判的眼光不断地探究，去伪存真。

生化知识点简要概述

甘油三酯的合成代谢

体内几乎所有的组织都可合成甘油三酯，但肝和脂肪组织是合成甘油三酯的主要场所。甘油三酯是机体储存能量的重要形式。摄入的甘油三酯及由糖和蛋白质转变而来的甘油三酯均可在脂肪组织中储存，以供饥饿或禁食时的能量需要。在体内，甘油三酯以脂酰 CoA 和 γ - 磷酸甘油为原料合成，因此甘油三酯的合成代谢主要介绍脂肪酸的生物合成及 γ - 磷酸甘油的来源。

脂肪酸的生物合成

1. 合成部位

脂肪酸的合成在胞液中进行，肝、肾、脑、乳腺及脂肪组织等均可合成脂肪酸，但以肝的合成能力最强。

2. 合成原料

脂肪酸合成的原料主要是乙酰 CoA，另外还需要 NADPH、H^+ 供氢和 ATP 供能。乙酰 CoA 主要来自葡萄糖的有氧氧化，此外，某些氨基酸的分解代谢也能提供部分乙酰 CoA。但无论何种来源，乙酰 CoA 都是在线粒体内生成的，而脂肪酸的合成则在胞液中进行。因此，线粒体内生成的乙酰 CoA 必须进入胞液才能用于脂肪酸的合成。经研究已经证实，乙酰 CoA 不能自由通过线粒体内膜，但可通过柠檬酸 - 丙酮酸循环将线粒体内生成的乙酰 CoA 转移到胞液。在此循环中，乙酰 CoA 与草酰乙酸首先在线粒体缩合生成柠檬酸，然后柠檬酸通过线粒体内膜上特异载体的转运进入胞液，再由胞液中的柠檬酸裂解酶催化裂解生成草酰乙酸和乙酰 CoA。乙酰 CoA 用于脂肪酸的合成，而草酰乙酸则在苹果酸脱氢酶的作用下还原生成苹果酸，再经线粒体内膜上的载体转运进入线粒体。苹果酸也可经苹果酸酶的催化分解为丙酮酸再经载体转运进入线粒体。进入线粒体的苹果酸和丙酮酸最终均可转变成草酰乙酸，然后再参与乙酰 CoA 的转运（图 7-8）。

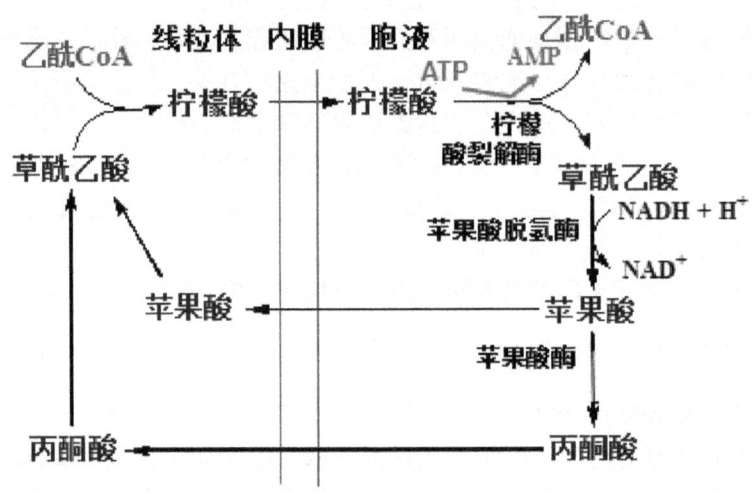

图 7-8 柠檬酸-丙酮酸循环

3. 合成过程

（1）丙二酸单酰 CoA 的合成：脂肪酸合成时，除 1 分子乙酰 CoA 直接参与合成反应外，其余的乙酰 CoA 均须羧化生成丙二酸单酰 CoA 方可参与脂肪酸的生物合成。丙二酸单酰 CoA 由乙酰 CoA 羧化生成，反应由乙酰 CoA 羧化酶催化，由碳酸氢盐提供 CO_2，ATP 提供羧化过程中所需能量。

乙酰 CoA 羧化酶属一种变构酶，同时也是脂肪酸生物合成的限速酶，在细胞内以 2 种形式存在，一种是无活性的单体，分子量约为 40 kD，另一种是有活性的多聚体，通常由 10～20 个单体构成，分子量为 600～800 kD。柠檬酸和异柠檬酸为此酶的变构激活剂，可使无活性的单体聚合成有活性的多聚体，而软脂酰 CoA 为此酶的变构抑制剂，可使有活性的多聚体解聚成无活性的单体。

（2）软脂酸的合成：以 1 分子乙酰 CoA 作"引物"，它先后与 7 分子丙二酸单酰 CoA 缩合，第一个循环是乙酰 CoA 先与 1 分子丙二酸单酰 CoA 脱羧缩合生成丁酰 CoA，第二个循环是丁酰 CoA 再与 1 分子丙二酸单酰 CoA 脱羧缩合生成己酰 CoA，如此循环反复，脂肪酸碳链每次延长 2 个碳原子，直到合成软脂酸。而催化脂肪酸合成的 7 种酶是在一条多肽链上，故属多功能酶，分别是乙酰基转移酶、丙二酰基转移酶、β-酮脂酰合成酶、β-酮脂酰还原酶、β-羟脂酰脱水酶、烯脂酰还原酶与硫酯酶，它们是由 1 个基因编码的，分子量高达 500 kD。脂肪酸合成反应是一个复杂多步的连锁酶促反应，多功能酶的催化使脂肪酸合成的中间代谢物不会弥散开，而是从多功能酶上的一个酶活性中心转到下一个酶的活性中心，从而稳定地提高脂肪酸合成的效率。每次碳链延长通过反复的加氢、脱水，再加氢及缩合反应，合成的脂肪酸碳链不断延长。

脂肪酸合成中每次循环中的二步还原反应都需 NADPH、H^+ 提供一对氢，它主要来自磷酸戊糖途径，同时还消耗 ATP。

肝脏等组织细胞内质网中，软脂酸尚可再与丙二酸单酰 CoA 缩合，由 NADPH、H^+ 供氢，继续延长碳链，合成含 18 个碳原子的硬脂酸和继续合成含 20 个碳原子的花生酸，但人体内以合成软脂酸和硬脂酸为主。它们在体内还由一系列酶催化、脱氢生成棕榈油酸和油酸，以达到细胞膜结构中饱和与不饱和脂肪酸的合适比例与平衡，确保膜结构中磷脂的一定流动性。但这只能转变生成营养非必需的脂肪酸，而不能合成营养必需不饱和脂肪酸。

甘油三酯的生物合成

肝细胞和脂肪细胞的内质网是合成甘油三酯的主要部位，其次是肺和骨髓。小肠黏膜细胞在吸收脂类后也可合成大量的甘油三酯。甘油三酯以 α-磷酸甘油和脂酰 CoA 为原料合成，其合成过程如下：1 分子 α-磷酸甘油与 2 分子脂酰 CoA 在 α-磷酸甘油脂酰转移酶的催化下首先合成磷脂酸，磷脂酸经磷酸酶水解生成甘油二酯，然后甘油二酯又与 1 分子脂酰 CoA 作用生成甘油三酯，反应由甘油二酯脂酰转移酶催化。

相关文献阅读推荐

［1］何春桃，严骁，付惠玲，等. 磷酸三苯酯经 miRNA 介导的人肝细胞脂类代谢干扰作用［J］. 生态毒理学报，2021，16（2）：11.

［2］李君，孙雨婷，郭震楠，等. 干扰 *CIDEa* 基因对奶山羊乳腺上皮细胞脂质合成的影响［J］. 农业生物技术学报，2022（5）：30.

［3］李彤，王鸣璐，李莹，等. 脂类代谢相关基因多态性在非酒精性脂肪肝病中的研究进展［J］. 中国药学杂志，2022，57（3）：6.

[4] 林秋红, 梁齐, 施家希, 等. 虎金方通过 SIRT1/AMPK 通路对代谢相关脂肪性肝病小鼠肝脏脂质合成的影响 [J]. 中药新药与临床药理, 2021, 32 (6): 6.

[5] 倪伟锋, 赵大庆, 倪以宇, 等. 人参-丁香醇提物抑制高山被孢霉脂质合成的活性评价 [J]. 食品工业科技, 2022, 43 (21): 388-395.

[6] 徐丽秀, 李金秋, 哈提拉·吐尔逊, 等. RACK1 通过调控脂质合成促进子宫颈癌 ME180 细胞侵袭、迁移及增殖 [J]. 临床与实验病理学杂志, 2022, 38 (7): 8.

[7] 张磊, 金智生, 郇鹏飞, 等. 红芪多糖对 ob/ob 小鼠肝脂质合成影响 [J]. 中国临床药理学杂志, 2021 (2): 37.

[8] 郑言, 曹中赞, 邱云桥, 等. 脂联素与其受体的结构及在脂类代谢中的作用机制 [J]. 动物营养学报, 2022, 34 (6): 3503-3510.

胆固醇代谢

思政故事：发现他汀类药物的远藤章

谈到高血脂，可以牵出一段段历史，涌现出许多与科学人物相关的激动人心的故事。

远藤章（Akira Endo），1933 年出生于日本北部秋田县附近的一个农场。8 岁时，他便梦想着成为像野口英世（日本国宝级的科学家）一样的科学家。19 世纪 60 年代，研究已证明羟甲基戊二酰辅酶 A（HMG-CoA）还原酶是胆固醇合成过程中的关键酶，它能控制胆固醇合成的速度。基于这样的事实，远藤章推测如果存在胆固醇合成抑制剂，特别是 HMG-CoA 还原酶抑制剂，那么该抑制剂将是降低胆固醇的有效试剂。

1968 年，远藤章返回东京工作。受青霉素和链霉素的发现过程的启发，远藤章大胆地猜测：在真菌中可能存在阻止 HMG-CoA 还原酶的物质。

1971 年 4 月，远藤章团队开始使用大量的真菌培养液筛选合适的化合物。微生物的筛选"就像买彩票一样，这是一个赌注"，有一定的随机性。

当他们筛选到第 3 800 株真菌后，发现一种霉菌的活性物质——橘霉素，能够强烈抑制 HMG-CoA 还原酶的活性，但产物对肾脏有毒性。

又过了 1 年，远藤章团队已经检测了多达 6 000 株真菌，终于找到了第二个具有活性的真菌。但由于此菌的生产率非常低，直到1973年7月，远藤章才分离出了抑制性化合物——美伐他汀。于是第一个他汀类化合物就这样诞生了。

在很多哺乳动物细胞中，美伐他汀能够强烈抑制乙酰CoA合成甾醇，但在大鼠、狗和猴子身上做实验，美伐他汀却没有任何效果，这样的结果让远藤章十分沮丧。这也就意味着2年的艰辛工作和6000多次测试都徒劳无功。

1976年早春，远藤章团队用一批待处理的活母鸡做美伐他汀的实验，取得了巨大的成功。不久，他们用狗和猴子作为实验对象，进行的实验也取得成功。这些结果都证明了美伐他汀在动物上的降脂作用。

但由于远藤章所在的三共株式会社对远藤章工作的不重视，他感到心灰意冷。在完成了这一系列的工作后，远藤章从这家公司辞职，去东京农工大学任教。

最后，率先将他汀类药物的开发推向市场的，是美国默克公司。他们发现了一种与美伐他汀几乎相同的物质，被称为洛伐他汀，并于1987年生产了首个商品化的他汀类药物。

迈克尔·布朗和约瑟夫·戈德茨坦因其在胆固醇方面的研究获得了1985年的诺贝尔生理学或医学奖。他们在2004年写道："数百万人，通过他汀类药物治疗延长了生命，都应归功于远藤章。"

意义：青年人应树立远大的志向，学习远藤章在科研道路上百折不挠的精神。远藤章的人生目标是成为一个能为社会谋福利的人，他做到了。他的成就挽救了无数心血管病患者的生命。

生化知识点简要概述

胆固醇代谢

（1）胆固醇的合成原料：乙酰CoA和NADPH。

（2）合成部位：除脑和成熟红细胞外，全身各组织都能合成。肝脏合成最为旺盛，占机体的3/4。合成的亚细胞定位在胞液和内质网。

（3）关键酶HMG-CoA还原酶：饥饿与禁食可抑制该酶活性；相反，摄取高糖、高饱和脂肪膳食后，胆固醇的合成增加。胰岛素、甲状腺素能诱导肝HMG-CoA还原酶的合成，从而增加胆固醇的合成。胰高血糖素则能抑制HMG-CoA还原酶的活性，减少胆固醇的合成。HMG-CoA还原酶具有昼夜节律性，受胆固醇的反馈抑制。

（4）胆固醇的分解代谢。胆固醇的代谢去路：①在肝内生成胆汁酸，占胆固醇在体内代谢的 40%，是主要代谢去路；②生成维生素 D；③生成类固醇激素。

低密度脂蛋白与胆固醇的关系

低密度脂蛋白（LDL）颗粒中，胆固醇和胆固醇脂的比例可达 50%，是血浆中胆固醇的主要携带者，携带血浆 70% 的胆固醇，并把胆固醇从肝脏运输到全身各组织，供外周组织利用。

LDL 的代谢有两条途径：一条是 LDL 受体途径，LDL 受体广泛分布于全身，特别是肝、肾上腺皮质、卵巢、睾丸等部位的细胞膜表面。LDL 受体能特异地识别 LDL 上的载脂蛋白（Apo）B100 和 Apo E。LDL 受体依赖途径是主要的代谢途径，大约 2/3 的 LDL 由受体途径降解；另一条是由清除细胞即单核吞噬细胞系的巨噬细胞清除，清除大约 1/3 的 LDL。

相关文献阅读推荐

[1] 白一彤，林连捷，裴冬梅. 代谢相关性脂肪性肝病严重程度与甲状腺结节的相关性研究 [J]. 中国全科医学，2023，26（27）：3392-3396.

[2] 代海兵，鄢盛恺. 家族性高胆固醇血症的基因诊断研究进展 [J]. 临床心血管病杂志，2023，39（5）：348.

[3] 杜蕊，李娜，赵彩杰，等. HMG-CoA 还原酶抑制剂联合阿托伐他汀对冠心病大鼠的干预及降血脂作用 [J]. 中国老年学杂志，2023，43（1）：128-132.

[4] 马杏，黄吾男，刘晓，等. 高胆固醇代谢参与子宫内膜癌发生发展的机制研究进展 [J]. 山东医药，2022，62（11）：98-101.

[5] 宁珑，孙航，方钰发，等. 天麻醇提物调节小鼠肝脏胆固醇代谢的作用机制研究 [J]. 中国医院药学杂志，2022（13）：42.

[6] 谭智，徐志伟，袁观斗，等. 胆固醇代谢在肝细胞癌发生发展中的作用研究进展 [J]. 中华实验外科杂志，2022，39（4）：4.

[7] ZURBIER S M，HICKMAN C R，RINKEL L A，et al. 使用 β-受体阻滞剂或他汀类药物与脑海绵状血管畸形出血风险相关 [J]. 张仁杰，译. 中华医学杂志，2022，102（29）：2277.

血浆脂蛋白及其代谢

思政故事：宋保亮——科研"无人区"的探路者

近年来，心脑血管疾病已经成为人类健康的"头号杀手"，血液中胆固醇浓度过高，是导致心脑血管疾病的重要风险因素。

宋保亮于 2021 年 11 月当选中国科学院院士，时年 46 岁，是当届当选的最年轻院士之一。荣誉的背后，是长年累月披荆斩棘的科研攀登、是夙兴夜寐的执着追求、是兢兢业业的育人坚守。

同样是每天摄食大量鸡蛋，有些人多年后心血管功能依旧正常，而有些人仅仅一年后就发展成动脉粥样硬化。解释这两种迥然相异的结局并揭开其背后的科学规律，是他们课题组的一个重要探索方向。然而，这个任务基本就是科研"无人区"，缺乏现成的理论或工具可供参考。

课题攻关的过程是非常辛苦的，宋保亮常常鼓励科研团队，他认为做科研是"技术上的重复，思想上的创新"。他始终以饱满的精神状态来对待科研，在困难的时刻让大家有了坚持的动力。

团队这些年的日月兼程，披荆斩棘，终于换来了累累的果实，他们用丰硕的成果告诉大众，他们"始终在路上"：2018 年，*Science* 发表了宋保亮课题组的研究成果，论文名为"*LIMA*1 基因变异减少小肠胆固醇吸收并降低血浆低密度脂蛋白胆固醇水平"，研究成果被收录于内分泌学经典教材 *Williams Textbook of Endocrinology*；2020 年在 *Nature* 发表的论文《进食通过 mTORC1-USP20-HMGCR 通路诱导胆固醇合成》，揭示了进食碳水化合物诱导胆固醇合成的调控机制，为精准控制胆固醇水平奠定了基础。

宋保亮异常勤奋，这是师生们对他的一致评价。只要他在武汉，一定是实验室去得最早和走得最晚的一个。宋保亮始终把育人放在第一位，对学生总是倾囊相授。有学生说："宋老师说，他的办公室门一直敞开，任何想要与他进行学术交流的学生都能随时来找他。"

他不但富有勇于探索科研"无人区"的精神，同时也是三尺讲台上循循善诱的教师，以身为范，立德树人，在学生中有很好的口碑。

意义：宋保亮院士治学严谨，他研究的方向永远是与人类健康与疾病密切相关的。即使是在科研"无人区"攻坚克难，他也不乏坚定的意志。他还是一个在日常工作和生活中做到以身为范、立德树人的优秀老师！

生化知识点简要概述

血浆脂蛋白

血脂是血浆中所含的脂类统称，由甘油三酯、磷脂、胆固醇及胆固醇脂、游离脂肪酸等构成。

1. 血浆脂蛋白的分类

根据不同的分离手段产生不同的分类。常见有两种分离方法：

（1）电泳法：可以把血浆脂蛋白分为α-脂蛋白、前β-脂蛋白、β-脂蛋白、乳糜微粒（chylomicron，CM）。

（2）超速离心法：可以把血浆脂蛋白分为乳糜微粒、极低密度脂蛋白（VLDL）、低密度脂蛋白（LDL）、高密度脂蛋白（high density lipoprotein，HDL）。

2. 血浆脂蛋白的组成

蛋白质［载脂蛋白（Apo）］、甘油三酯、胆固醇及其脂、磷脂。

3. 血浆脂蛋白的结构

具极性及非极性基团的载脂蛋白、磷脂、游离胆固醇，以单分子层借其非极性疏水基团与内部疏水链相联系，极性基团朝外。

4. 低密度脂蛋白的代谢

低密度脂蛋白（LDL）是由极低密度脂蛋白（VLDL）在血管中循环生成。

动脉粥样硬化的发生

动脉粥样硬化是由多因素共同作用引发的，发病机制复杂，目前尚未完全阐明。主要危险因素有高血压、高血脂、吸烟、糖尿病、肥胖和遗传因素等。从胆固醇代谢的角度看，当胆固醇生成过多，含量上升时，则细胞内的胆固醇摄取下降，LDL受体表达减少或关闭，血浆中的LDL上升，无法完全代谢，进而堆积在血管壁上，时间久了LDL被氧化修饰为氧化低密度脂蛋白（ox-LDL），引发清除细胞即单核吞噬细胞系的巨噬细胞及血管内皮细胞的吞噬。当ox-LDL数量过多，而HDL的反向清除转运胆固醇能力不足时，吞噬的巨噬细胞会死亡形成泡沫细胞，继而引发血管内皮病变的发生，最后会引发血管内皮损伤破裂进而形成血栓，继而引发心血管疾病。

相关文献阅读推荐

［1］曹建芳，舒杨，王建华．低密度脂蛋白的分离与分析研究进展

[J]. 分析试验室,2022,41(12):9.

[2] 范晓明. 银杏内酯B抑制非酒精性脂肪性肝病大鼠肝脏极低密度脂蛋白输出[J]. 中国病理生理杂志,2021,37(2):6.

[3] 高奋,薛拴勤,朱洁,等. 沉默lncRNA ANRIL对ox-LDL诱导人脐静脉内皮细胞凋亡相关蛋白的影响[J]. 中国病理生理杂志,2023,39(3):528-533.

[4] 李藤藤,徐东升,李琪,等. 淫羊藿苷对ox-LDL诱导的RAW264.7细胞凋亡及炎症的影响[J]. 中国比较医学杂志,2022,32(3):9-15.

[5] 谭展飞,张业昊,李浩,等. 颈动脉粥样硬化患者单核细胞亚群,血脂水平与血管内皮功能关联分析[J]. 中国药理学与毒理学杂志,2021,35(10):749.

[6] 夏君香,赵艳华,何訸,等. TG/HDL-C联合肝功指标预测代谢相关脂肪性肝病的价值[J]. 四川大学学报(医学版),2022,53(5):6.

[7] 郑义,李诗颖,李闯,等. 银杏肽对高脂膳食诱导的高脂血症小鼠的降脂作用[J]. 食品工业科技,2022,43(17):7.

(麦明晓 杜冠魁)

第八章 氨基酸代谢

蛋白质的消化与吸收

思政故事:"中国肽之父"——刘新旗

刘新旗是中国营养健康领域的杰出科学家,被誉为"中国肽之父"。他在日本等国学习和工作20多年,一直致力于蛋白质的分子构造及营养功能的研究工作。他通过研究老年人体内的消化酶活性变化趋势,提出了老年人饮食结构应根据体能变化来设定的理念,填补了我国营养学对老龄化影响研究的空白。他的研究对调整老年人因消化能力降低所导致的"氮平衡",以及防止老年性肌肉萎缩起到了关键作用。

意义:刘新旗放弃国外优越条件,响应国家号召,回国投身于营养健康会试的科研工作,在科研征程上不停探索,奋斗创新,追求超越、勇攀高峰。我们要学习刘新旗的爱国情怀和实干精神。

生化知识点简要概述

各种生物体具有其特异的蛋白质,必须经过消化过程,水解成氨基酸及寡肽,消除种属特异性才能被利用。蛋白质消化过程实质是一系列酶促过程,由于唾液中不含水解蛋白质的酶,因此食物蛋白质的消化从胃开始,但主要在小肠。蛋白质经过消化吸收转变成氨基酸和寡肽。

蛋白质消化产物的吸收
1. 氨基酸的吸收

小肠黏膜细胞膜上存在转运氨基酸的载体蛋白,能与氨基酸及 Na^+ 形成三联体,将氨基酸和 Na^+ 转运入细胞,之后 Na^+ 借助钠泵被排出细胞外,此过程需要消耗 ATP。由于氨基酸结构的差异,转运氨基酸的载体蛋白也不相同。

2. 寡肽的吸收

食物蛋白质经过胃和小肠的消化吸收后，消化终产物99%都是氨基酸，只有极少部分是寡肽。寡肽通过寡肽转运载体的转运被吸收。寡肽转运载体负责大多数二肽、三肽及其类似药物的转运。

腐败作用

食物中的蛋白质大部分被消化并吸收，未被消化的蛋白质及未被吸收的消化产物在结肠下部被肠道细菌分解，称为蛋白质的腐败作用。腐败作用是肠道细菌本身的代谢过程，腐败作用的某些产物对人体具有一定的营养作用，如维生素及脂肪酸等。但大多数产物对人体是有害的，如胺类、氨、酚类、吲哚及硫化氢等，生成的腐败产物主要随粪便排出体外，也有少量经门静脉吸收进入体内，大多在肝经过生物转化作用后排出体外。

相关文献阅读推荐

[1] 庞广昌，陈庆森，胡志和，等. 蛋白质的消化吸收及其功能评述[J]. 食品科学，2013，34（9）：17.

[2] 王佰慧. 蛋白粉的适用人群[J]. 健身科学，2005（9）：40.

[3] 徐小元，丁惠国，李文刚，等. 肝硬化肝性脑病诊疗指南（2018年，北京）[J]. 中华胃肠内镜电子杂志，2018，5（3）：2-7.

[4] 周志峰，邓凯杰，王永刚，等. 一起东北油豆角引起的食物中毒事件的调查与处理[J]. 现代预防医学，2014，41（12）：3.

组织蛋白质的降解方式

思政故事：泛素介导的蛋白质降解方式的发现

2004年诺贝尔化学奖颁发给以色列科学家阿龙·切哈诺沃、阿夫拉姆·赫尔什科和美国科学家欧文·罗斯，以表彰他们在泛素介导的蛋白质降解研究领域中的卓越成就。这三名获奖者自20世纪70—80年代以来就一直致力于这一领域的研究。20世纪70年代末，赫尔什科借着带薪休假的机会，带着当时还是博士后的切哈诺沃，到美国费城福克斯·蔡斯癌症研究中心的罗斯实验室进行访问研究，在那里完成了三位获奖者的大部分合作研究，发表了一系列生物化学论文，揭示了泛素介导的蛋白质降解机制。

意义：阿龙·切哈诺沃认为，从事的职业应该是自己热爱的事情，而且要勇于冒险，因为人生就是一次探险。不要选择那些清晰的路线，要不惧风险，富有探险精神，这样才能成就一些激动人心的事业。因此，如果想领悟人生的真谛，想有激动人心的发现，就得有探险精神。阿夫拉姆·赫尔什科对于中国中医医学有着高度的评价，认为中医药对人类的健康管理具有更独特的优势。中国学者更应该有这样的自信，积极推动中西医结合，致力于人类的健康管理。

生化知识点简要概述

细胞内蛋白质的降解途径

成人体内的蛋白质每天有1%～2%被降解，其中主要是骨骼肌中的蛋白质。蛋白质降解所产生的氨基酸70%～80%又被重新利用合成新的蛋白质。

真核细胞内蛋白质的降解也是通过一系列蛋白酶和肽酶催化完成的。目前已知的蛋白质的降解主要通过2种途径：不依赖ATP的溶酶体降解途径和依赖ATP的泛素介导的蛋白酶体降解途径。

1. **不依赖ATP的溶酶体途径**

溶酶体由单层膜包被，内有60余种酸性水解酶，包括蛋白酶、核酸酶、磷酸酶、糖苷酶、脂肪酶、磷酸酯酶及硫酸酯酶等。溶酶体对蛋白质的选择性较差，主要降解细胞外来的蛋白质、膜蛋白和胞内长寿蛋白质。蛋白质通过此途径降解，不需要消耗ATP。

2. **依赖ATP的泛素-蛋白酶体途径**

缺少溶酶体的网织红细胞可以进行选择性地降解非正常蛋白质，揭示出第二条途径的存在。实验观察到在无氧条件下蛋白质的分解受到阻断，从而发现了依赖ATP的泛素-蛋白酶体途径的存在。泛素化修饰降解的异常与肿瘤、神经退行性疾病、自身免疫病、骨质疏松症等人类疾病的发生发展密切相关。

相关文献阅读推荐

[1] 陈科，程汉华，周荣家. 自噬与泛素化蛋白降解途径的分子机制及其功能 [J]. 遗传，2012，34（1）：14.

[2] 黄海杰，陈雄庭. 植物泛素/26S蛋白酶体途径研究进展 [J]. 中国生物工程杂志，2008（7）：132-137.

[3] HERSHKO A. The ubiquitin system. [J]. Nature medicine, 1998, 67 (67): 1 – 17.

[4] LINDQUIST S, CRAIG E A. The heat-shock proteins [J]. Annual review of genetics, 1988, 22 (1): 631 – 677.

[5] SCHWARTZ A L, CIECHANOVER A. The ubiquitin-proteasome pathway and pathogenesis of human diseases. [J]. Annual review of medicine, 1999, 50 (1): 57 – 74.

蛋白质的脱氨基代谢

思政故事：尿素循环的发现

1932 年，克雷布斯（Krebs）等人利用大鼠肝切片做体外实验，将大鼠肝切片和多种可能有关的代谢物及铵盐共同保温，发现在供能的条件下，可由 CO_2 和氨合成尿素。若在反应体系中加入少量的精氨酸、鸟氨酸或瓜氨酸，可加速尿素的合成，而这种氨基酸的含量并不减少。为此，克雷布斯等人提出了鸟氨酸循环合成尿素的学说，也称为尿素循环。其后由 Ratner 和 Cohen 详细论述了其各步反应。鸟氨酸循环的实验依据主要有下列几点：①将大鼠肝切片置于有氧条件下和铵盐混合，保温数小时后，铵盐的含量减少，尿素生成增多；②在反应体系中存在多种可能有关的化合物，若加入少量的精氨酸、鸟氨酸或瓜氨酸可加速尿素的合成；③大鼠肝切片置于有氧条件下和铵盐、鸟氨酸混合保温，观察到瓜氨酸的富集；④对这 3 种氨基酸的结构分析，鸟氨酸是瓜氨酸的前体，瓜氨酸是精氨酸的前体；⑤前人的实验研究表明，在哺乳动物中，肝中才含有精氨酸酶，精氨酸酶水解精氨酸生成尿素和鸟氨酸；⑥进一步分析发现，尿素的生成量和铵盐的减少量相等，而加入的鸟氨酸、瓜氨酸和精氨酸的含量并没有明显变化，只起到催化剂的作用。克雷布斯在 1937 年又发现了重要的三羧酸循环。三羧酸循环不仅是葡萄糖在体内彻底氧化供能的途径，也是脂肪、氨基酸在体内氧化的共同途径，还是三大营养素在代谢上相互联系、相互转变的途径。他的成就也从另一个角度告诉科学工作者在探索人类生命奥秘的征途上，年轻的科学家是一支强大的生力军。他们就像早晨八九点钟的太阳，希望在他们身上。

意义：我们要不停地探索世界的奥秘，要勇于创新，坚持奋进。

生化知识点简要概述

氨基酸脱氨基作用

脱氨基作用是指氨基酸在酶的催化下脱去氨基生成α-酮酸的过程。这是氨基酸在体内分解的主要方式。主要有转氨基、氧化脱氨基、联合脱氨和非氧化脱氨等,以联合脱氨最为重要。

氨基酸脱氨基产生的α-酮酸的代谢

氨基酸脱氨基后生成α-酮酸和氨,α-酮酸可以进一步代谢,主要有以下三方面的代谢途径。

1. 生成非必需氨基酸

内容略。

2. 氧化生成 CO_2 和水

α-酮酸通过一定的反应途径先转变成丙酮酸、乙酰 CoA 或三羧酸循环的中间产物,再经过三羧酸循环彻底氧化分解。三羧酸循环将氨基酸代谢与糖代谢、脂肪代谢紧密联系起来。

3. 转变生成糖和酮体

使用四氧嘧啶破坏犬的胰岛β细胞,建立人工糖尿病犬的模型。待其体内糖原和脂肪耗尽后,用某种氨基酸饲养,并检查犬尿中糖与酮体的含量。若是喂饲某种氨基酸后尿中排出葡萄糖增多,称此氨基酸为生糖氨基酸;若尿中酮体含量增多,则称为生酮氨基酸。尿中二者都增多者称为生糖兼生酮氨基酸。分类见表 8-1。

表 8-1 氨基酸生糖、生酮或两者兼生的分类

类别	氨基酸
生糖氨基酸	甘氨酸、丝氨酸、缬氨酸、组氨酸、精氨酸、半胱氨酸、脯氨酸、丙氨酸、谷氨酸、谷氨酰胺、天冬氨酸、天冬酰胺、甲硫氨酸
生酮氨基酸	亮氨酸、赖氨酸
生糖兼生酮氨基酸	异亮氨酸、苯丙氨酸、酪氨酸、苏氨酸、色氨酸

氨的代谢——鸟氨酸循环

氨基酸经过脱氨基作用产生游离的氨,氨是一种剧毒物质,大脑组织对氨尤其敏感,正常情况下,血氨浓度处于较低的水平,一般不超过

65 μmol/L，体内血氨的来源和去路维持着动态平衡。

1. 血氨的来源

血氨的来源有：①氨基酸脱氨基作用和胺类分解均可产生氨；②肾脏来源的氨；③肠道来源的氨。

2. 氨的转运

氨的毒性很强，各组织产生的有毒氨是以无毒的形式经血液运输到肝脏合成尿素，或转运到肾脏以铵盐的形式排出体外。血液中的氨主要以下列2种方式转运：

（1）氨通过丙氨酸-葡萄糖循环从骨骼肌运往肝。

（2）氨通过谷氨酰胺从脑和肌肉等组织运往肝或肾。

3. 氨的去路

氨最主要的去路是在肝中合成尿素，其合成的过程如图8-1所示。

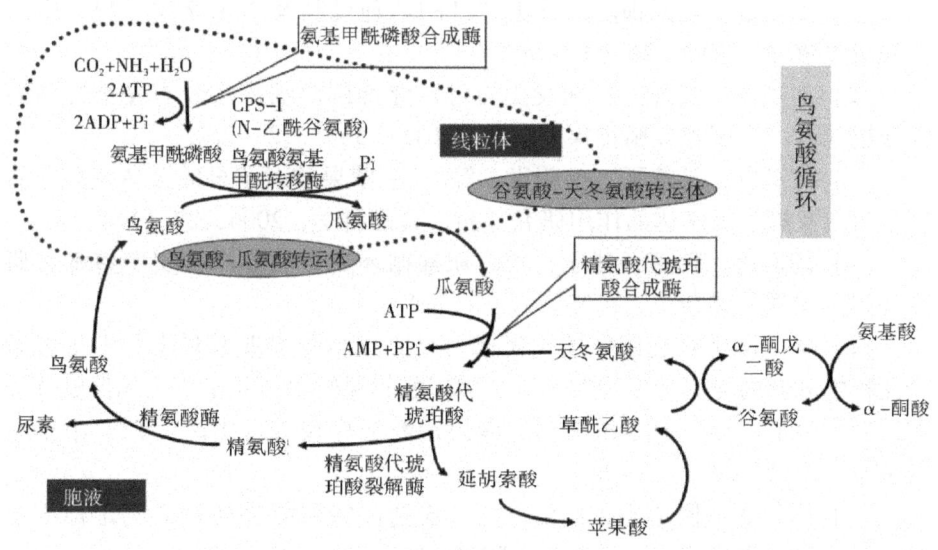

图8-1 鸟氨酸循环

4. 高血氨症和氨中毒

在正常生理情况下，血氨的来源与去路保持动态平衡，而氨在肝中合成尿素是维持这种平衡的关键。如果肝功能严重损伤或尿素合成相关酶遗传性缺陷时，尿素合成发生障碍，血氨浓度升高，产生氨中毒，称为高血氨症。例如，氨基甲酰磷酸合成酶或鸟氨酸氨基甲酰转移酶的缺陷引起的先天性高血氨症、精氨酸代琥珀酸合成酶缺陷引起的瓜氨酸血症、精氨酸代琥珀酸裂解酶缺陷引起的精氨酸代琥珀酸血症，以及精氨酸酶缺陷引起的高精氨酸血症等。常见的临床症状表现为中枢神经系统的紊乱症状，如呕吐、厌食、间歇性共济失调、嗜睡甚至昏迷等。高血氨的生化机制可能是血氨升高引起脑组织中氨的浓度升高，可与脑中的α-酮戊二酸结合生成谷氨酸，氨还可与脑中的谷氨酸进一步结合生成谷氨酰胺。高血氨时，脑中氨的增加可使脑细胞中的α-酮戊二酸减少，导致三羧酸循环受到抑制，ATP生成减少，引起大脑功能障碍，严重时可发生昏迷（称为肝性脑病）。另一种可能机制是谷氨酰胺浓度增大导致渗透压增大，从而引起脑水肿，同时，谷氨酸转变成谷氨酰胺导致谷氨酸减少，谷氨酸及其衍生物γ-氨基丁酸是重要的神经递质，它们的减少又进一步加重大脑对氨的敏感性。

相关文献阅读推荐

［1］戴雯姬，司天梅. 阿戈美拉汀的药理机制及临床疗效［J］. 中国心理卫生杂志，2012，26（3）：6.

［2］刘晓华，江开达. 阿戈美拉汀治疗抑郁症临床疗效与安全性的循证证据［J］. 中国神经精神疾病杂志，2015（5）：312-317.

［3］吴军林，吴清平，韦明肯，等. L-苹果酸对苹果酸天冬氨酸穿梭转运蛋白及酶基因表达的作用研究［J］. 食品科学，2006，27（11）：4.

［4］杨艳玲，孙芳，钱宁，等. 尿素循环障碍的临床和实验室筛查研究［J］. 中华儿科杂志，2005，43（5）：4

［5］中国医师协会医学遗传医师分会临床生化专业委员会，中华医学会儿科学分会内分泌遗传代谢学组，中国妇幼保健协会儿童疾病和保健分会遗传代谢学组，等. 中国尿素循环障碍诊断治疗和管理指南［J］. 中华儿科杂志，2022，60（11）：9.

［6］周华文，倪星忠，居漪，等. 血清丙氨酸氨基转移酶测定标准化的探讨［J］. 中华检验医学杂志，2004，27（6）：391-392.

［7］KREBS H A. Metabolism of amino-acids in the animal body［J］. Hoppe-Seyler's Zeitschrift Fur Physiologische Chemie，1932.

鸟氨酸循环的一氧化氮支路

思政故事:"伟哥之父"

穆拉德在加州大学洛杉矶分校任教,于1977年在分析甘油三酯和类似物质对血管的影响时,发现它们会产生一氧化氮(NO),使平滑肌细胞放松。1980年,弗奇戈特发现血管扩张的原因是其表面细胞产生了一种未知的信号分子,可使平滑肌细胞放松。伊格纳罗任教于得克萨斯大学医学院,随后加入弗奇戈特对"未知信号分子"的研究之中,结果发现是一氧化氮。他与弗奇戈特于1986年7月发表了这项研究结果。利用一氧化氮有助于扩张血管的研究,美国辉瑞公司开发了治疗勃起功能障碍的药物"伟哥",外界一直称弗奇戈特为"伟哥之父"。

意义:疾病的基础研究在临床和药物开发等方面具有极其重大的意义,我们只有认真学习医学基础知识,才能更好地理解我们的学科,从中找到自己感兴趣并为之努力的方向。

生化知识点简要概述

鸟氨酸循环的一氧化氮支路

少量的精氨酸可以在一氧化氮合酶作用下,在鸟氨酸循环中合成瓜氨酸和一氧化氮,一氧化氮中的氮原子来源于天冬氨酸的氨基氮原子,该反应称为"鸟氨酸循环的一氧化氮支路"。一氧化氮是一种重要的信号分子,对心血管、消化道等的平滑肌松弛、感觉传入及学习记忆有重要作用。

相关文献阅读推荐

[1] 李依娜,刘春涛. 呼出气一氧化氮在成人支气管哮喘中的诊断价值:系统回顾与Meta分析[J]. 中国呼吸与危重监护杂志,2021,20(6):8.

[2] 王逸民. 一氧化氮的生物医学[J]. 临床检验杂志,1998,16(1):3.

[3] CONFINO E, TUR-KASPA I, DECHERNEY A, et al. Transcervical balloon tuboplasty: a multicenter study [J]. Obstetrical & gynecological survey,

1990, 46 (16): 2079-2082.

[4] LEE J, RYU H, FERRANTE R J, et al. Translational control of inducible nitric oxide synthase expression by arginine can explain the arginine paradox [J]. Proceedings of the National Academy of Sciences of the United States of America, 2003, 100 (8): 4843.

[5] SHIIYA T, NAKAZATO M, MIZUTA M, et al. Plasma ghrelin levels in lean and obese humans and the effect of glucose on ghrelin secretion [J]. J Clin Endocrinol Metab, 2002, 87 (1): 240-244.

氨基酸的脱羧基代谢

思政故事：H_1 抗组胺药物的发展

过敏反应于 1902 年被提出并于 1906 年被定义；1910 年，戴尔和 Patrick Laidlaw 一起在 The Journal of Physiology 发表研究论文，报告组胺的生理作用；1942 年，Bernard Halpern（法国）研制出第一个应用于人体的抗组胺药芬苯扎胺；1943 年，Geore Riveschi 发明苯海拉明——这些药物统称为第一代 H_1 抗组胺药物。从 20 世纪 80 年代开始，为了改善和克服第一代 H_1 抗组胺药的缺点，第二代 H_1 抗组胺药（如氯雷他定、西替利嗪等）先后问世，并逐渐替代经典的抗组胺药。随着时间的推移，人们发现第二代 H_1 抗组胺药具有心脏毒性，第三代 H_1 抗组胺药如地氯雷他定、左西替利嗪等开始临床应用并代替第二代药物。

意义：药物的发展向着治疗效果好、副作用小的方向进行，医药行业关乎人类生命健康，关系国计民生。我国创新药物大部分都是仿制药，独立自主研发的药物极少，科研投入少，资金投入不足，但近些年来获得了长足的进步。2019 年底，我国本土药企原研新药泽布替尼、马来酸左氨氯地平获美国 FDA 批准上市等。预期 2025 年全球生物医药市场收入将达到 1.71 万亿美元。这是一个广阔的市场，需要大量的医药人才参与。作为医学生，我们要积极学习基础知识，为促进我国医药事业的发展做出自己的贡献。

生化知识点简要概述

氨基酸的脱羧基作用

氨基酸脱羧酶（amino acid decarboxylase）的辅酶是磷酸吡哆醛。

氨基酸脱羧酶在动物植物中也有发现。氨基酸经过脱羧酶作用生成胺，细胞内广泛存在的胺氧化酶（amine oxidase）能将胺氧化成相应的醛，再进一步氧化成羧酸，羧酸再氧化成 CO_2 和 H_2O 或随尿排出，从而避免胺类的蓄积。胺氧化酶属于黄素蛋白，在肝中活性最高。

1. γ-氨基丁酸

谷氨酸由 L-谷氨酸脱羧酶催化脱去羧基生成 γ-氨基丁酸（GABA）。该酶在脑及肾组织中活性很高，因而 GABA 在脑组织中的浓度较高。GABA 是抑制性神经递质，对中枢神经有抑制作用。

2. 组胺

组胺（histamine）由组氨酸在组氨酸脱羧酶催化下脱羧基产生。组胺在体内分布广泛，乳腺、肺、肝、肌组织及胃黏膜含量较高。主要存在于肥大细胞中。组胺具有强烈的扩张血管功能，增加血管通透性，使血压下降；也是胃液分泌刺激剂。组胺作为其内源性配体与组胺受体结合而发挥作用，目前有 4 种已知的组胺受体：H_1 受体，H_2 受体，H_3 受体，H_4 受体。组胺本身无治疗价值，但其 H_1、H_2 受体阻断药广泛应用于临床。常用的 H_1 受体拮抗剂有马来酸氯苯那敏、苯海拉明、息斯敏、阿司咪唑等；H_2 受体拮抗剂有甲氰咪胍、甲硫咪胺、法莫替丁等。前者主要用于抗过敏，后者主要用于抗溃疡。

3. 多胺

鸟氨酸在鸟氨酸脱羧酶作用下脱羧基产生多胺。多胺是一类含 2 个或 2 个以上氨基的脂肪族化合物。它包括腐胺、精脒、精胺及其衍生物。

一 碳 单 位

思政故事：巨幼红细胞性贫血的发生

陈某某，女，45 岁，患者出现头晕、昏沉感、行走不稳，伴心悸乏力明显，遂至我院就诊。主诉：反复头晕心悸 1 年余，加重 10 天。经查血常规确认为中度贫血，骨髓穿刺、血清叶酸、维生素 B_{12} 检测后确诊为巨幼红细胞性贫血，叶酸缺乏。巨幼细胞贫血的发病机制主要是细胞内 DNA 合成障碍。四氢叶酸（FH_4）作为体内一碳单位的载体，叶酸缺乏时，一碳单位转运障碍，细胞内脱氧尿嘧啶核苷（dUMP）转为脱氧胸腺嘧啶核苷（dTMP）受阻。细胞核的发育停滞，而胞质仍在继续发育成熟。细胞呈现核浆发育不平衡，细胞体积较正常大，出现严重的无效造血现象。

意义：维生素的缺乏引起了一碳单位代谢的障碍，从而导致了疾病的发生。这充分地表明了事物的联系是普遍的，是多个方面的。事物之间及事物内部诸要素之间是相互影响、相互制约和相互作用的。我们不要片面地看待事物。

生化知识点简要概述

一碳单位的概念

一碳单位是指某些氨基酸在分解代谢中产生的含有 1 个碳原子的基团，称为一碳单位，体内的一碳单位有：甲基（—CH_3）、甲烯基（＝CH_2）、甲炔基（—CH＝）、甲酰基（—CHO）及亚氨甲基（—CH＝NH）等。

一碳单位不能游离存在，通常由其载体 FH_4 携带而参加代谢反应，与 FH_4 的 N_5、N_{10} 位结合而转运或参加生物代谢，FH_4 是一碳单位代谢的辅酶。

一碳单位的来源和相互转变

一碳单位可分别来自甘氨酸、组氨酸、丝氨酸、色氨酸等。在适当条件下，他们可以相互转变。但是需要注意的是，这些反应中，N^5—CH_3—FH_4 的生成基本是不可逆的。甲硫氨酸分子中的甲基也是一碳单位。在 ATP 的参与下甲硫氨酸转变生成 S－腺苷甲硫氨酸。S－腺苷甲硫氨酸是活泼的甲基供体。因此，FH_4 并不是一碳单位的唯一载体。

一碳单位的生理意义

一碳单位是合成嘌呤和嘧啶的原料，在核酸生物合成中有重要作用。一碳单位代谢将氨基酸代谢与核苷酸及一些重要物质的生物合成联系起来。一碳单位代谢的障碍可造成某些病理情况，如巨幼红细胞贫血等。磺胺药及某些抗癌药（甲氨蝶呤等）正是分别通过干扰细菌及瘤细胞的叶酸、FH_4 合成，进而影响核酸合成而发挥药理作用的。

相关文献阅读推荐

[1] 刘耀娴，倪娟，周滔，等. microRNAs 对一碳单位代谢的调控及相应生物学过程的影响 [J]. 癌变·畸变·突变，2015，27（4）：319-322.

[2] 宋亮. 一碳单位代谢酶基因多态性、环境暴露与结直肠癌关系的分子流行病学研究 [D]. 杭州：浙江大学，2006.

[3] 薛琴，马骢. 叶酸及一碳单位代谢与疾病关系的研究进展 [J]. 医学综述，2013（16）：2883-2886.

[4] 张春红，霍军生，孙静，等. 中国成年女性一碳单位代谢通路关联基因多态性位点地域分布特征 [J]. 卫生研究，2020，49（1）：9.

含硫氨基酸的代谢

思政故事：高同型半胱氨酸血症的发现

1931年，美国乔治·华盛顿大学医学院及康奈尔大学医学院的医学博士文森特教授，首先从膀胱结石当中分离出了同型半胱氨酸，并且因此在1955年获得了诺贝尔化学奖。1962年，Carson 和 Neil 报道儿童同型半胱氨酸尿症是一种遗传性疾病。1964年，Harvey Mndd 及其同事发现同型半胱氨酸尿症与 β-胱硫醚合成酶缺失有关。1969年，哈佛大学的研究员基尔默·麦卡利博士经过长时间的研究，发表文章详细地阐述了同型半胱氨酸尿症患者的心血管病变，提出高水平的同型半胱氨酸可能是早期血管疾病的重要原因之一。但是，麦卡利博士的这个观点并不被当时的医学界所认可，因为当时整个医学界所提出的结论都是"胆固醇"是导致心梗和脑梗的根源，而所有的制药厂投入巨资开发的药物都是降胆固醇的药物，麦卡利博士提出同型半胱氨酸的理念，也触犯了很多利益集团的利益。因为各种原因，他当时提出的这个结论遭到否定和唾弃，1979年他被迫离开了哈佛大学。此后15年间，关于同型半胱氨酸与冠心病、周围血管性疾病、静脉血栓性疾病及脑血管疾病之间的关系的报道很少。直到1988年，Kang 等发现亚甲基四氢叶酸还原酶（MTHFR）与同型半胱氨酸的代谢有关，同型半胱氨酸与冠心病的关系引起了人们极大的关注。20世纪90年代以后，随着同型半胱氨酸体内代谢途径的确立，约有80个临床资料显示同型半胱氨酸是冠心病的一个新的独立危险因素，并成为研究冠心病病因与预防等方面的一个热点。在这个过程中，麦卡利博士也在孜孜不倦地证实他的理论，最终证明他的结论是对的。

意义：一个新的发现，需要时间来证实其意义。对于不熟悉的新事物，正确的态度是保持开放和包容的心态，甚至保持好奇心和学习研究的精神。对新事物批评嘲讽、拒斥抵制，不仅不利于新事物成长，还会让自己与美好的机会失之交臂。

生化知识点简要概述

含硫氨基酸的代谢

体内的含硫氨基酸有 3 种：甲硫氨酸、半胱氨酸和胱氨酸。

1. 甲硫氨酸的代谢

甲硫氨酸分子中含有 S-甲基，经腺苷转移酶的催化与 ATP 反应，生成 S-腺苷甲硫氨酸（S-adenosyl methionine，SAM）。由于 SAM 中的甲基和四价的硫结合很不稳定，因此称为活性甲基，SAM 由此称为活性甲硫氨酸。SAM 通过各种转甲基作用可生成多种含甲基的生理活性物质，如肾上腺素、肉碱、胆碱及肌酸等。体内存在着甲硫氨酸循环（图 8-2）。

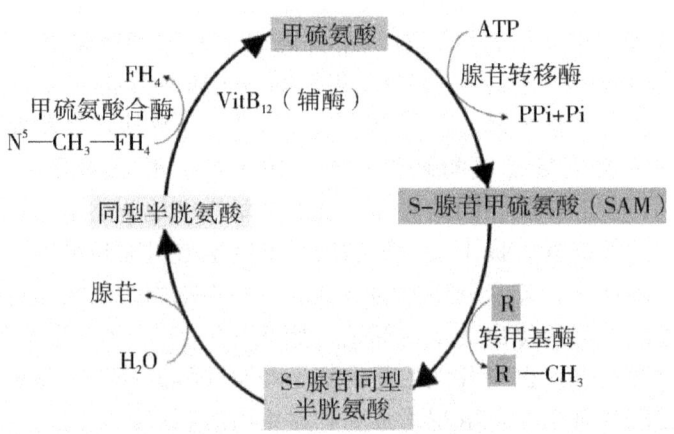

图 8-2　甲硫氨酸循环

此循环的生理意义是，由 N^5—CH_3—FH_4 提供甲基生成甲硫氨酸，再通过 SAM 提供活性甲基，以进行体内广泛存在的甲基化反应，由此，N^5—CH_3—FH_4 可看成是体内甲基的间接供体。需要注意的是，N^5—CH_3—FH_4 提供甲基使同型半胱氨酸转变成甲硫氨酸的反应是目前唯一已知的能利用 N^5—CH_3—FH_4 的反应。该反应由 N^5—CH_3—FH_4 转甲基酶催化，此酶又称甲硫氨酸合成酶，其辅酶是维生素 B_{12}，参与甲基的 N^5—CH_3—FH_4 转移。这个反应是哺乳动物体内唯一有维生素 B_{12} 参与的反应。当维生素 B_{12} 缺乏时，N^5—CH_3—FH_4 的甲基不能转移给同型半胱氨酸。这不仅不利于甲硫氨酸的合成，也使组织中游离的 FH_4 含量减少，一碳单位代谢障碍，导致核酸合成障碍，影响细胞分裂。因此，维生素 B_{12} 缺乏时可引起巨幼细胞贫血，这种贫血仅发生于胃大部分切除的患者或者肠道维生素吸收障碍及严格的素食主义者。

目前认为，同型半胱氨酸在血中浓度升高，可能是导致动脉粥样硬化和冠心病发生的独立危险因素。动物实验证实同型半胱氨酸在血中蓄积可导致血管损害。甲硫氨酸代谢障碍会导致高同型半胱氨酸血症，引起甲硫氨酸代谢障碍的原因主要有遗传（酶基因缺陷）和环境营养（叶酸、维生素 B_6 或维生素 B_{12} 缺乏）。目前科学家们正试图通过降低血中同型半胱氨酸浓度，达到预防和治疗心血管疾病等的作用。

2. 半胱氨酸的代谢

（1）2 分子半胱氨酸可合成 1 分子胱氨酸。

（2）半胱氨酸代谢产生硫酸根。含硫氨基酸代谢均产生硫酸根。半胱氨酸是主要来源。体内的硫酸根，一部分以无机盐的形式随尿排出，另一部分由 ATP 活化生成活性硫酸根，即 3′-磷酸腺苷-5′-磷酸硫酸（PAPS）。

PAPS 化学性质活泼，参与肝生物转化作用，可提供硫酸根使某些物质生成硫酸酯。例如，类固醇激素可形成硫酸酯而被灭活，增加溶解性有利于从尿液中排出。此外，PAPS 还可参与蛋白聚糖分子中硫酸化氨基糖的合成。

（3）半胱氨酸脱羧基生成牛磺酸。

相关文献阅读推荐

［1］陈岳祥，刘苏，曾欣，等. 牛磺酸治疗非酒精性脂肪肝 19 例临床观察［J］. 中国实用内科杂志，2005，25（3）：2.

［2］潘洪平. 葛根、牛磺酸及其复方制剂降血糖作用的研究进展［J］. 中成药，2002，24（3）：221-224.

［3］宿燕岗. 牛磺酸及其在心血管系统疾病中的应用［J］. 国外医学：心血管疾病分册，1996（3）：138-142.

［4］许红霞，糜漫天，韦娜，等. 牛磺酸及复合微量营养素对大鼠视网膜 mGluR6 mRNA 的影响［J］. 营养学报，2000，22（4）：303-307.

芳香族氨基酸代谢

思政故事：神经药理学王国的"夸父"——金国章

金国章，药理学家，中国科学院院士，中国科学院上海药物研究所研究员、博士研究生导师。金国章院士系统研究了中药延胡索的神经药理作用。他证实了左旋四氢巴马丁（即罗通定）是延胡索的主要有效成分，是多巴胺（DA）受体阻滞剂；发现了左旋四氢巴马丁有镇痛及安定作用并载入国家药典，在国际上首次报道存在于天然产物中的 DA 受体阻滞剂，并且首次发现具有 D_2 受体阻滞、D_1 受体激动双重作用的药物左旋千金藤啶碱，开拓四氢原小檗碱同类物作用于 DA 受体研究领域，为抗精神病药物研究指出了发展新方向。

意义：金国章先生一生不忘科技报国初心，牢记创新为民使命，将对祖国的忠诚、对人民的热爱、对科学的执着追求，融入神经药理科学事业及人才培养工作中。我们要学习他淡泊名利、志存高远、为国争光的精神。

生化知识点简要概述

芳香族氨基酸的代谢
芳香族氨基酸包括苯丙氨酸、酪氨酸和色氨酸。
1. 苯丙氨酸的代谢
苯丙氨酸在体内的主要代谢途径是经苯丙氨酸羟化酶催化生成酪氨酸，催化的反应不可逆，故酪氨酸不能转变为苯丙氨酸（图 8-3）。

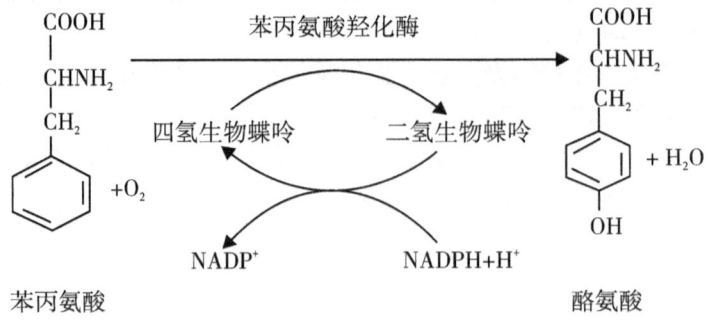

图 8-3 苯丙氨酸的代谢

苯丙氨酸除转变为酪氨酸外，少量可经转氨基作用生成苯丙酮酸。有先天性苯丙氨酸羟化酶缺陷的患者，不能将苯丙氨酸羟化为酪氨酸，堆积的苯丙氨酸经转氨基作用生成苯丙酮酸、苯乙酸等产物由尿排出，出现苯丙酮酸尿症。血液中苯丙酮酸的堆积对中枢神经系统有毒性作用，可导致脑发育障碍，患儿智力低下。同时，酪氨酸的来源减少导致甲状腺素、肾上腺素和黑色素的合成不足。治疗原则是早期发现，并适当控制膳食中苯丙氨酸的含量。但少部分患儿是由二氢蝶呤还原酶或者合成酶缺乏引起四氢生物蝶呤合成较少所致，对于此类患儿，补充四氢生物蝶呤可以改善临床症状。

2. 酪氨酸的代谢

（1）酪氨酸可转化为儿茶酚胺。不同组织催化酪氨酸羟化反应的酶不同。在肾上腺髓质和神经组织中，酪氨酸羟化酶是一种不依赖铜离子，并以四氢生物蝶呤为辅酶的单加氧酶，酪氨酸经酪氨酸羟化酶催化生成3,4-二羟苯丙氨酸，又称多巴。多巴在多巴脱羧酶的作用下脱去羧基生成多巴胺。多巴胺是一种重要的神经递质。在肾上腺髓质，多巴胺在多巴胺-β-羟化酶作用下生成去甲肾上腺素，后者在苯乙醇胺转甲基酶的催化下生成肾上腺素。多巴胺、去甲肾上腺素及肾上腺素统称为儿茶酚胺。酪氨酸羟化酶是合成儿茶酚胺的关键酶，受终产物的反馈调节（图8-4）。

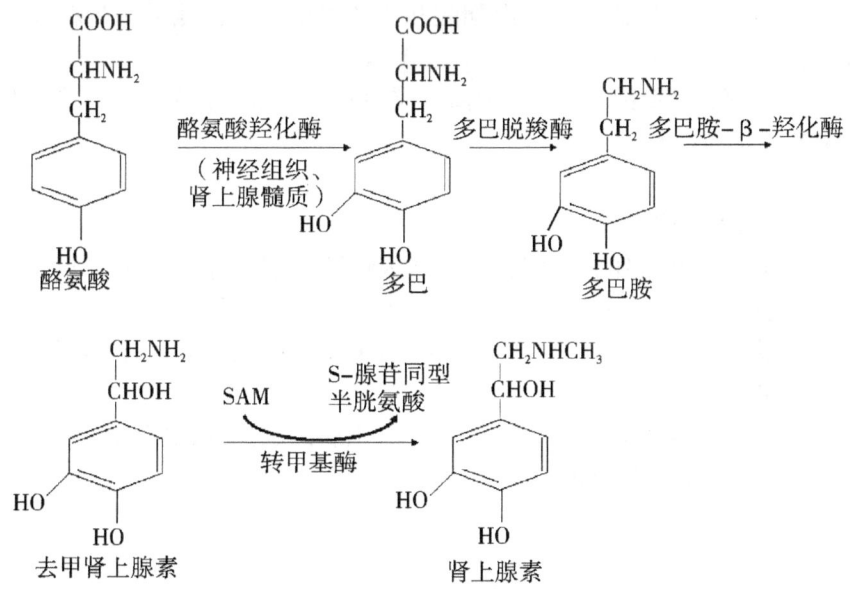

图8-4 酪氨酸的代谢

（2）酪氨酸转变成黑色素。在皮肤黑色素细胞中，酪氨酸羟化酶是一种依赖铜离子，并以四氢生物蝶呤为辅酶的单加氧酶，酪氨酸经酪氨酸羟化酶作用，也是生成多巴，后者经氧化、脱羧等反应转变成吲哚-5,6-醌，最后聚合为黑色素。先天性酪氨酸酶缺乏的患者，因不能合成黑色素，皮肤、毛发等发白，出现白化病。患者畏光，易患皮肤癌。

（3）酪氨酸氧化分解。酪氨酸还可在转氨酶的催化下，生成对羟苯丙酮酸，经氧化酶作用，生成尿黑酸，最终转变成延胡索酸和乙酰乙酸，然后两者分别沿糖和脂质代谢途径进行代谢。因此，苯丙氨酸和酪氨酸是生糖兼生酮氨基酸。当体内尿黑酸分解代谢的酶先天性缺陷时，尿黑酸的分解受阻，可出现尿黑酸尿症。

（4）酪氨酸参与甲状腺激素的合成。甲状腺激素是酪氨酸的碘化衍生物，他们在物质代谢的调控中起到重要作用。

3. 色氨酸的代谢

（1）色氨酸经过色氨酸羟化酶和脱羧酶的作用转变成5-羟色胺，在松果体中可以转变成褪黑激素。

（2）色氨酸还可在肝中经色氨酸双加氧酶催化生成甲酸，进一步转变成 N^{10}—甲酰四氢叶酸。

（3）色氨酸经分解可产生丙酮酸和乙酰 CoA，故色氨酸为生糖兼生酮氨基酸。

（4）少部分色氨酸还可转变成维生素 PP，但合成量很少，不能满足机体的需要。

相关文献阅读推荐

[1] 胡曼，麻宏伟，罗阳，等. 基因诊断尿黑酸尿症1例 [J]. 中国当代儿科杂志，2012，14（10）：796-797.

[2] 黄尚志，宋昉. 苯丙酮尿症的临床实践指南 [J]. 中华医学遗传学杂志，2020，37（3）：9.

[3] 李巍，魏爱华，白大勇，等. 白化病的临床实践指南 [J]. 中华医学遗传学杂志，2020（3）：252-257.

支链氨基酸的代谢

思政故事：枫糖尿症的发生

黄某，女，因"生后9天，哭闹进乳差2天"就诊，经诊断为枫糖尿症，明确诊断后给予免支链氨基酸奶粉＋母乳3∶1混合喂养，维生素 B_1 100 mg/（kg·d）口服，基因检测结果显示支链 α-酮酸脱氢酶复合体缺陷。

意义：遗传疾病的发生，难以完全避免，但是可以通过产前诊断和避免近亲结婚予以预防。作为医学生，我们需要向身边的人普及正确的医学知识及去医院看病时需要做的相关检查的目的和意义。

生化知识点简要概述

支链氨基酸的代谢

支链氨基酸包括缬氨酸、亮氨酸和异亮氨酸，它们都是营养必需氨基酸，主要在肝外分解。支链氨基酸水平升高能够增加心血管代谢性疾病的发病风险，可能是心血管代谢性疾病新的危险因素。然而营养学和临床上一直将支链氨基酸作为补充剂。补充支链氨基酸是否会引起循环支链氨基酸水平升高，进而引起心血管代谢性疾病，目前尚有争议。

支链氨基酸在体内的分解：首先通过转氨基作用生成相应的 α-酮酸；其次通过氧化脱羧生成相应的脂酰 CoA 进入三羧酸循环，其中，缬氨酸分解产生琥珀酰 CoA，亮氨酸产生乙酰 CoA，异亮氨酸产生琥珀酰 CoA 和乙酰 CoA。因此，这3种氨基酸分别是生糖氨基酸、生酮氨基酸和生糖兼生酮氨基酸。支链氨基酸的分解代谢主要在骨骼肌、脂肪、肾和脑组织中进行。

相关文献阅读推荐

[1] 陈正，罗芳，吴秀静，等. 新生儿枫糖尿症二例报告并文献复习[J]. 中华儿科杂志，2010，48（9）：5.

[2] 史仍飞，袁海平. 支链氨基酸代谢与运动[J]. 上海体育学院学报，2003，27（5）：3.

[3] 叶小凤，陈璐璐. 支链氨基酸与心血管代谢性疾病研究进展[J].

中华内分泌代谢杂志，2017，33（11）：989-992.

　　［4］FLORES-GUERRERO J L，GROOTHOF D，CONNELLY M A，等. 支链氨基酸浓度是高血压发生的一个很强的风险标志［J］. 中华高血压杂志，2019，12（27）：1219.

（蔡苗　周代锋）

第九章 核苷酸代谢

食物中的核酸的消化吸收

思政故事：核酸保健品的骗局

2000 年，中国保健品行业抓住人类基因组工作草图绘制完成这一消息，适时推出"核酸基因营养品"。既然一切疾病都与基因受损有关，而核酸是基因的载体，是支配生命的根本物质，那么通过"核酸基因营养品"补充核酸，完全可增强基因自主修复能力，在糖尿病、肝脏疾病、高脂血症、脑血栓后遗症等心脑血管疾病，以及老年性痴呆、肢体震颤、肢体麻痹、帕金森病、关节炎、白细胞减少症、神经系统疾病、肝肾受损等诸多方面都有明显的临床效果。正是基于如此美妙的前景，"核酸基因营养品"被视为"第三代保健食品领航食品"，并与高科技产业画上了等号，在社会上掀起了一股强劲的"核酸风潮"。但是"核酸基因营养品"的效果是否真如广告宣传的那样？按照科学界主流观点，正常人并不存在核酸缺乏，我们每天都能够从饮食中摄取大量核酸，而且核酸不能被人体直接吸收，会在小肠中降解成碱基、戊糖等基本原料，因此"核酸基因营养品"也并非必要。

意义：对于新概念、新知识，我们要通过认真阅读专业文章去学习了解，提高个人知识素养，预防受骗上当。

生化知识点简要概述

食物中的核酸多与蛋白质结合为核蛋白，在胃中被胃酸或在小肠中被蛋白酶分解为核酸和蛋白质。核酸主要在十二指肠由胰核酸酶和小肠磷酸二酯酶降解为单核苷酸。核苷酸由不同的碱基特异性核苷酶（nucleotidases）和非特异性磷酸酶（phosphatases）催化，水解为核苷和磷酸。核苷可直接被小肠黏膜吸收，或在核苷酶和核苷磷酸化酶（nucleoside phosphorylases）作用下，水解为碱基、戊糖或1-磷酸戊糖（图9-1）。

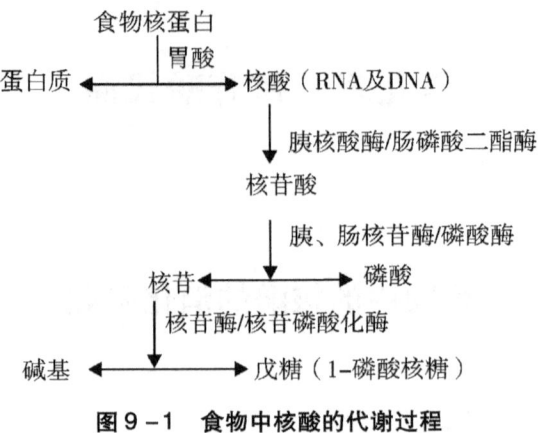

图9-1 食物中核酸的代谢过程

相关文献阅读推荐

[1] 葛文浩，刘珺豪，杨云霞，等. 腺嘌呤核苷酸及代谢产物在调节糖脂代谢稳态中的作用 [J]. 生理学报，2021，73（5）：16.

[2] 杨炼. 一种通过核苷酸促进饲料蛋白质消化吸收的饲料配方：CN201510305548.1 [P]. CN104904995A [2023-08-23].

[3] 赵波，冯琳，刘扬，等. 豆粕替代部分鱼粉饲料中添加核苷酸和有机硒对幼建鲤生长和消化吸收功能的影响 [C] //四川省畜牧兽医学会2012年学术年会. [2023-08-23].

[4] 俎鲁霞，徐国恒. 从核酸消化及核苷酸代谢看核酸营养品 [J]. 生物学通报，2007，42（9）：2.

核苷酸的合成代谢

思政故事：自毁容貌症（Lesch-Nyhan syndrome）

1964年，一个极为罕见且奇特的病例引起美国的一位名叫M. Lesch的牧师和名叫W. Nyhan的医学生的注意：有兄弟二人患上了同样一种疾病，他们智力迟钝，手脚不停地动作，常用牙齿啃咬自己的手指、嘴唇等，且常会无故攻击他人。由于不停地自残，他们的 10 个手指经常处于血肉模糊状态，嘴唇也咬得残缺破损——他们在不断地强迫性自我毁伤。M. Lesch 和 W. Nyhan 详细地观察了这种以自毁容貌为特征的疾病，并在 1964 年在美国首次报道，因此该病最早被称作 Lesch-Nyhan 综合征（Lesch-Nyhan syndrome）。现已阐明，本病是由于患儿体内参与嘌呤代谢的次黄嘌呤-鸟嘌呤磷酸核糖转移酶（hypoxanthine-guanine phosphoribosyl transferase，HGPRT）活性的完全或部分缺乏，导致嘌呤在代谢过程中过度合成，以至出现高尿酸血症，并引起中枢神经系统功能异常。根据本病特有的痉挛性脑瘫、舞蹈样动作和强迫性自残行为，以及血尿酸含量增高等症状，通常不难做出诊断，但症状不典型或尿酸不高的病例则不易诊断。确诊须直接检测患儿培养的红细胞、皮肤或组织细胞中的 HGPRT 的活性是否缺乏。近年来，应用人工合成的分子探针对本病进行基因诊断，具有很高的准确率。

意义：疾病的诊断和治疗开始向着分子水平发展，临床的靶向治疗也应用得非常广泛，这就对医学生提出了更高的要求，需要深刻理解疾病的分子机制和最新靶向药物的药理作用。

生化知识点简要概述

嘌呤核苷酸的合成

体内嘌呤核苷酸的合成有两条途径：①从头合成途径（de novo synthesis），即利用磷酸核糖、氨基酸、一碳单位及 CO_2 等简单物质为原料合成嘌呤核苷酸的过程，是体内的主要合成途径；②补救合成途径（salvage pathway），即利用体内游离嘌呤或嘌呤核苷，经简单反应过程生成嘌呤核苷酸的过程，在部分组织如脑、骨髓中只能通过此途径合成核苷酸。

1. 嘌呤核苷酸的从头合成途径

（1）嘌呤核苷酸从头合成途径的原料及过程。1948 年，Buchanan 等采用同位素示踪技术标记不同的化合物喂养鸽子，证实合成嘌呤的前身物为：氨基酸（甘氨酸、天冬氨酸和谷氨酰胺）、CO_2 和一碳单位（N^{10}-甲酰四氢叶酸）（图 9-2）。

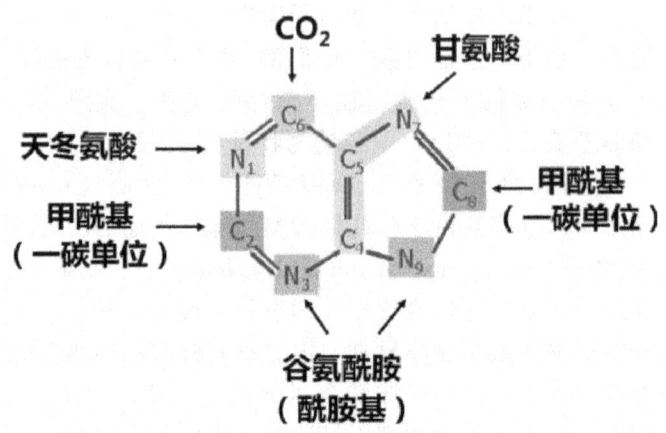

图 9-2 嘌呤环的元素来源

嘌呤核苷酸的从头合成主要在胞液中进行，可分为两个阶段：首先合成次黄嘌呤核苷酸（inosine monophosphate，IMP）；然后通过不同途径分别生成腺苷一磷酸（AMP）和鸟苷一磷酸（GMP）。

（2）嘌呤核苷酸从头合成途径的调节。机体不仅调节嘌呤核苷酸的总量，而且使 ATP 和 GTP 的水平保持相对平衡。

2. 嘌呤核苷酸补救合成途径

核苷酸的降解过程中不断产生核苷或游离碱基。细胞利用游离碱基或核苷重新合成相应核苷酸的过程称为补救合成（salvage pathway）。与从头合成不同，补救合成过程较简单，时间快，消耗能量亦较少。估计有 90% 的嘌呤碱基可用于补救合成。

（1）嘌呤碱的补救合成途径。有两种酶参与嘌呤核苷酸的补救合成。腺嘌呤磷酸核糖转移酶（adenine phosphoribosyl transferase，APRT）催化 PRPP 与腺嘌呤合成 AMP；次黄嘌呤-鸟嘌呤磷酸核糖转移酶（HGPRT）催化 PRPP 与鸟嘌呤或次黄嘌呤合成 GMP 或 IMP。

（2）嘌呤核苷的补救合成途径。人体由嘌呤核苷的补救合成只能通过腺苷激酶催化，使腺嘌呤核苷生成腺嘌呤核苷酸。

3. 二磷酸核苷和三磷酸核苷的生成

三磷酸核苷才能作为原料参与核酸的合成。一磷酸核苷由对应的一磷酸核苷激酶（nucleoside monophosphate kinase）催化，生成二磷酸核苷。例如，腺苷激酶催化 AMP 磷酸化生成 ADP。二磷酸核苷在二磷酸核苷激酶的作用下生成三磷酸核苷。

相关文献阅读推荐

[1] 鲍彤彤, 郜陆敏, 张玉梅, 等. 饲养密度对仔猪血清抗氧化, 肝脏 $NAD^+/NADH$ 及嘧啶核苷酸代谢基因表达的影响 [J]. 东北农业大学学报, 2021, 52 (2): 36-42.

[2] 刘元. 磷酸次黄嘌呤核苷酸脱氢酶 IMPDH2 通过 SUMO 化促进肿瘤细胞迁移与侵袭 [D]. 2017.

[3] 何海涛, 孙婷, 崔佳乐, 等. 嘌呤核苷酸补偿对吗啡依赖大鼠嘌呤核苷酸分解代谢的影响 [J]. 中国药理学通报, 2008, 24 (8): 3.

[4] 刘剑凯, 洪敏, 赵小冬. 吗啡对 C_6 胶质瘤细胞嘌呤核苷酸代谢相关酶基因表达的影响 [J]. 中华医学杂志, 2003, 83 (1): 5.

[5] 汤鲁明, 王林霞, 孙来芳, 等. 萝卜硫素对脓毒症急性肺损伤大鼠氧化损伤及脱嘌呤/脱嘧啶核酸内切酶 1 表达的影响 [J]. 中华危重症医学杂志 (电子版), 2017, 10 (4): 6.

[6] 汤显斌, 谭云山. 脱嘌呤嘧啶核酸内切酶与肿瘤相关性研究进展 [J]. 国际肿瘤学杂志, 2003, 30 (4): 249-251.

[7] 王撒, 房连聪, 袁美玲, 等. 大鼠再生肝 8 种细胞的嘧啶核苷酸代谢相关基因转录谱预示的生理活动 [J]. 河南师范大学学报 (自然科学版) 2010, 38 (1): 4.

[8] 辛庆刚, 赵澎, 舒剑波, 等. 早期诊断 Lesch-Nyhan 综合征 1 例 [J]. 中华实用儿科杂志, 2020, 10 (35): 822-824.

[9] 叶启东, 顾龙君, 李方, 等. 急性淋巴细胞白血病患儿红细胞内硫鸟嘌呤核苷酸测定在药物治疗监测中的应用 [J]. 中华血液学杂志, 2000, 21 (5): 270-271.

[10] 于文兵, 严政, 高丽丽. 嘌呤核苷酸代谢与核糖 (综述) [J]. 体育与科学, 2002, 23 (2): 3.

[11] 张雅婷, 蔡皓, 段煜, 等. 基于代谢组学探究炮制与配伍对四逆散抗抑郁作用的贡献 [J]. 中国中药杂志, 2021, 46 (19): 12.

核苷酸的分解代谢

思政故事：痛风

刘大爷是个痛风患者，年轻时非常喜欢吃肉，5年前第一次痛风发作，由于每天吃肉的习惯很难短时间内纠正，于是，他痛风发作时就吃止痛药，痛风没发作时饮食上还是无所顾忌，根本没有忌口。直到刘大爷出现尿频、尿液颜色发生改变，这才去医院进行检查，发现肾脏已经受损，尿酸达580 μmol/L，医生说这就是长期饮食不当，导致肾脏受损。于是刘大爷把吃肉的习惯改掉，每天吃素，老伴也是变着花样做香椿拌豆腐、清炒腐竹、咖喱土豆、宫爆素丁等。在刘大爷吃了2个月的素食餐后，去医院进行体检，结果让他大吃一惊：尿酸690 μmol/L。这是因为并非只有肉类食物才嘌呤高，大家平时吃的黄豆芽、芦笋、紫菜、豌豆苗等，都属于高嘌呤食物，平均100 g食物中均含有150 mg以上的嘌呤。长时间吃这些高嘌呤的蔬菜，同样也会导致尿酸升高。高尿酸不能单纯从饮食给予控制。

意义：要学会科学健康饮食，疾病需要对应病因进行科学的治疗。

生化知识点简要概述

体内核苷酸的分解代谢在核苷酸酶、核苷酶或核苷磷酸化酶的作用下，可降解生成相应的碱基、戊糖或1-磷酸核糖，过程与食物中核苷酸的消化过程类似，1-磷酸核糖在磷酸核糖变位酶催化下转变为5-磷酸核糖，成为合成PRPP的原料。碱基可参加补救合成途径，亦可进一步分解。

嘌呤核苷酸的分解代谢

在昆虫、爬行类、鸟类和灵长类动物体内，鸟嘌呤核苷酸和次黄嘌呤核苷酸在核苷酸酶的催化下，脱去磷酸成为鸟苷和次黄苷，紧接着在嘌呤核苷磷酸化酶的催化下转变为鸟嘌呤和次黄嘌呤，再进一步转变成黄嘌呤，最后在黄嘌呤氧化酶的催化下生成尿酸。而腺苷和脱氧腺苷不能由嘌呤核苷磷酸化酶分解，而是在核苷和核苷酸水平上分别由腺苷脱氨酶（adenosine deaminase，ADA）和腺苷一磷酸（adenosine monophosphate，AMP）催化脱氨生成次黄嘌呤核苷或次黄嘌呤核苷酸。它们再水解成次黄嘌呤，并在黄嘌呤氧化酶的催化下逐步氧化为黄嘌呤和尿酸。ADA的遗传性缺乏，可选择性清除淋巴细胞，导致严重联合免疫缺陷病（severe combined immunodeficiency olisease，SCID）。

体内嘌呤核苷酸的分解代谢主要在肝脏、小肠及肾脏中进行。正常生理情况下，嘌呤合成与分解处于相对平衡状态，因此尿酸的生成与排泄也较恒定。正常人血浆中尿酸含量为 0.12～0.36 mmol/L（2～6 mg/dL）。当体内核酸大量分解（白血病、恶性肿瘤等）或摄入高嘌呤食物时，血中尿酸水平升高，当超过 0.48 mmol/L（8 mg/dL）时，尿酸盐将过饱和而形成结晶，沉积于关节、软组织、软骨及肾等处，而导致关节炎、尿路结石及肾脏疾病，即痛风。痛风多见于成年男性，其发病机理尚未阐明。临床上常用别嘌呤醇（allopurinol）治疗痛风。别嘌呤醇与次黄嘌呤结构类似，只是分子中 N_8 与 C_2 互换了位置，故可抑制黄嘌呤氧化酶，从而抑制尿酸的生成。同时，别嘌呤醇在体内经代谢转变，与 PRPP 生成别嘌呤核苷酸，不仅消耗了 PRPP，使其含量下降，而且还能反馈抑制 PRPP 酰胺转移酶，阻断嘌呤核苷酸的从头合成。

嘧啶核苷酸的分解代谢

嘧啶核苷酸的分解代谢途径与嘌呤核苷酸相似。首先通过核苷酸酶及核苷磷酸化酶的作用，水解成嘧啶碱、1-磷酸核糖。产生的嘧啶碱再进一步分解。嘧啶的分解代谢主要在肝脏中进行。分解代谢过程中有脱氨基、氧化、还原及脱羧基等反应。胞嘧啶脱氨基转变为尿嘧啶。尿嘧啶和胸腺嘧啶分别生成 β-丙氨酸和 β-氨基异丁酸，β-丙氨酸和 β-氨基异丁酸可继续分解代谢，β-氨基异丁酸亦可随尿排出体外。摄入含 DNA 丰富的食物者、经放射线治疗或化学治疗的患者，以及白血病患者，尿中 β-氨基异丁酸排出量增多。

相关文献阅读推荐

[1] 马利丹，刘甜，陈颖，等. 青年痛风石患者临床特点及相关危险因素的研究 [J]. 中华风湿病学杂志，2021，25（9）：7.

[2] 孙婷，何海涛，孙聪，等. 外源性嘌呤核苷酸减弱吗啡促 PC12 细胞核苷酸分解代谢的作用 [J]. 中国老年学杂志，2008，28（1）：3.

[3] 王晨，惠晓艳，朱克强，等. 嘌呤核苷酸代谢相关基因缺陷所致疾病的研究进展 [J]. 风湿病与关节炎，2021，10（5）：76-80.

[4] 殷婷婷，赵铁. 痛风性关节炎的脂质组学研究 [J]. 沈阳药科大学学报，2021（8）：38.

[5] 张妲，黄志芳，李新伦，等. 2015—2020 年国内外痛风诊疗指南

比较与解析 [J]. 中国全科医学, 2021, 24 (33): 4196-4199.

常见的抗核苷酸代谢药物

思政故事：甲氨蝶呤

张某，男性，45岁，自述最近手关节肿胀、疼痛，晨起手部关节出现较长时间僵硬，如胶粘着的感觉，在适当的活动后症状逐渐减轻。关节疼痛前几周经常低烧。经医生诊断为类风湿关节炎（RA），给予甲氨蝶呤（MTX）片联合叶酸治疗。张某看了药物说明书后很疑惑，认为 MTX 是抗肿瘤药物。MTX 的抗风湿药理作用是通过降低腺苷合成酶活性，从而抑制 DNA 的合成，减少中性粒细胞的趋化作用；减少 IL-2 受体的产生，抑制病变部位的细胞增殖，抑制炎症部位的单核细胞功能，从而起到抗炎和免疫抑制的作用，改善和延缓病情进展。

意义：老药新用，临床上有很多的例子，如二甲双胍目前作为糖尿病治疗的一线药物。对疾病的机制了解得越清楚，我们能够选择和使用的药物就越有针对性。作为医学生，需要掌握好疾病发病的机理。

生化知识点简要概述

核苷酸作为 DNA 和 RNA 合成的前体，能直接影响 DNA 的复制和转录，进而影响细胞的分裂。依据抗代谢基本理论的要求，抗代谢物的结构与代谢物一般都很相似，抗核苷酸代谢药物是一些参与核苷酸合成过程中的化合物的类似物，临床上常用的有嘧啶类抗代谢物、嘌呤类抗代谢物、叶酸类抗代谢物等药物。抗核苷酸代谢药物在体内通过抑制生物合成酶，或掺入生物大分子合成，形成伪大分子，干扰核酸的生物合成，以及通过抑制肿瘤细胞生存和复制所必需的代谢途径，导致肿瘤细胞死亡。由于目前尚未发现肿瘤细胞有独特的代谢途径，因此抗代谢药物的选择性较小，并且对增殖较快的正常组织如骨髓、消化道黏膜等也呈现毒性。

嘌呤类抗代谢物

腺嘌呤和鸟嘌呤是 DNA 和 RNA 的重要组分，次黄嘌呤是腺嘌呤和鸟嘌呤生物合成的重要中间体。嘌呤类抗代谢物主要有 6-巯基嘌呤（mercaptopurine，6-MP）、6-巯基鸟嘌呤和 8-氮杂鸟嘌呤等。

嘧啶类抗代谢物

嘧啶拮抗物有尿嘧啶衍生物和胞嘧啶衍生物，用于临床的药物例如 5 - 氟尿嘧啶、阿糖胞苷等。

叶酸类抗代谢物

叶酸类抗代谢物是二氢叶酸还原酶或胸苷酸合成酶的抑制剂，常用于临床的有甲氨蝶呤和雷替曲塞（Raltitrexed）等。

相关文献阅读推荐

[1] 曾铖，帅云飞，李鑫. 青藤碱联合甲氨蝶呤治疗类风湿关节炎有效性和安全性的 Meta 分析 [J]. 中国中药杂志，2021，46（1）：11.

[2] 梁麟龙，谭慧仪，刘炀，等. *NUDT*15 基因多态性与儿童急性淋巴细胞白血病化疗中 6 - 巯基嘌呤毒性相关性的 Meta 分析 [J]. 国际儿科学杂志，2022，49（3）：6.

[3] 孟岑，徐刚. 儿童急性淋巴细胞白血病中 *ABCB*1*C*3435*T* 位点基因多态性对大剂量甲氨蝶呤血药浓度及不良反应的影响 [J]. 实用药物与临床，2021，24（1）：5.

[4] 王静，王晓欢，郝国平，等. *NUDT*15 基因多态性与儿童急性淋巴细胞白血病 6 - 巯基嘌呤治疗耐受性的关系 [J]. 白血病·淋巴瘤，2022，31（5）：4.

[5] 王永辉，杨扬，李海，等. 富半胱氨酸 61 通过 FoxO1 通路介导 SCD1 的表达调控结肠癌对 5 - 氟尿嘧啶化疗敏感性的研究 [J]. 中华普通外科杂志，2021，36（1）：53 - 57.

[6] 杨欢，刘扬，陈相言，等. 慢性髓系白血病 ABL 激酶区突变患者格列卫联合阿糖胞苷的疗效及预后分析 [J]. 重庆医学，2022，51（10）：1706 - 1709.

（蔡苗　周代锋）

第十章 肝的生物化学

概 述

思政故事:"中国肝胆外科之父"——吴孟超

吴孟超,著名肝胆外科专家,中国科学院院士,中国肝脏外科的开拓者和主要创始人之一,李庄同济医院终身名誉院长,被誉为"中国肝胆外科之父"和有可能获得诺贝尔生理学或医学奖的中国大陆学者之一。

肝脏是人体重要的解毒器官,外来的或者是体内代谢产生的有毒物质,都要经过肝脏的处理,然后变成毒性比较小或者溶解度比较大的物质,随着胆汁或者尿液排出体外,肝细胞内有许多与氨基酸代谢有关的酶,如谷丙转氨酶等。

1961年,为掌握肝脏术后生化代谢的改变规律以降低手术死亡率,吴孟超通过临床和肝脏生化研究发现了正常和肝硬化肝脏术后生化代谢规律,并据此提出了纠正肝癌术后常见的致命性生化代谢紊乱的新策略。

他还创立了肝脏外科的关键理论和技术体系,创立了独具特色的肝脏外科关键理论和技术,建立了中国肝脏外科的学科体系,并使之逐步发展、壮大。

意义:吴孟超培养了大批高层次专业人才,他领导的学科规模从一个"三人研究小组"发展到三级甲等专科医院和肝胆外科研究所,成为国际上规模最大的肝胆疾病诊疗中心和科研基地。

生化知识点简要概述

肝脏在物质代谢中的作用

肝脏在人体生命活动中占有十分重要的地位。在各类物质(糖类、脂质、蛋白质、激素、维生素等)的代谢中均起着重要的作用,被誉为"物质代谢中枢"。

1. **肝脏在糖代谢中的作用**

肝脏是调节血糖浓度的主要器官。血糖浓度高时，肝脏可利用血糖合成糖原；过多的糖则转变为脂肪。当血糖浓度较低时，肝糖原分解及肝中糖异生作用加强，用以补充血糖。因此，严重肝病时易造成糖代谢紊乱、出现空腹血糖降低。

2. **肝脏在脂质代谢中的作用**

肝脏在脂质代谢中起重要作用。胆汁酸是胆固醇在肝脏的转化产物，可促进脂质（包括脂溶性维生素）的消化和吸收。肝脏是脂肪酸进行 β－氧化的主要场所，生产的乙酰 CoA 可合成酮体，并运输到其他肝外组织器官（脑、心、肾、骨骼肌等）氧化利用。肝脏可利用糖合成脂肪酸和 3－磷酸甘油，进而生成甘油三酯贮存。肝脏合成胆固醇极为活跃，占全身合成总量的 80% 以上，也是血浆胆固醇的主要来源。肝可合成极低密度脂蛋白（VLDL），将合成的甘油三酯和胆固醇运输到其他肝外组织器官。

3. **肝脏在蛋白质代谢中的作用**

肝内蛋白质的合成代谢非常活跃。肝脏合成自身所需蛋白质并分泌多种蛋白质。血浆蛋白质中的清蛋白、凝血酶原、纤维蛋白原、铜蓝蛋白及血浆脂蛋白所含的多种载脂蛋白（Apo A、Apo B、Apo C、Apo E）等均由肝脏合成，γ－球蛋白除外。成人肝脏每天约合成 12 g 清蛋白，占肝脏蛋白质合成总量的四分之一。

肝脏在蛋白质分解代谢中起重要作用。肝细胞表面的特异性受体识别铜蓝蛋白、α1－抗胰蛋白酶等血浆蛋白，经胞饮作用吞入肝细胞后由溶酶体水解酶降解。肝脏中氨基酸分解代谢的酶含量丰富，大部分氨基酸（除支链氨基酸在肌肉中分解外）特别是芳香族氨基酸主要在肝脏分解。肝脏也是合成尿素的主要场所，氨基酸代谢产生的氨经鸟氨酸循环合成尿素；尿素合成中消耗 CO_2，在维持酸碱平衡方面具有重要作用。肝脏也是机体内的生物转化作用最重要的器官。

4. **肝脏在维生素代谢中的作用**

肝脏内含较多维生素，存储有维生素 A、维生素 K、维生素 B_2、维生素 PP、维生素 B_6、维生素 B_{12} 等，其中肝脏中维生素 A 的含量占体内总量的 95%。肝脏可将 β－胡萝卜素转变为维生素 A，将维生素 D_3 转变为 25－(OH) D_3。肝脏可转化多种维生素为辅酶，如 NAD^+、$NADP^+$、辅酶 A、TPP 等。

5. 肝脏在激素代谢中的作用

激素在肝脏内被分解转化、降低或失去其活性的过程称为激素的灭活。水溶性激素（如胰岛素、去甲肾上腺素）与肝细胞表面受体结合而发挥调节作用，也可通过肝细胞内吞作用进入肝细胞。脂溶性激素通过扩散作用进入肝细胞。激素进入肝脏后通过第一相反应和第二相反应的生物转化作用被灭活，如抗利尿激素被水解；雌激素、醛固酮可与葡萄糖醛酸或活性硫酸等结合；甲状腺素先进行脱碘、移去氨基等反应，产物与葡萄糖醛酸结合；胰岛素分子在胰岛素酶作用下水解发生二硫键断裂。肝病变时激素灭活功能降低，体内的雌激素、抗利尿激素和醛固酮激素等水平增高，易出现男性乳房发育、肝掌、蜘蛛痣及水钠潴留等现象。

相关文献阅读推荐

[1] 曹建芳，舒杨，王建华. 低密度脂蛋白的分离与分析研究进展 [J]. 分析试验室，2022，41（12）：1446-1454.

[2] 丁思，韩连书. 遗传代谢病患者肝移植及预后的研究进展 [J]. 中华医学杂志，2022，102（8）：602-604.

[3] 梁佳琦，刘畅，张雯翔，等. 肝脏分泌因子与代谢性疾病 [J]. 遗传，2022，44（10）：853-866.

[4] 刘福君，常李李，王为兰，等. 肝脏胰岛素抵抗与2型糖尿病 [J]. 中国医学科学院学报，2022，44（4）：699-708.

[5] 沈丽婷，张俊龙，朱慧，等. 运动改善2型糖尿病患者乳酸代谢的研究进展 [J]. 中国老年学杂志，2023，43（6）：1498-1501.

[6] 王曼，鄢丹，孟波，等. 基于非标记定量技术的肝细胞癌血浆蛋白质组学研究 [J]. 河南师范大学学报（自然科学版），2022，50（1）：115-122.

[7] 王瑞华，蔡仕良，柳东红，等. 雄激素/雄激素受体信号通路在肝细胞癌中的研究进展 [J]. 肿瘤防治研究，2023，50（2）：180-185.

[8] 王颖捷，程昊然，周卫红. 体脂成分及代谢指标与非肥胖人群代谢相关脂肪性肝病的相关性研究 [J]. 中国全科医学，2023，26（6）：672-680.

[9] 张海博，顾辰杰，张瑞婧，等. 肝脏代谢分区研究进展 [J]. 生理科学进展，2022，53（6）：447-451.

[10] 郑明云，何雅军，刘序友，等. 肝硬化与甲状腺激素的相关性研究进展 [J]. 中华肝脏病杂志，2022，30（3）：331-334.

生物转化作用

思政故事：酒精代谢与健康

意大利学者发表了一项荟萃分析，汇总了过去30多年中发表的喝酒与肿瘤等14种疾病及受伤情况的流行病学调查，调查发现即使每天仅摄入25 g乙醇，也可导致多种疾病的风险明显增加，如口腔癌和咽癌的风险增加82%，食道癌增加39%，喉癌增加43%，乳腺癌增加25%，原发性高血压增加43%，肝硬化增加1.9倍，慢性胰腺炎增加34%，其他的结肠癌、直肠癌、肝癌也有小幅增加。如果饮酒更多，每天摄入50 g乙醇，口腔癌和咽癌的风险将增加2.1倍，食道癌、喉癌和原发性高血压的风险都会增加1倍左右，乳腺癌增加55%，肝硬化增加6.1倍，慢性胰腺炎增加78%，出血性中风增加82%，而肝癌的增加也有40%。

意义：过量饮酒可增加患病风险，应引起警惕。

生化知识点简要概述

肝脏的生物转化作用

生物转化作用是机体将内源性或外源性非营养物质进行代谢转变，增加其极性及水溶性，使其易随胆汁或尿液排出的过程。生物转化作用最强的器官是肝脏。内源性非营养物质包括激素、神经递质、胆红素等。外源性非营养物质包括由外界进入体内的药物、毒物、食品添加剂、环境污染物等化学物质。非营养物质不能被机体利用，需要通过代谢转化排出体外。肝脏在此过程中发挥关键作用，通过生物转化增加非营养物质的极性或水溶性，使其易于随尿或胆汁排出。此外，生物转化作用可降低或增加非营养物质毒性或药物的作用，如3,4-苯并芘在生物转化后的产物可致癌。因此，肝脏的生物转化作用有解毒与致毒两重性的特点。

生物转化反应类型

肝脏内的生物转化反应主要可分为Ⅰ相反应（包括氧化反应、还原反应、水解反应）与Ⅱ相反应（结合反应）等反应类型。

1. **Ⅰ相反应之氧化反应**

（1）加单氧酶系。氧化反应是最重要和最多见的生物转化Ⅰ相反应，而加单氧酶系是氧化异源物最重要的酶。加单氧酶系由 NADPH、NADPH-细胞色素 P450 还原酶及细胞色素 P450 组成。NADPH-细胞色素 P450 还原酶以 FAD 为辅基。细胞色素 P450 是以铁原卟啉Ⅸ为辅基的 b 族细胞色素,是可与氧及相应底物结合的部位。

加单氧酶系反应将底物氧化生成羟化物,催化总反应式如下:

$NADPH + H^+ + O_2 + RH \rightarrow NADP^+ + H_2O + ROH$

加单氧酶系参与药物和毒物的转化。经羟化作用后可加强药物或毒物的水溶性,有利于排泄。

(2)线粒体单胺氧化酶系。单胺氧化酶存在于线粒体中,归类于黄素蛋白酶,可催化肠道腐败产物酪胺、尸胺、组胺、腐胺等氧化脱胺,生成相应的醛类化合物。

(3)脱氢酶系。胞液中含有以 NAD^+ 为辅酶的醇脱氢酶(alcohol dehydrogenase,ADH)和醛脱氢酶(aldehyde dehydrogenase,ALDH),分别催化醇或醛脱氢,氧化生成相应的醛或酸类化合物。

醇脱氢酶和醛脱氢酶是乙醇代谢的关键酶。突变纯合子 ALDH 活性低下,是该人群饮酒后乙醛在体内堆积,引起血管扩张、面部潮红、心动过速等反应的重要原因。

长期饮用乙醇可使肝内质网增殖。大量的乙醇可稳定内质网内 CYP2E1 的活性和增加其 mRNA 的含量,即启动微粒体乙醇氧化系统(microsomal ethanol oxidizing system,MEOS)。CYP2E1 不但在氧化乙醇时消耗 NADPH 和氧,而且还催化脂质过氧化,产生羟乙基自由基。后者可进一步促进脂质过氧化和肝损伤。

2. Ⅰ相反应之还原反应

还原酶由 NADPH 及还原型细胞色素 P450 供氢,归类于黄素蛋白酶。硝基苯在硝基还原酶的催化下加氢还原生成苯胺;偶氮苯在偶氮还原酶的催化下还原生成苯胺,苯胺再在单胺氧化酶的作用下生成相应的酸类化合物。

3. Ⅰ相反应之水解反应

肝细胞中有酯酶、酰胺酶及糖苷酶等水解酶,可催化乙酰苯胺、普鲁卡因、利多卡因及脂肪族酯类的水解,生成相应的羟基化合物。

4. Ⅱ相反应之结合反应

含有羟基、羧基或氨基的非营养物质,与极性较强的物质结合后水溶性增加。有些非营养物质可直接进行结合反应,有些需要先经第一相反应(氧化、还原、水解)后再进行结合反应。根据参加反应的结合剂不同可分为葡糖醛酸结合反应、硫酸结合反应、乙酰基结合反应、甲基结合反应、甘氨酸结合反应、谷胱甘肽结合反应等。

葡糖醛酸结合是最为重要和普遍的结合方式。尿苷二磷酸葡糖醛酸（UDPGA）是葡糖醛酸的活性供体，UDP-葡糖醛酸基转移酶将葡糖醛酸基转移到化合物的羟基、氨基或羧基上，形成葡糖醛酸苷。结合后其水溶性增高、毒性降低，易于排出体外，如胆红素、类固醇激素、吗啡、苯巴比妥类药物等在肝脏与葡糖醛酸结合而进行生物转化作用。

硫酸结合反应以3′-磷酸腺苷-5′-磷酸硫酸（PAPS）为活性硫酸供体，在硫酸基转移酶的催化下将PAPS中的硫酸基转移到类固醇、酚类等的羟基上，如雌酮在肝内与硫酸结合而灭活。

乙酰基结合反应由乙酰CoA作为乙酰基供体，在乙酰基转移酶的催化下与芳香族胺类化合物结合生成相应的乙酰化衍生物，如磺胺类药物及抗结核药异烟肼在肝脏经乙酰化而失去作用。

甲基结合反应由S-腺苷甲硫氨酸（SAM）作为甲基供体，含有羟基、巯基或氨基的化合物在转甲基酶催化下进行甲基化反应，如尼克酰胺可甲基化生成N-甲基尼克酰胺。

相关文献阅读推荐

［1］杜雪儿，王建国，姚军虎，等. 甘氨酸-N-甲基转移酶对肝脏代谢及相关疾病的调控机制［J］. 农业生物技术学报，2022，30（11）：2224-2235.

［2］方春秋，张文军，张景洲，等. 常见肝损伤动物模型构建和应用的研究状况［J］. 中国临床药理学杂志，2022，38（3）：276-280.

［3］林洁，陈玉霞，章卫平. 肝脏调节胆固醇代谢稳态的研究进展［J］. 中国动脉硬化杂志，2022，30（9）：737-743.

［4］刘畅，丁晶鑫，周英，等. 基于网络药理学的金银花对大鼠急性酒精性肝损伤的保护作用研究［J］. 中国中药杂志，2021，46（17）：4531-4540.

［5］刘文彬，钟景斌，王晖. 基于网络药理学探讨溪黄草治疗酒精性肝损伤的作用机制［J］. 食品工业科技，2022，43（6）：9-17.

［6］宋晓晶，王淑友，贾术永，等. 电针对慢性酒精性肝损伤小鼠血流变和肝脏微循环的影响［J］. 针刺研究，2021，46（4）：289-294.

［7］张飞宇，高沿航. 免疫细胞在酒精性肝病发病机制中的作用及潜在治疗新靶点［J］. 中华肝脏病杂志，2021，29（6）：510-514.

［8］张海博，顾辰杰，张瑞婧，等. 肝脏代谢分区研究进展［J］. 生

理科学进展，2022，53（6）：447-451.

[9] 郑义，李诗颖，糜心怡，等. 银杏肽对急性酒精性肝损伤小鼠的保护作用 [J]. 食品与发酵工业，2021，47（21）：109-114.

[10] 周凤，谭黄虹，孙慧敏，等. 基于红藻多糖的生物转化研究进展 [J]. 食品科学，2021，42（13）：326-334.

思政故事：郑树森与肝移植

郑树森院士是直面终末期肝病恶魔的斗士，利用多年潜心研究的肝移植技术，让许多患者挣脱死神的魔爪，重新回归家庭和社会。作为一名外科医生，郑树森对医学的兴趣源自童年。小时候，郑树森每天上学、放学都要经过一家中药铺子，每次路过都忍不住往里面张望几眼。老中医把脉开方、过秤包药的样子令他着迷，药到病除、妙手回春的能力更是让他佩服。看得出迷的郑树森常常想，自己长大后要是能够跟他一样，成为一个为患者治病的医生就好了。

1993年4月，郑树森于浙江大学医学院附属第一医院主刀完成了浙江省第一例肝癌患者肝移植手术。当时，郑树森正好阑尾炎发作，痛得非常厉害。与此同时，父亲病重，他的心里满满都是牵挂和不能回去侍奉的愧疚。就是在这样的情况下，郑树森一边输液，一边给患者看病，他的心里只有一个念头——"患者更要紧"。郑树森被认为是中国第二波肝移植手术浪潮的推动者之一。

2008年，郑树森提出肝癌肝移植手术的"杭州标准"：肿瘤直径在8 cm以内的肝癌患者可做；肿瘤直径在8 cm以上、术前血清甲胎蛋白低于400 ng/mL的肝癌患者也可以做。这个标准使肝癌肝移植手术受者范围扩大了52%，在国际上产生了重大影响。

"培养学生，最重要的是人品塑造。""待人要诚实、诚信、诚恳。"父亲这么教育他，他也这么讲给学生听。郑树森要求学生爱国爱党、政治素养过硬，与此同时还注重培养学生的人文素养。他要求学生有爱国情怀，因为只有在这种情怀的推动下才能不断奋斗、报效国家。而平时就喜欢练书法、读历史、听婺剧的他也总是跟学生们强调要学习和传承中华传统文化。

意义：郑树森院士孜孜探索，攻克肝移植难题；仁心仁术，始终心系患者；立德树人，为卫生事业奔波。郑树森院士的精神值得我们学习。

生化知识点简要概述

影响生物转化的因素

生物转化作用受肝脏疾病、年龄、性别及药物等多种因素的影响。出现肝实质性病变时，加单氧酶系和 UDP-葡糖醛酸基转移酶活性降低，患者对药物及毒物的转化作用发生障碍，易积蓄中毒。新生儿生物转化酶未发育完全，对非营养物质的转化能力不足，易发生新生儿黄疸等。老年人因器官退化，对药物转化能力降低，用药后副作用较大。药物的使用可诱导生物转化酶的合成，转化能力增强，如长期服用苯巴比妥，诱导加单氧酶系的合成，使机体对苯巴比妥类催眠药产生耐药性。此外，苯巴比妥可诱导加单氧酶系和 UDP-葡糖醛酸基转移酶的合成，因此可用于治疗地高辛中毒和新生儿黄疸。

相关文献阅读推荐

[1] 郭德镇，黄傲，王宇鹏，等．肝细胞癌肝移植后肺转移影响因素分析及其列线图预测模型的应用价值［J］．中华消化外科杂志，2021，20 (10)：1068-1077.

[2] 林玲，袁梦淑，吴龙龙，等．骨髓间充质干细胞联合常温机械灌注对肝移植急性排斥反应大鼠肠道菌群的影响［J］．中华实验外科杂志，2022，39 (3)：447-450.

[3] 鲁燕侠，陈丽，邹德勇，等．中药制剂护肝片对肝移植受者他克莫司代谢的影响及其药物安全性与经济学评价［J］．中国中西医结合急救杂志，2022，29 (4)：440-443.

[4] 申存毅，薛峰，李亚鹏，等．肝移植后发生腹腔感染的危险因素分析［J］．中华消化外科杂志，2021，20 (11)：1184-1190.

[5] 王延庆，韩玉珍，张进，等．肝移植术后血清肌红蛋白水平对患者新发急性肾损伤的预测价值［J］．实用医学杂志，2021，37 (1)：46-50.

[6] 杨梦凡，王睿，潘斌华，等．脂肪变性供肝用于肝癌肝移植的预后及影响因素多中心研究［J］．中华消化外科杂志，2022，21 (2)：237-248.

[7] 赵佳，闫美玲，张飞雨，等．*CYP3A5* 基因多态性对胆道闭锁儿童活体肝移植患者他克莫司个体化给药的影响［J］．中国医院药学杂志，2022，42 (20)：2139-2143.

[8] 朱志军，魏林，张海明，等．小体积移植物辅助性肝移植治疗门静脉高压症的临床效果［J］．中华外科杂志，2023，61 (3)：220-226.

思政故事：乙型肝炎的研究与治疗

全世界有近 3 亿人感染乙肝病毒，每年有近 100 万人死于慢性乙肝导致的肝功能衰竭、肝硬化和肝癌。而我国是世界受乙肝疾病负担最重的国家，约有 8000 万人感染乙肝病毒，每年约 30 万人死于慢性乙肝相关疾病。乙肝肝损伤会导致胆红素代谢障碍，引起血清内胆红素浓度升高，从而导致皮肤、巩膜发黄；导致胆汁分泌减少或胆管受压，使得食物在肠道内不能被充分消化和吸收，进而产生气体积聚，引起腹胀。腹泻也可能由此引发，严重的消化道症状可能伴有恶心、呕吐。出现乏力时可能伴有嗜睡或失眠。随着病情的进一步发展，乙肝肝损伤还可能导致肝硬化、肝癌等严重并发症，出现腹水、肝性脑病、上消化道出血等表现。

李文辉教授深知乙肝对人类健康的巨大威胁，因此自 2007 年加入北京生命科学研究所（北生所）后，便带领团队把科研重点放在了寻找乙肝及丁肝病毒的受体上。他们通过质谱鉴定和多次验证，成功发现了乙肝病毒和丁型肝炎病毒进入人体细胞的关键受体——钠离子牛磺胆酸共转运蛋白（NTCP）。这一发现揭示了乙肝病毒感染的奥秘，为乙肝预防和治疗提供了新的思路。李文辉教授因这一发现荣获 2020 年全球乙肝研究和治疗领域最高奖——巴鲁克·布隆伯格奖，这是迄今为止我国大陆科学家首次获此殊荣。李文辉教授带领团队继续深入研究乙肝慢性感染机制，并与研究抗体药物的隋建华合作，根据已有研究成果开发治疗乙肝、丁肝的创新药物。他们成立了华辉安健（北京）生物科技有限公司，全力开发治疗乙肝、丁肝等病毒性肝炎的新药。经过数年攻关，他们研发的原创性抗体药物 HH-003 崭露头角。该药物可以直接阻断病毒与受体的结合，有效打破乙肝病毒在肝脏中持续发生的感染和再感染过程，为功能性治愈乙肝奠定基础。到目前为止，这种药物已进入临床试验的关键阶段，各项实验结果都有着良好的表现。同时，他们研发的可以皮下给药的 HH-006 也已在澳大利亚开展临床试验。

意义：李文辉教授的发现不仅推动了乙肝科研和治疗的发展，而且为全球公共卫生事业做出了重要贡献。他的研究成果为开发更有效的抗乙肝药物奠定了坚实基础，有望为众多乙肝患者带来新的治疗希望。同时，他的事迹和贡献也被广泛报道和赞誉，成为激励广大科研工作者勇攀科学高峰的典范。

胆色素生化知识点简要概述

胆色素包括胆红素、胆绿素、胆素原和胆素等,是铁卟啉化合物在体内分解代谢的产物。除胆素原无色外,其余代谢产物均有颜色,故称胆色素。胆色素代谢以胆红素代谢为中心,肝脏是主要代谢器官。

胆红素的来源

体内含铁卟啉的化合物有血红蛋白、肌红蛋白、过氧化物酶、过氧化氢酶及细胞色素等,它们的分解代谢会产生大量的胆红素,包括:①衰老红细胞中血红蛋白的分解,约占胆红素来源的80%;②其他铁卟啉化合物的分解。

胆红素的生成

在肝、脾及骨髓等单核吞噬系统细胞中,血红素从血红蛋白中分离出来。血红素在微粒体中血红素加氧酶的催化下转化为胆绿素,进一步在胞液中胆绿素还原酶的催化下被还原为胆红素。胆红素具有亲脂、疏水的特性。

胆红素在血液中的运输

游离的胆红素能自由透过细胞膜。胆红素在血液中主要与血浆清蛋白、辅以 α1 - 球蛋白相结合进行运输。每分子清蛋白可结合 2 分子胆红素。这种结合既增加了胆红素在血浆中的溶解度,有利于游离胆红素在血液中的运输,又限制了胆红素自由透过各种生物膜,避免对组织细胞产生毒性作用。正常情况下,血浆中的清蛋白足以结合全部游离胆红素。然而,磺胺类药物、脂肪酸、胆汁酸、水杨酸等可竞争结合清蛋白,使胆红素游离。游离胆红素过多,可渗入脑部基底核并干扰脑的正常功能,称为胆红素脑病或核黄疸。

胆红素在肝脏中的代谢

血液中的游离胆红素以胆红素 – 清蛋白复合物的形式运输到肝脏后,很快被肝细胞摄取。肝细胞摄取血中胆红素的能力很强。肝细胞内有 2 种胆红素特异性结合载体蛋白:Y 蛋白和 Z 蛋白,以 Y 蛋白为主。胆红素与载体蛋白结合后被送至内质网进行结合反应,主要进行的是葡糖醛酸结合反应,少量是硫酸结合反应,生成的产物主要为双葡糖醛酸胆红素,另有少量单葡糖醛酸胆红素、硫酸胆红素,统称为结合胆红素。结合胆红素较未结合胆红素脂溶性弱而水溶性增强,易从胆道或透过肾小球从尿排出,不易通过细胞膜和血脑屏障造成毒性作用。胆红素主要随胆汁排出。毛细胆管内结合胆红素的浓度远高于肝细胞内浓度,排出过程是主动运输的耗能过程。排泄过程若发生障碍,则结合胆红素可反流入血,使血中结合胆红素水平增高。由于新生儿在出生 7 周后 Y 蛋白才达到正常成人水平，故新生儿易产生生理性黄疸。两种胆红素理化性质的比较见表 10-1。

表 10-1　两种胆红素理化性质的比较

理化性质	结合胆红素	未结合胆红素
同义名称	直接胆红素、肝胆红素	间接胆红素、游离胆红素、血胆红素、肝前胆红素
与葡糖醛酸结合	结合	未结合
水溶性	大	小
脂溶性	小	大
毒性及透过细胞膜的能力	小	大
能否透过肾小球随尿排出	能	不能
重氮试剂反应*	直接阳性	间接阳性

＊重氮试剂反应又称凡登白反应（van den Bergh test），临床检验已停止使用。

胆红素的排泄

结合胆红素随胆汁排入肠道后，自回肠下段至结肠，在肠道细菌作用下，由 β-葡糖醛酸酶催化水解脱去葡糖醛酸，生成未结合胆红素后逐步还原成为无色的胆素原、粪胆素原及尿胆素原。大部分胆素原在肠道下段经空气氧化为棕黄色的胆素（包括 d-尿胆素、i-尿胆素和粪胆素），是粪便中的主要色素。胆道完全梗阻导致结合胆红素不能排入肠道，不能形成胆素原及胆素，粪便则呈灰白色。

正常生理情况下，肠道中的胆素原可被重吸收入血，经门静脉进入肝脏。其中大部分又随胆汁分泌再次排入肠腔，此过程称为胆素原的肠肝循环。少量胆素原进入体循环后随尿液排出，即为尿胆素原，尿胆素原被空气氧化成尿胆素，尿胆素是尿液中的主要色素。

胆红素与重氮试剂的反应

重氮试剂反应又称凡登白反应，是早期区分未结合胆红素和结合胆红素的检验方法，但目前临床检验已停止使用。未结合胆红素需要破坏分子内氢键才可与重氮试剂结合，因此也称为间接胆红素。结合胆红素不存在分子内氢键，可直接与重氮试剂反应形成紫红色偶氮化合物，也称为直接胆红素。

高胆红素血症

正常人血浆中胆红素的总量是 3.4～17.1 μmol/L（2～10 mg/L），其中未结合胆红素约占80%，其余为结合胆红素。当血中胆红素浓度过高超过17.1 μmol/L（10 mg/L）时，称高胆红素血症。胆红素是橙黄色物质，过量的胆红素可扩散入组织导致组织被染黄，称为黄疸。巩膜和皮肤因含有较多弹性蛋白，易与胆红素结合而被染黄。黄疸程度与血清胆红素的浓度密切相关。

黄疸成因大致可分三类：① 红细胞被大量破坏可使胆红素生成过多，超过肝细胞摄取、转化和分泌胆红素的能力，导致血中游离胆红素异常增高，称为溶血性黄疸（肝前性黄疸）；② 肝细胞功能障碍可导致肝细胞对胆红素的摄取、转化和分泌能力下降，导致血中游离胆红素和结合胆红素均增高，称为肝细胞性黄疸（肝原性黄疸）；③ 胆红素排泄的胆管系统受阻可造成结合胆红素反流入血，导致血中结合胆红素异常增高，称为阻塞性黄疸（肝后性黄疸）。三种类型黄疸的血、尿、粪的变化见表10-2。

表10-2 三种类型黄疸的血、尿、粪的变化

	指标	正常	溶血性黄疸	肝细胞性黄疸	阻塞性黄疸
血清胆红素	浓度	<17.1 μmol/L	>17.1 μmol/L	>17.1 μmol/L	>17.1 μmol/L
	结合胆红素	0～6.8 μmol/L	改变不明显	增加	明显增加
	未结合胆红素	1.7～10.2 μmol/L	明显增加	增加	改变不明显
尿三胆	尿胆红素	-	-	+	++
	尿胆素原	少量	增加	不一定	减少
	尿胆素	少量	增加	不一定	减少
粪便颜色		正常	加深	正常或变浅	完全阻塞时呈白陶土色

注："-"代表阴性，"+"代表阳性，"++"代表强阳性。

相关文献阅读推荐

[1] 党晓卫，沈东启，李路豪，等. 血小板-白蛋白-胆红素评分在布-加综合征并发上消化道出血短期预后评估中的应用价值[J]. 中华肝胆外科杂志，2022，28（4）：264-269.

[2] 刘臣臣，谢军，王洪剑. 白蛋白-胆红素分级对经肝动脉插管化疗栓塞治疗的老年中期原发性肝癌预后价值[J]. 中国老年学杂志，2023，43（5）：1057-1061.

[3] 刘惠，吕琳，褚海辰，等. 高胆红素血症诱导氧化应激引起的大鼠肾小球损伤 [J]. 中华危重病急救医学, 2022, 34 (1): 64-69.

[4] 刘睦胜，晏景红，王冬莉. 血清胆红素、糖化血红蛋白水平与老年冠心病合并 2 型糖尿病患者冠脉病变程度的相关性 [J]. 中国老年学杂志, 2021, 41 (9): 1808-1811.

[5] 孙玉，张洪海，生守鹏，等. 白蛋白-胆红素分级在早期肝细胞癌射频消融中的预后意义 [J]. 介入放射学杂志, 2021, 30 (5): 502-507.

[6] 唐炜，卢红艳，孙勤，等. 高胆红素血症新生儿肠道菌群特点及与 β-葡萄糖醛酸苷酶活性的相关性 [J]. 中国当代儿科杂志, 2021, 23 (7): 677-683.

[7] 王惠颖，苏敏，高翔羽. 不同浓度胆红素对新生儿肾脏的影响 [J]. 中华实用儿科临床杂志, 2021, 36 (17): 1357-1360.

[8] 谢梦，曾琴，周秋莲. 老年 2 型糖尿病患者血清胆红素与颈动脉粥样硬化进展的相关性 [J]. 中国老年学杂志, 2022, 42 (23): 5683-5686.

[9] 余彦亮，陈雪雨，范国清，等. 左旋肉碱在超未成熟儿脂类及胆红素代谢中的作用 [J]. 临床儿科杂志, 2022, 40 (6): 431-435.

[10] 张双阳，伍海姗，郭文斌，等. 胆红素与精神分裂症的相关研究进展 [J]. 中华神经医学杂志, 2022, 21 (5): 528-532.

（周代锋 张云霞）

第十一章 血液的生物化学

血红素的代谢

思政故事：卟啉环合成途径的发现

David Shemin 及其同事的同位素标记试验首次证实氨基酸参与血红素和叶绿素上卟啉环的生物合成。1945 年，David Shemin 把自己当作实验对象研究代谢。他购买了同位素，标记氨基酸后，多次服用后抽血检测代谢物标记情况。当进食 ^{15}N-标记的甘氨酸时，放射性同位素掺入到血红素中，而进食 ^{15}N-标记的谷氨酸时，血红素几乎没有 ^{15}N 标记。

David Shemin 在自述中描述了这段经历："我自己充当豚鼠……1944 年我与 David Rittenberg 一起研究人血液蛋白质转换。为此，我合成了 66 g 甘氨酸，其 ^{15}N 含量达到35%，花费 1000 美元。在 1945 年 12 月，我开始消化这些标记的甘氨酸。由于我们不知道多大剂量的稳定 N 元素对试验结果有影响，以为连续服用这样的甘氨酸能够使 ^{15}N 最大限度地整合到蛋白质中，我每小时服用 1 g 甘氨酸，连续服用 67 小时……每隔一段时间取出血样，经过适当处理后测定不同血液蛋白质的 ^{15}N 含量。"

意义：我们要学习科学家热爱科学、追求真理的精神。

生化知识点简要概述

红细胞的代谢特点

血液循环中的红细胞每天大约分解 30 g 葡萄糖。其中糖无氧氧化占葡萄糖代谢的 90%～95%，是成熟红细胞供能的唯一方式；磷酸戊糖途径代谢占 5%～10%。红细胞 ATP 的主要作用：① 维持细胞膜上钠泵（Na^+/K^+-ATPase）和钙泵（Ca^{2+}-ATPase）的正常功能；② 用于葡萄糖的活化，启动糖酵解过程；③ 维持红细胞膜上脂质与血浆脂蛋白中的脂质进行交换；

④ 用于谷胱甘肽、$NAD^+/NADP^+$ 的生物合成等。此外，红细胞中存在 2,3-二磷酸甘油酸（2,3-BPG），其是由 1,3-二磷酸甘油酸（1,3-BPG），在二磷酸甘油酸变位酶催化下获得。2,3-BPG 是调节血红蛋白（Hb）运氧的重要因素，可降低 Hb 与氧的亲和力。

血红素的生物合成及调节

1. 血红素的生物合成

合成血红素的小分子原料包括甘氨酸、琥珀酰 CoA 和 Fe^{2+}。多数组织细胞均有合成血红素的能力，但主要合成场所是骨髓与肝。合成的部位为线粒体和胞浆，其中起始和终末阶段在线粒体内进行，中间步骤在胞浆内进行。

第一步为 δ-氨基-γ-酮戊酸（aminolevulinic acid，ALA）的合成。该反应在 ALA 合酶催化下，琥珀酰 CoA 与甘氨酸缩合生成 ALA，辅酶为磷酸吡哆醛。ALA 合酶是血红素合成的限速酶，受血红素的负反馈调节。

第二步为胆色素原的生成。ALA 从线粒体转移到胞液后，在 ALA 脱水酶的催化下，由 2 分子 ALA 脱水生成 1 分子胆色素原。ALA 脱水酶含有巯基，重金属对 ALA 脱水酶有抑制作用。

第三步为粪卟啉原的生成。该反应在胞液中进行。在尿卟啉原Ⅰ同合酶（又称胆色素原脱氨酶）的催化下，4 分子胆色素原脱氨生成 1 分子线状四吡咯，随后由尿卟啉原Ⅲ同合酶催化生成尿卟啉原Ⅲ，再由尿卟啉原Ⅲ脱羧酶催化生成粪卟啉原Ⅲ。

第四步为血红素的生成。粪卟啉原Ⅲ从胞液回到线粒体，在粪卟啉原Ⅲ氧化脱羧酶和原卟啉原Ⅸ氧化酶的催化下，侧链氧化生成原卟啉Ⅸ。原卟啉Ⅸ在亚铁螯合酶（也称为血红素合成酶）的催化下与 Fe^{2+} 结合生成血红素。亚铁螯合酶属于巯基酶，对重金属的抑制敏感。生成的血红素从线粒体转运到胞液，与珠蛋白结合生成血红蛋白。

2. 血红素合成的调节

（1）调节 ALA 合酶的酶活性和酶量。血红素对 ALA 合酶可产生别构反馈抑制作用，游离血红素过多可被氧化生成高铁血红素，强烈抑制 ALA 合酶活性。多种药物（如睾酮的 5-β 还原物、致癌剂、磺胺、苯妥英钠）和杀虫剂等都能诱导 ALA 合酶的合成。

（2）铅等重金属可敏感抑制 ALA 脱水酶、亚铁螯合酶。亚铁螯合酶还需要还原剂（如谷胱甘肽）才能发挥其功能，体内任何还原条件的障碍都会抑制血红素的合成。

（3）促红细胞生成素（erythropoietin，EPO）主要在肾合成，是红细胞生成的主要调节剂。EPO 能促进原始红细胞的繁殖和分化，加速有核红细胞的成熟及血红素和血红蛋白的合成。

相关文献阅读推荐

［1］关鹏，万双双，郭玥彤，等．铁代谢调节分子 Erythroferrone 研究进展［J］．生物化学与生物物理进展，2022，49（4）：759 – 766．

［2］李苭，韩樾夏，杨芳．血红蛋白氧载体的研究与应用进展［J］．中国材料进展，2022，41（5）：338 – 344．

［3］李嘉雯，张驰，吴朝，等．卟啉病相关肝脏表现的诊治进展［J］．中华肝脏病杂志，2022，30（6）：663 – 666．

［4］刘佳萌，李雪莹，刘业学，等．微生物以 5 – 氨基乙酰丙酸为唯一前体物合成血红素的研究进展［J］．中国生物工程杂志，2022，42（3）：99 – 109．

［5］云少君，王胜男，吕晨艳，等．人体铁吸收及植物铁蛋白补铁特性研究进展［J］．现代食品科技，2022，38（5）：328 – 336．

［6］朱宏星，高田毅，黄杨，等．肌红蛋白血红素辅基氧化修饰对肌球蛋白功能特性及凝胶特性的影响［J］．食品科学，2022，43（8）：1 – 8．

（周代锋　杜冠魁）

第十二章 真核基因与基因组

真核基因与基因组

思政故事：中国科学家参与人类基因组计划

杨焕明院士在法国和美国完成博士后研究后，于1994年回国后担任了中国协和医科大学的教授。当时杨焕明的朋友汪健也回国创办实业。1996年，汪健邀请在美国参与人类基因组计划的于军回国交流，他们讨论起了中国加入人类基因组计划的可能。到了1998年，在中科院的领导支持和帮助下，中科院遗传所基因组中心正式成立，杨焕明被任命为主任。杨焕明、汪健和于军共同出资，筹集了超过200万元的资金，购买了一台"377"型测序仪和一台美国产的毛细管测序仪。1999年6月，杨焕明和汪健收到了于军的电子邮件，其中详细说明了国际人类基因计划的竞争状况。在当天，他们进行了深入交流后决定接受人类基因组计划中1%测序任务。中国的"1%"任务位于3号染色体上，中国南方鼻咽癌发病率高，而与此相关的基因正在3号染色体上。1999年9月9日，中国"1%"测序正式启动。时任中科院院长路甬祥亲自过问项目，科技部以最快的速度，破例拨款3000万元人民币支持。国家南、北方基因组中心也参与了这一项目，即中科院遗传所承担测序任务的55%，国家北方人类基因组中心承担20%，国家南方人类基因组中心承担25%。1999年底，中科院遗传所人类基因组中心购进了30台国际最先进的毛细管测序仪。为了节约经费，人类基因组中心利用集装箱搭建工作平台。参与测序的科研人员收入不高，但是节约成本、为国争光的觉悟很高，相应的测序成本只有美国等国家测序成本的四分之一。最终，在杨焕明院士的领导下，顺利完成人类基因组计划1%的任务，也为我国基因组学研究奠定了基础，为21世纪的中国生物产业带来了光明和希望。

生化知识点概述

人类基因组序列特征

人类基因组包括 22 对常染色体和 1 对性染色体（女性为 XX，男性为 XY）。基因组包括 X 染色体时，单倍体基因组的长度为 3 054 815 472 个碱基对，而将 X 染色体替代为 Y 染色体时，为 2 963 015 935 个碱基对，通常我们说人类基因 DNA 为约 30 亿个碱基对长。当然人类基因组还包括线粒体 DNA，这是一种相对较小的环状分子，在每个线粒体中存在多个拷贝。根据 Ensembl 数据库统计，人类基因组有 19 831 个蛋白质编码基因，25 959 个非编码基因，4 864 个小非编码基因，18 874 个长非编码基因，具有多种功能非编码基因 221 个，假基因 15 239 个，基因转录物有 252 894 个。目前，人类参考基因组并不代表任何特定个体的基因序列。

调控序列参与真核基因表达调控

1. 启动子提供转录起始信号

启动子是 DNA 分子上能够介导 RNA 聚合酶结合并形成转录起始复合体的序列。大部分真核基因的启动子位于基因转录起始位点上游，启动子本身通常不被转录；但有一些启动子的 DNA 序列可以位于转录起始位点的下游，这些 DNA 序列可以被转录。

2. 增强子增强临近基因的转录

增强子是可以增强真核启动子工作效率的顺式作用元件。这一调控序列能够在相对于启动子的任何方向和任何位置（上游或下游）发挥这种增强作用。增强子序列所调控基因距离近者为几十个碱基对，远的可达几千个碱基对。

3. 沉默子是负调节元件

沉默子是可以抑制基因转录的特定 DNA 序列，当其结合一些反式作用因子时对基因的转录起阻遏作用，使基因沉默。

4. 绝缘子可阻碍增强子作用

绝缘子是基因组上对转录调控起重要作用的一种元件，可以阻碍增强子对启动子的作用，或者保护基因不受附近染色质环境的影响。

相关文献阅读推荐

[1] 摩尔根. 基因论 [M]. 北京：北京大学出版社，2007.

（李果 杜冠魁）

第十三章 DNA 的生物合成

DNA 复制的基本规律

思政故事：DNA 半保留复制规律的证实

从美国科学家沃森（J. D. Waston）和英国科学家克里克（F. Crick）建立 DNA 结构的双螺旋模型开始，关于 DNA 复制原理的轮廓就已经诞生。沃森和克里克最早提出的 DNA 半保留复制机理，就是在复制过程中各以双螺旋 DNA 的其中一条链为模板合成其互补链，新生的互补链与母链构成子代 DNA 分子。

这一假说于 1957 年得到马修·梅塞尔森（Matthew Meselson）和富兰克林·斯塔尔（Franklin Stahl）所设计的精巧的实验所证实。他们将细菌在以 $^{15}NH_4Cl$ 作为唯一氮源的培养基中培养 14 代，此时细菌 DNA 全部是含 ^{15}N 的 "重" DNA；此时，向培养基中加入 10 倍过量的 $^{14}NH_4Cl$ 继续培养，新合成的 DNA 则有 ^{14}N 的掺入。提取不同培养代数的细菌 DNA 做 CsCl 密度梯度离心，并进行紫外吸收成像。因 ^{15}N-DNA 和 ^{14}N-DNA 的密度不同，DNA 因此形成不同的致密带。实验结果表明：细菌在含 $^{15}NH_4Cl$ 培养基中培养时合成的 ^{15}N-DNA/^{15}N-DNA 是 1 条高密度带；加入 10 倍过量 $^{14}NH_4Cl$ 培养基中培养 1 代后得到 1 条中密度带，提示其为 ^{15}N-DNA/^{14}N-DNA 杂合双链；培养 2 代后得到 1 条中密度带和 1 条低密度带，并且两条带的亮度一致，表明这两条带分别为 ^{15}N-DNA/^{14}N-DNA 杂合双链和 ^{14}N-DNA/^{14}N-DNA 双链。随着在 $^{14}NH_4Cl$ 培养基中培养代数的增加，低密度带逐渐增强，而中密度带则保持不变。这一实验结果证明，DNA 采取保留的形式进行复制。

意义：梅塞尔森和斯塔尔对半保留复制规律的阐明，对于理解 DNA 的功能和物种延续性有重大意义。按半保留复制方式，子代 DNA 与亲代 DNA 的碱基序列一致，即子代保留了亲代的全部遗传信息，体现了遗传的保守性。

生化知识点简要概述

DNA 半保留复制

DNA 以半保留方式进行复制。DNA 进行生物合成时，母链 DNA 解开为两股单链，各自作为模板按碱基配对规律，合成与模板互补的子链。子代细胞的 DNA，一股单链从亲代完整地接受过来，另一股单链则完全重新合成，两个子细胞的 DNA 都和亲代 DNA 碱基序列一致。

半保留复制规律的阐明，对于理解 DNA 的功能和物种的延续性有重大意义。按半保留复制方式，子代 DNA 与亲代 DNA 的碱基序列一致，即子代保留了亲代的全部遗传信息，体现了遗传的保守性。

相关文献阅读推荐

[1] 唐小萍. 问题式主线的"DNA 复制"教学设计 [J]. 中小学班主任，2021 (6)：2.

[2] 王玉龙. 关于"DNA 复制错误发生次数"问题的探讨 [J]. 生物学教学，2023，48 (3)：95–96.

[3] 薛雨帆，朱亮亮. 整合拓展科学史 构建观念体系：以 DNA 复制为例 [J]. 中学教学参考，2022 (35)：77–80.

思政故事：DNA 半不连续复制模式的证实

由于双链 DNA 具有反向平行结构，一条链为 5′端至 3′端方向，其互补链是 3′端至 5′端方向。DNA 聚合酶只能催化 DNA 链从 5′端至 3′端方向的合成，故子链沿着模板复制时，只能从 5′端至 3′端方向延伸。在同一个复制叉上，解链方向只有一个，此时一条子链的合成方向与解链方向相同，可以边解链，边合成新链。然而，另外一条子链的复制方向与解链方向相反，那么这条子链是如何进行复制的呢？

1968 年，冈崎令治（Okazaki Reiji）和冈崎恒子（Okazaki Tsuneko）夫妇在 *PNAS* 上发表数篇论文，通过脉冲标记（pulse-labeling）和脉冲示踪（pulse-chasing）实验，提出了一种假设：DNA 的后随链以小片段的不连续形式进行复制，然后小的片段在连接酶的作用下形成连续的成熟复制链。这种不连续复制的小片段即为"冈崎片段"。冈崎夫妇的研究确立了复制叉半不连续复制的教科书级模式，即领头链的连续复制和后随链的非连续复制。然而，他们最初的实验结果并不符合这种模式，他们的研究表明，所有新合成的 DNA 都是小的片段。难道，领头链的合成也是不连续的？接下来的几年中，冈崎团队在研究中又取得了一些新的进展，加深了对冈崎片段的认识。他们的结果表明，冈崎片段的合成是由一个短的 RNA 引物启动的。他们的研究还表明，DNA 合成的方向在体外和体内是相同的，都是由 5′端向 3′端延伸，而 RNA 引物也确实存在于冈崎片段的 5′端。然而，尽管取得一系列进展，但最初合成的 DNA 是小片段的事实仍旧存在，领头链复制的真实情况依然是最需要研究清楚的问题。冈崎令治于 1975 年去世，冈崎恒子在名古屋大学将这项由她和她丈夫起始的开创性研究延续下去。

1978 年，Baldomero M Olivera 进一步完善了 DNA 半不连续（semidiscontinuous）复制模型。他发现细胞内同时存在有 dTTP 和 dUTP（二者浓度比约为 300∶1），而 DNA 聚合酶（DNA pol）Ⅲ 却并不能区分它们，因此也会将 dUTP 加入 DNA 中，形成 A-U 对。那么在基因组 DNA 中为什么没有 U 的存在呢？这是因为大肠杆菌细胞里有双重"保险"，防止了 U 的"混入"。第一道关是细胞内含有 dUTPase，它能使 dUTP 变成 dUMP，dUMP 是不能作为 DNA 合成底物的，这样它就不能再加入 DNA 中。但总还有些漏网之"鱼"逃过此关，混入 DNA 中，这就靠第二道关来清除"异己"，这道关的主角是尿嘧啶 N-糖苷酶（uracil N-glycosylase），它可以切断误掺入尿苷的糖苷键，形成脱嘌呤嘧啶位点（apurinicorapyrimidinic site，AP 位点；又称无碱基位点），再由 AP 内切酶在 AP 位点切出一个缺口，进一步进行切除修复。在细胞内，尿嘧啶 N-糖苷酶作用较快，而 AP 内切酶作用较慢，在新链合成之初大约每隔 1 200 bp 就有可能掺入一个 U，误掺入的尿苷很快就被尿嘧啶N-糖苷酶切断糖苷键，在 AP 内切酶未作用前在脉冲标记实验中 DNA 就被提取了。在用 NaOH 沉淀时，AP 位点十分易断裂，因此领头链也成了小片段。以下实验结果进一步证实了这个解释：

（1）在 dut-突变体（dUTPase 缺失）中的冈崎片段比在 dut-野生型中的短。这是因为 dUTP 含量增加，掺入机会也随之增加。

（2）在 ung-突变体（尿嘧啶 N-糖苷酶缺失）中，新合成的 DNA 约有一半由片段组成。这是因为尿嘧啶 N-糖苷酶缺失，不会切除 U 的糖苷链，也就不会出现 AP 位点，所以碱沉淀时不易断裂，从而保持了半不连续的原貌。

（3）在 dut-/ung-双突变体中，结果与"（2）"相同，更进一步证实了此推测。

意义：科学研究要敢于探索，勇于创新。作为一名科研工作者，不能迷信权威，迷信书本。科学是没有止境的，只有敢于探索、敢于创新，才能成果迭出，常创常新。

生化知识点简要概述

DNA 复制从起点双向进行

细胞的增殖有赖于基因组的复制，从而使子代得到完整的遗传信息。原核生物基因组是环状 DNA，只有一个复制起点（origin）。复制从起点开始，向 2 个方向进行解链，进行的是单点起始双向复制。复制中的模板 DNA 形成 2 个延伸方向相反的开链区，称为复制叉。

真核生物的基因组更加庞大且复杂，一般由多条染色体组成，全部染色体均需复制，每条染色体又有多个复制起点，呈多起点双向复制特征。每个起点产生 2 个移动方向相反的复制叉，复制完成时，复制叉相遇并汇合连接。从一个 DNA 复制起点起始的 DNA 复制区域称为复制子。复制子是含有一个复制起点的独立完成复制的功能单位。

DNA 复制以半不连续方式进行

由于双链 DNA 具有反向平行结构，一条链为 5′端至 3′端，其互补链是 3′端至 5′端方向。DNA 聚合酶只能催化 DNA 链从 5′端至 3′端方向的合成，故子链沿着模板复制时，只能从 5′端至 3′端方向延伸。在同一个复制叉上，解链方向只有一个，此时一条子链的合成方向与解链方向相同，可以边解链，边合成新链，这条子链的复制是连续进行的，称为领头链（leading strand）。然而，另外一条子链的复制方向与解链方向相反，不能顺着解链方向连续延长，这股不连续复制的链称为后随链。复制中的不连续片段称为冈崎片段。领头链连续复制而后随链不连续复制，这就是复制的半不连续性。

相关文献阅读推荐

［1］FRANKLIN R E, GOSLING R G. Molecular configuration in sodium thymonucleate［J］. Nature, 1953, 171: 740 - 741.

［2］MESELSON M, STAHL F W. The replication of dna in escherichia coli［J］. Proc Natl Acad Sci USA, 1958, 44 (7): 671 - 682.

［3］OKAZAKI R, OKAZAKI T, SAKABE K, et al. Mechanism of DNA chain growth. I. Possible discontinuity and unusual secondary structure of newly synthesized chains［J］. Proc Natl Acad Sci USA, 1968, 59 (2): 598 - 605.

［4］OKAZAKI T, OKAZAKI R. Mechanism of DNA chain growth. IV. Direction of synthesis of T4 short DNA chains as revealed by exonucleolytic degradation［J］. Proc Natl Acad Sci USA, 1969, 64 (4): 1242 - 1248.

[5] OLIVERA B M. DNA intermediates at the Escherichia coli replication fork: effect of dUTP [J]. Proc Natl Acad Sci USA, 1978, 75 (1): 238-242.

[6] SUGIMOTO K, OKAZAKI T, IMAE Y, et al. Mechanism of DNA chain growth. 3. Equal annealing of T4 nascent short DNA chains with the separated complementary strands of the phage DNA [J]. Proc Natl Acad Sci USA, 1969, 63 (4): 1343-1350.

[7] SUGIMOTO K, OKAZAKI T, OKAZAKI R. Mechanism of DNA chain growth, II. Accumulation of newly synthesized short chains in E. coli infected with ligase-defective T4 phages [J]. Proc Natl Acad Sci USA, 1968, 60 (4): 1356-1362.

[8] WATSON J D, CRICK F H. A structure for deoxyribose nucleic acid [J]. Nature, 1953; 171: 737-738.

[9] WILKINS M H F, STOKES A R, WILSON H R. Molecular structure of deoxypentose nucleic acids [J]. Nature, 1953, 171: 738-740.

DNA 复制的酶学和拓扑学

思政故事：DNA 聚合酶的发现

1953 年以前，基因的物质本性一直是困扰着全世界生物学家的问题。1953 年 4 月 25 日，*Nature* 发表了沃森（J. Watson）和克里克（F. Crick）的 DNA 双螺旋结构模型，其既反映了 DNA 分子可能具有的多样性，又能立刻提出 DNA 分子自我复制的可能机制，使生物学家一下子接受基因的物质本性就是 DNA。DNA 双螺旋结构模型虽然是以众多的实验结果为依据，但它本身却尚待实验证明。例如，DNA 是否是一种能自我复制的分子？

从 1950 年起，阿瑟·科恩伯格（Arthur Kornberg）的研究目标就一直放在找寻合成 DNA 和 RNA 的酵素上，然而他首先必须知道这些聚合物的基本建材是什么，细胞又是如何制造这些组件的。接下来则要澄清这些基本单元如何在酵素的帮助下，一步步组装出 DNA 和 RNA。在 DNA 双螺旋结构模型发表之后，科恩伯格就以这一模型作为设想基础，用实验方法研究 DNA 的复制，很快就获得成功，于 1956 年发表了初步结果。他成功的原因之一在于他有一个正确的分析。他觉得构成 DNA 分子的单体虽然是 4 种脱氧核苷一磷酸，但是，DNA 合成的原料却不是 4 种脱氧核苷一磷酸，而是 4 种脱氧核苷三磷酸。4 种脱氧核苷三磷酸缺 1 种都不行，用 4 种脱氧核苷二磷酸或 4 种脱氧核苷一磷酸也都不行。他还设想，细胞内必有合成 DNA 所需的酶。于是他把大肠杆菌磨碎，用其提取液加上 4 种脱氧核苷三磷酸（其中至少有 1 种进行放射性同位素标记，以便于检查实验结果），再加一点点微量 DNA 作为"模板"（如小牛胸腺 DNA、大肠杆菌 DNA 及大肠杆菌 T2 噬菌体 DNA）。把上述混合液在有镁离子存在的条件下于 37 ℃ 静置 30 min，发现放射性标记已进入 DNA 部分，说明有新合成的 DNA 分子。新合成的 DNA 分子即实验产物可以用过滤沉淀法与作为原料的脱氧核苷三磷酸单体分开。科恩伯格测定了产物 DNA 的碱基组成，发现它们同各自的模板 DNA 组成惊人地相似，这就充分证明新合成的 DNA 的特异性是由所加入的那一点点微量的模板 DNA 决定的，只不过数量大大增加了而已。这些数据反映在他于 1956 年发表的著名论文《脱氧核糖核酸的酶促合成》一文中，这些结果直接证明了 DNA 是可以复制的，是继 DNA 双螺旋模型确立后的又一重大发现。阿瑟·科恩伯格也因此于 1959 年获得诺贝尔生理学或医学奖。

意义：DNA 聚合酶的发现揭示了 DNA 复制与修复机制，为遗传学、分子生物学和生物技术等领域的发展提供了重要的工具和支持。

生化知识点简要概述

DNA 聚合酶

DNA 聚合酶又称 DNA 依赖的 DNA 聚合酶（DNA-dependent DNA polymerase，DNA pol），它是以亲代 DNA 为模板，催化底物 dNTP 分子聚合形成子代 DNA 的一类酶。原核生物 DNA 聚合酶最早在大肠杆菌中发现，到目前为止已确定有 5 种类型。已发现的真核生物 DNA 聚合酶有 15 种以上。在哺乳动物细胞中主要有 5 种 DNA 聚合酶，分别称为 DNA 聚合酶 α、β、γ、δ 和 ε，均具有 5′-3′聚合酶活性。DNA 聚合酶 α 的功能主要是引物合成，即能启动领头链和后随链的合成。DNA 聚合酶 β 主要在 DNA 损伤的修复中起作用。DNA 聚合酶 ε 是主要负责领头链的合成，而 DNA 聚合酶 δ 主要负责后随链的合成。DNA 聚合酶 γ 在线粒体 DNA 的复制中发挥作用。

引物酶

由于 DNA 聚合酶不具备从零开始合成的能力，因此需要引物酶（Primase）首先合成一段小 RNA 作为引物，从而引导 DNA 聚合酶介导的 DNA 链的合成。

解旋酶

DNA 解旋酶是一种能通过水解 ATP 提供能量来解开 DNA 双链间的氢键的酶。

拓扑异构酶

DNA 拓扑异构酶是存在于细胞核内的一类酶，他们能够催化 DNA 链的断裂和连接，从而控制 DNA 的拓扑状态，拓扑异构酶参与了超螺旋结构模板的调节。哺乳动物中主要存在 2 种拓扑异构酶。DNA 拓扑异构酶 I 通过形成短暂的单链裂解 - 结合循环，催化 DNA 复制的拓扑异构状态的变化；相反，拓扑异构酶 II 通过引起瞬间双链的断裂，然后打通和再封闭，以改变 DNA 的拓扑状态。拓扑异构酶介导的双链 DNA 超螺旋结构的拓扑学变化需要以下 3 个步骤：①切割单链（Top I）或者双链 DNA（Top II）；②断裂的 DNA 单链或双链发生旋转；③修复断裂的 DNA。

单链结合蛋白

单链 DNA 结合蛋白（single-stranded binding protein）是专门负责与 DNA 单链区域结合的一种蛋白质，为 DNA 复制、重组和修复所必需的成分。其主要功能：①防止新形成的单链 DNA 重新配对形成双链 DNA；②防止新形成的单链 DNA 被核酸酶降解。

DNA 连接酶

DNA 连接酶是生物体内重要的酶，其所催化的反应在 DNA 的复制和修复过程中起着重要的作用。DNA 连接酶分为两大类：一类是利用 ATP 的能量催化两条核苷酸链之间形成磷酸二酯键的依赖 ATP 的 DNA 连接酶，另一类是利用烟酰胺腺嘌呤二核苷酸（NAD^+）的能量催化两条核苷酸链之间形成磷酸二酯键的 DNA 连接酶。DNA 连接酶在复制中起最后接合缺口的作用，在 DNA 修复、重组及剪接中也起缝合缺口作用，还是基因工程的重要工具酶之一。

相关文献阅读推荐

[1] ADLER J, LEHMAN I R, BESSMAN M J, et al. Enzymatic synithesis of deoxyribonucleic acid. IV. Linkage of single deoxyribonucleic acid [J]. Proc Natl Acad Sci USA, 1958, 44 (7): 641 – 647.

[2] KITANI T, YODA K, OGAWA T, et al. Evidence that discontinuous DNA replication in Escherichia coli is primed by approximately 10 to 12 residues of RNA starting with a purine [J]. J Mol Biol., 1985, 184 (1): 45 – 52.

[3] LEHMAN I R, BESSMAN M J, SIMMS E S, et al. Enzymatic syn-

thesis of deoxyribonucleic acid. I. Preparation of substrates and partial purification of an enzyme from Escherichia coli [J]. J Biol Chem., 1958, 233 (1): 163-170.

真核生物 DNA 复制过程

思政故事：多莉羊的诞生与早夭

1996 年 7 月 5 日，多莉羊诞生于苏格兰爱丁堡市郊的罗斯林研究所。多莉羊的诞生震动整个世界，美国《科学》杂志把这一事件评为当年世界十大科技进步的第一项。

多莉羊的诞生历经曲折，科学家经过 276 次失败后才培育出多莉羊。在培育多莉羊的过程中，科学家采用体细胞克隆技术，主要分 4 个步骤进行：

(1) 从一只 6 岁芬兰白面母绵羊的乳腺中提取乳腺细胞，并将其放入低营养的培养基中进行饥饿培养，细胞逐渐停止分裂，此细胞称之为"供体细胞"。

(2) 从一头苏格兰黑面母绵羊的卵巢中取出未受精的卵细胞，并立即将细胞核去除，留下一个无核的卵细胞，此细胞称之为"受体细胞"。

(3) 利用电脉冲方法，使供体细胞和受体细胞融合，最后形成"融合细胞"。电脉冲可以产生类似于自然受精过程中的一系列反应，使融合细胞也能像受精卵一样进行细胞分裂、分化，从而形成"胚胎细胞"。

(4) 将胚胎细胞转移到另一只苏格兰黑面母绵羊的子宫内，胚胎细胞进一步分化和发育，最后形成小绵羊——多莉。

2002 年 1 月，多莉左后腿被查出患有关节炎，这是一种老年绵羊的常见疾病。2003 年 2 月，兽医检查发现多莉患有严重的进行性肺病，这也是一种老年绵羊的常见疾病。这种病在目前还是不治之症，研究人员不忍眼睁睁地看着多莉被病痛折磨，于是对它实施了安乐死。

绵羊通常能活 11～12 年，而多莉只活了 6 岁，是什么原因导致了多莉羊的早衰？从多莉羊的克隆过程中我们了解到，其遗传信息主要来源于一只 6 岁芬兰白面母绵羊的乳腺细胞，乳腺细胞是体细胞，体细胞通常不表现端粒酶活性，因此，其基因组 DNA 每复制一次端粒就会缩短一定的长度。这意味着多莉羊出生时其染色体末端的端粒长度已经有一定程度的短缩，而端粒长度与细胞、组织及个体衰老密切相关。从端粒生物学的角度分析，多莉羊出生时就应该是 6 岁而不是 0 岁。因此，我们可以从端粒生物学的角度来解析多莉羊为何会未老先衰。

意义：任何新鲜事物的产生都会历经曲折，我们需要不断尝试，持之以恒，才能勇攀高峰。

生化知识点简要概述

复制子

真核生物每个染色体有多个起始点，呈多起点双向复制特领头链征。从一个 DNA 复制起点起始的 DNA 复制区定义为一个复制子。复制子是含有一个复制起点的独立完成复制的功能单位。

聚合酶转换

真核生物细胞核 DNA 的复制由 DNA 聚合酶 α、δ 和 ε 共同完成。DNA 聚合酶 α 的功能是合成一小段 RNA 链（约 10 个核苷酸），由于 DNA 聚合酶 α 的持续合成能力很差，合成好引物后即脱落，随后由 DNA 聚合酶 δ 和 ε 完成染色体 DNA 的复制，此过程称为聚合酶转换（polymerase switching）。其中 DNA 聚合酶 δ 负责后随链的延伸，而 DNA 聚合酶 ε 负责领头链的延伸。

核小体

核小体是由 DNA 和组蛋白形成的染色质基本结构单位。每个核小体由 146 bp 的 DNA 缠绕［由 H2A、H2B、H3 和 H4 等 4 种组蛋白（histone，H）各 2 分子构成］1.75 圈形成。核小体核心颗粒之间通过 50 bp 左右的连接 DNA 相连。H1 结合在盘绕在八聚体上的 DNA 双链开口处，核小体的形状类似一个扁平的碟子或一个圆柱体，此时 DNA 的长度压缩 6~7 倍，称为染色质纤维。染色质就是由一连串的核小体组成。当核小体呈螺旋状排列构成纤丝状时，DNA 的压缩包装比约为 40。纤丝本身再进一步压缩后，处于常染色质的状态时，DNA 的压缩包装比约为 1 000。有丝分裂时染色质进一步压缩为染色体，压缩包装比高达 8 400，即只有伸展状态时长度的万分之一。

端粒

端粒是真核细胞染色体末端的特殊结构。人端粒是由 6 个碱基重复序列（TTAGGG）和结合蛋白组成。端粒短重复序列与端粒结合蛋白一起构成了特殊的"帽子"结构。端粒有重要的生物学功能，可稳定染色体的功能，防止染色体 DNA 降解、末端融合，保护染色体结构基因，调节正常细胞生长。

由于正常细胞线性 DNA 复制时 5′末端消失，随着体细胞不断增殖，端粒逐渐缩短。当细胞端粒缩至一定程度，细胞停止分裂，处于静止状态。故有人称端粒为正常细胞的"分裂钟"（mitosis clock），端粒长短和稳定性决定了细胞寿命，并与细胞衰老和癌变密切相关。

端粒酶

端粒酶是一种由具有逆转录活性的蛋白和 RNA 模板组成的酶，可将端粒 DNA 加至真核细胞染色体末端，把 DNA 复制损失的端粒填补起来，使端粒修复延长，可以让端粒不会因细胞分裂而有所损耗，使得细胞分裂的次数增加。端粒在不同物种细胞中对于保持染色体稳定性和细胞活性有重要作用，端粒酶能延长缩短的端粒（缩短的端粒其细胞复制能力受限），从而增强体外细胞的增殖能力。端粒酶在保持端粒稳定、基因组完整、细胞长期的活性和潜在的继续增殖能力等方面有重要作用。

在正常人体细胞中，端粒酶的活性受到相当严密的调控，只有在造血细胞、干细胞和生殖细胞等必须不断分裂的细胞之中，才可以检测到具有活性的端粒酶。当细胞分化成熟后，必须负责身体中各种不同组织的需求，各司其职，于是，端粒酶的活性就会渐渐地消失。而在肿瘤细胞中端粒酶被重新激活，从而可能参与恶性转化。

D 环复制

动物细胞的线粒体的环状双链 DNA 分子双螺旋的两条链并不同时进行复制，其中一条链因为密度较高称之为重链（H 链），另一条链因为密度较低称之为轻链（L 链）。复制时，以 L 链为模板，先合成一段 RNA 引物，然后合成 H 链片段，新 H 链一边复制，一边取代原来老的 H 链，被取代的老的 H 链以环的形式被游离出来，由于像字母 D，因此称为 D 环复制。随着环形轻链复制的进行，D 环增大，待全部复制完成后，新的 H 链和老的 L 链、新的 L 链和老的 H 链各自组合成 2 个环状双螺旋 DNA 分子。

D 环复制的具体步骤可分为四步：

（1）H 链首先合成：在复制起点处以 L 链为模板，合成 RNA 引物，然后由 DNA 聚合酶 γ 催化合成 1 个长度为 500～600 bp 的 H 链片段。该片段与 L 链以氢键结合，将亲代的 H 链置换出来，产生 D 环复制中间物。

DNA 片段由于分子 3′端终止的位置不定而长短不一；也有一些 3′端位置是固定的，而由于 5′端被降解而使整个 DNA 片段长短不一。合成 500～600 bp 长的 DNA 片段不会引起线粒体 DNA 超螺旋结构的明显改变。

（2）H 链片段的继续合成：上述产生的 H 链片段由于太短而很容易被

挤出恢复线粒体 DNA 完整的双螺旋结构。但有时这个片段会继续合成，这需要依靠拓扑异构酶和螺旋酶的作用将双链打开。

（3）L 链合成开始：当 H 链合成约 2/3 时，以被置换下来的亲代 H 链为模板，离 H 链合成起点 60% 基因组的位置开始合成 L 链 DNA，合成也需要 RNA 引物。

（4）复制的完成：H 链的合成转早完成，L 链的合成随后结束。线粒体 DNA 合成速度相当缓慢，约每秒合成 10 个核苷酸，整个复制过程需要 1 个小时。刚刚合成的线粒体 DNA 是松弛型的，需要 40 分钟才能变成超螺旋形。

相关文献阅读推荐

[1] CAMPBELL KH S, MCWHIR J, RITCHIE W A et al. Sheep cloned by nuclear transfer from a cultured cell line [J]. Nature, 1996, 380 (6569): 64 - 66.

[2] FENG J, FUNK W D, Wang S S, et al. The RNA component of human telomerase [J]. Science, 1995, 269 (5228): 1236 - 1241.

[3] GREIDER C W, BLACKBURN E H. Identification of a specific telomere terminal transferase activity in Tetrahymena extracts [J]. Cell, 1985, 43 (2 Pt 1): 405 - 413.

[4] SZOSTAK J W, BLACKURN E H. Cloning yeast telomeres on linear plasmid vectors [J]. Cell, 1982, 29 (1): 245 - 255.

逆 转 录

思政故事：人物故事——田波

田波，中国科学院院士，我国著名的病毒学家，中国病毒学创始人。田波致力于分子病毒学和分子免疫学研究，主要从事乙型肝炎病毒（hepatitis B virus，HBV）T-细胞分子免疫及囊膜病毒融合机制和融合抑制剂的研究。1983 年，他提出了转基因核酶对核内复制的病原更能发挥作用的设想，系统研究了病毒卫星核糖核酸防治其辅助病毒病害的机理，提出了卫星核糖核酸干扰致病的外壳蛋白进入叶绿体的假说，并提供了核酶能够在转基因马铃薯中完全抑制核内复制的类病毒的第一个例证，用所设计的切割马铃薯类病毒 RNA 的核酶基因转化马铃薯，可阻断类病毒复制，获得抗病马铃薯。其研究成果被国际著名教科书《植物病毒学》（R. E. F. Mattews 著，第 3 版，1991 年出版）引用。1989 年，他涉足医学病毒学研究，在乙肝病毒感染的肝癌组织中发现抗原肽与热激蛋白 GP96 的复合物，证明 GP96 及其 N 端蛋白有佐剂功能，能促进树突状细胞成熟，增强细胞免疫和体液免疫。20 世纪 90 年代，他转向医学病毒学研究，范围涉及乙型肝炎病毒、人类免疫缺陷病毒（human immunodeficiency virus，HIV，也称艾滋病毒）、严重急性呼吸综合征冠状病毒（severe acute respiratory syndrome coronavirus，SARS-CoV）等，首次从由乙肝病毒引起的肝癌癌组织中发现热激蛋白 GP96 与病毒抗原肽复合物，为研发治疗慢性乙肝和肝癌的药物提供了新策略。

在 21 世纪初，他研究了 SARS-CoV 和 HIV 等病毒融合蛋白的 7 肽重复序列与细胞融合的分子机制，设计了一种三螺旋蛋白（HR212）高抗艾滋病毒。2003 年 SARS 肆虐期间，田波率领科研骨干夜以继日地奋战，终于向全世界宣布，他们找到了能够抑制 SARS-CoV 与细胞融合的多肽，有望开发出抗击 SARS-CoV 的药物。

据 2019 年 12 月 19 日中国科学院微生物研究所官网显示，田波一生培养了数十位科学人才。

意义：田波院士最卓越的地方恰恰在于他对国家社稷民生的体贴关怀，心怀苍生，科研事业高度面向国家重大战略需求，此成其"大"；密切关注国际科学前沿，及时追踪领域最新趋向，活到老学到老，眼界开阔，此成其"高"。他一生的科研事业心系社稷民生，极其关注国家重大需求和社会紧迫的现实问题，这使得他的科学人生具有一种济世情怀。他没有把科学事业作为一个谋生的职业，他是真的热爱科研，且立志将毕生奉献给科研。

生化知识点简要概述

病毒简介
1. **病毒的分类**

病毒是一类微生物，它们是非细胞的生物粒子，需要感染宿主细胞才能生存和繁殖。病毒可以感染动植物、人类及其他微生物等各种生物。

根据病毒的不同特征和分类标准，病毒可以按照多种方式进行分类，其中最常见的分类方式包括：

（1）核酸类型。根据病毒的遗传物质类型，病毒可分为 DNA 病毒和 RNA 病毒。DNA 病毒的遗传物质是双链或单链 DNA，而 RNA 病毒的遗传物质是双链或单链 RNA。DNA 病毒包括一些致病性病毒如乙型肝炎病毒；RNA 病毒则包括流感病毒和人类免疫缺陷病毒（HIV）等。

（2）宿主范围。根据病毒能够感染的宿主范围，病毒可分为人类病毒、动物病毒和植物病毒等。例如，人类病毒包括流感病毒和冠状病毒等，动物病毒包括禽流感病毒和狂犬病病毒等，植物病毒则包括花叶病毒和马铃薯 Y 病毒等。

（3）病毒结构。根据病毒的结构特征，病毒可分为多种类型，如单链病毒、双链病毒、包膜病毒和裸露病毒等。单链病毒和双链病毒是指病毒基因组核酸的结构类型，包膜病毒是指病毒颗粒外层含有包膜的病毒，而裸露病毒则指的是没有包膜的病毒。

（4）疾病类型。根据病毒引起的疾病类型，病毒可分为不同的类别，如呼吸道病毒、肠道病毒、皮肤病毒等。这种分类方式主要侧重于病毒引发的特定临床表现或感染部位。

2. 病毒的形态和结构

病毒的形态和结构是多样的，但它们通常由以下几个基本组成部分构成：

（1）外壳（capsid）。外壳是病毒的外层包裹，由蛋白质分子构成，它的主要功能是保护病毒的遗传物质。外壳可以具有不同的形状，如正四面体、螺旋形、复杂多面体等。

（2）核酸。核酸是病毒的遗传物质，可以是脱氧核糖核酸（DNA）或核糖核酸（RNA）。病毒的遗传物质携带着编码病毒复制和感染宿主细胞所需的蛋白质的信息。

（3）蛋白质包袋（envelope）。某些病毒具有包膜糖蛋白，这是一层包裹在外壳之外的脂质双层。蛋白质封套来源于感染宿主细胞的细胞膜，并包含一些宿主细胞的膜蛋白。蛋白质封套使得病毒对环境的稳定性有所增加，并且能够与宿主细胞更有效地相互作用。

除了以上基本组成部分外，病毒还可能具有其他结构特征：

（1）病毒棒（capsomere）。病毒外壳由一系列重复的蛋白质单元组成，这些单元称为病毒棒或外壳蛋白。

（2）纤维（fiber）。某些病毒的外壳表面可能具有纤维状突起，用于与宿主细胞表面的受体结合。

（3）针尾（tail fiber）。一些噬菌体（一种感染细菌的病毒）具有尾部结构，其中的针尾可以帮助它们附着并注射遗传物质进入细菌。

需要注意的是，病毒的形态和结构因病毒种类的不同而异。不同类型的病毒可能具有不同的形状、大小和结构。这些结构特征对于病毒的传播和感染机制起着重要的作用。

3. **病毒的复制**

病毒的复制过程包括以下主要步骤：

（1）吸附（attachment）。病毒通过它的外壳或蛋白质封套上的特定受体与宿主细胞表面的受体结合。这个过程类似于锁与钥匙匹配，确保病毒与特定类型的细胞相互作用。

（2）入侵（entry）。病毒进入宿主细胞内部，通常有2种方式：

A. 直接入侵。病毒通过包膜糖蛋白与宿主细胞膜融合，将病毒遗传物质释放到宿主细胞质内。

B. 内吞（endocytosis）。宿主细胞将病毒包裹在细胞膜内形成小囊泡，然后通过内吞过程将病毒引入细胞质。

（3）解壳（uncoating）。在进入宿主细胞后，病毒外壳被解离或分解，释放出病毒的遗传物质，如 DNA 或 RNA。

（4）复制（replication）。病毒遗传物质利用宿主细胞的生物合成机制开始复制。DNA 病毒会利用宿主细胞的酶和蛋白质合成机制来合成 DNA 链，RNA 病毒则会转录成 mRNA，然后利用宿主细胞的蛋白质合成机制来合成病毒蛋白和复制 RNA。

（5）组装（assembly）。复制的病毒遗传物质和病毒蛋白质会在宿主细胞内重新组装形成新的病毒颗粒。

（6）释放（release）。新形成的病毒颗粒离开宿主细胞。这可以通过多种方式实现：

A. 裂解。宿主细胞在病毒增殖后破裂，释放出新的病毒颗粒。

B. 分泌。病毒通过宿主细胞的包装和分泌系统，被包裹在宿主细胞的膜内形成膜包裹的病毒，并被释放到细胞外。

重要人类致病病毒介绍

（1）冠状病毒（coronavirus）。冠状病毒是一类具有较大包膜的 RNA 病毒，其中包括了致命的病毒如严重急性呼吸系统综合征冠状病毒（SARS-CoV）和中东呼吸综合征冠状病毒（MERS-CoV），以及最近爆发的新型冠状病毒（SARS-CoV-2），引发了全球大流行的 COVID-19。冠状病毒引起呼吸道感染，症状包括发热、咳嗽、呼吸困难等，严重时将导致肺部感染甚至死亡。

（2）流感病毒（influenza virus）。流感病毒是引起流感的病原体。它属于 RNA 病毒，有多种不同的亚型，包括甲型、乙型和丙型。流感病毒主要通过空气传播，可引起发热、咳嗽、喉咙痛、鼻塞等症状，严重时会导致肺炎和死亡。

（3）腮腺炎病毒。这种病毒可引起腮腺炎、胰腺炎、脑膜炎和听神经炎等疾病。

（4）人乳头瘤病毒（human papilloma virus，HPV）。HPV主要通过性接触和皮肤黏膜密切接触传播，它可以引起生殖器疣和导致多种癌症，如宫颈癌和肛门癌等。

（5）乙型肝炎病毒（HBV）。乙型肝炎病毒是一种DNA病毒，主要通过血液和性接触传播。乙肝病毒感染可引起急性或慢性肝炎，严重时可能导致肝硬化和肝癌。

（6）人类免疫缺陷病毒（HIV）。HIV是一种RNA病毒，它攻击人体的免疫系统，导致免疫功能受损，最终发展为艾滋病。HIV通过血液、性接触和母婴传播。如果未受到有效治疗，艾滋病可以导致死亡。

（7）登革热病毒（Dengue virus）。登革热病毒是一种由蚊子传播的RNA病毒，主要存在于热带和亚热带地区。感染登革热病毒可引起发热、头痛、关节痛、皮疹等症状，严重时可能导致出血热并对生命造成威胁。

病毒与肿瘤

病毒和肿瘤之间存在着复杂的关系，某些病毒能够导致肿瘤的发生，称为致癌病毒；而在某些情况下，病毒也能够治疗某些类型的肿瘤。

1. 与肿瘤相关的病毒

（1）人乳头瘤病毒（HPV）。某些高危型HPV感染与宫颈癌、阴道癌、外阴癌、肛门癌和口咽癌等恶性肿瘤的发生有关。

（2）乙型肝炎病毒（HBV）和丙型肝炎病毒（hepatitis C virus，HCV）。长期感染HBV或HCV会增加肝癌发生的风险。这两种病毒通过慢性肝炎、肝硬化等病理过程导致肝细胞发生癌变。

（3）EB病毒（Epstein-Barr virus，EBV）。EB病毒与众多恶性肿瘤相关，包括非霍奇金淋巴瘤、霍奇金淋巴瘤、鼻咽癌、胃癌和某些类型的淋巴瘤。

（4）人T细胞淋巴病毒（human T-cell leukemia virus，HTLV-1）。HTLV-1感染与成人T细胞白血病/淋巴瘤（ATL）的发生有关。

这些病毒与肿瘤之间的关系可以是直接的，例如，病毒感染导致肿瘤细胞的转化和增殖；也可以是间接的，例如，病毒感染引起慢性炎症，进而促进肿瘤发生。病毒在肿瘤发生中的具体机制还在研究中，包括病毒基因的插入、抑制肿瘤抑制基因、激活肿瘤促进基因等。

2. 病毒用于治疗肿瘤

病毒也可以被用来治疗某些类型的肿瘤。这种治疗方式被称为病毒治疗（viral therapy），其基本原理是将病毒注射到肿瘤细胞中，病毒感染并破坏癌细胞，同时还可以激活宿主免疫系统来攻击肿瘤细胞。目前已经有一些病毒治疗的方法被用于临床试验中，包括腺病毒（adenovirus）、麻疹病毒（measles virus）等。

总的来说，病毒和肿瘤之间的关系是非常复杂的，我们需要进一步的研究和探索来深入理解这种关系，并开发更有效的治疗方法。

相关文献阅读推荐

[1] 田波，李传昭，孙仑泉，等. 分子进化工程 [M]. 北京：科学出版社，1999.

[2] LIU C H, SUN L Q, TIEN P. Ribozyme-mediated suppression of platelet type 12 lipoxygenase in human erythroleukemia cells [J]. Cancer gene therapy, 2000, 7 (5)：671 - 675.

[3] MENG S D, GAO T, GAO G F, et al. HBV-specific peptide assiciated with heat-shock protein gp96 [J]. The lancet, 2001, 357：528 - 529.

[4] YANG X C, YIE Y, ZHU F, et a. Ribozyme-mediated high resistance against potato spindle tuber viroid in transgenic potatoes [J]. Proc Natl Acad Sci USA, 1997 (94)：4861 - 4865.

DNA 损伤和 DNA 修复

思政故事：人物故事——杨正林与老年黄斑变性基因

杨正林，博士，中国科学院院士。杨正林长期从事人类疾病的基础与临床应用研究，主要方向是疾病相关基因鉴定及致病机制研究，并建立早期诊断和干预技术方法。他在国内首次建立了老年黄斑变性（AMD）的基因筛查和诊断技术体系，其关于 AMD 主效基因——*HTRA*1 的研究入选 *Science* 杂志 2006 年度十大科技进展第六项部分内容。其研究为揭示 AMD 的发病机制及 AMD 的早期监测和辅助诊断提供了重要依据，并可能提供 AMD 药物治疗的新靶点。由于湿性 AMD 在亚裔华人中的发病率更高，同时致盲危害性远大于干性 AMD，本研究结果对于我国 AMD 防治及系统防盲工程具有深远意义。

意义：面对行政工作任务重、责任大的压力，杨正林没有丝毫退缩，毅然勇挑重担向前冲。其不仅拥有中国国内外一流医院的先进管理理念，还有着独到的国际视野。杨正林不忘初心、专注医学研究，带领团队一步一个脚印，取得了系统性和开创性的研究成果。

生化知识点简要概述

DNA 损伤

DNA 损伤可以导致细胞失去正常的生物学功能，从而导致疾病的发生。DNA 损伤可以通过多种方式引起，包括环境暴露、自然老化和基因突变等。

DNA 损伤最常见的结果是细胞死亡，这可能是一些疾病的根本原因。例如，某些类型的癌症是由于 DNA 损伤导致的。DNA 损伤也可以导致免疫系统出现问题，从而导致自身免疫疾病的发生，如系统性红斑狼疮和类风湿性关节炎。

此外，DNA 损伤还可以导致一些遗传性疾病的发生。例如，某些疾病（如囊性纤维化和血友病）是由基因突变导致的，这些基因突变可能是由 DNA 损伤引起的。因此，对于一些疾病，早期的 DNA 损伤检测可以帮助早期诊断和治疗。

总之，DNA 损伤对于疾病的发生有着重要的作用，因此保护 DNA 免受损伤，或及早发现和治疗 DNA 损伤可以对疾病预防和治疗产生重要的影响。

DNA 损伤的类型

DNA 损伤的类型有很多，以下是一些常见的类型：

（1）单链断裂：指 DNA 的一条链断裂，可能由化学物质或物理因素引起。单链断裂通常可以通过细胞自身的修复机制进行修复。

（2）双链断裂：指 DNA 的两条链断裂，可能由辐射、化学物质或其他因素引起。双链断裂通常需要通过 DNA 修复机制进行修复，否则可能会导致细胞死亡或致癌。

（3）氧化损伤：指 DNA 分子中的碱基被氧化，导致 DNA 结构和功能的改变。氧化损伤可能是自由基氧化损伤的结果，也可能是化学物质、辐射等因素引起的。

（4）加合物形成：指 DNA 与化学物质形成共价结合，如 DNA 与致癌物质的结合。这种损伤可能会导致 DNA 的结构和功能的改变，从而引起细胞的突变和致癌。

（5）大片段缺失：指 DNA 的一个或多个基因被删除，可能由化学物质、辐射等因素引起。大片段缺失通常需要通过 DNA 修复机制进行修复。

（6）错配：指 DNA 复制时出现的碱基错误配对，可能由 DNA 复制错误、自由基氧化损伤等原因引起。这种损伤可能会导致 DNA 复制错误、基因突变和致癌。

总之，DNA 损伤的类型有很多，需要及时发现和修复，以防止细胞的突变和致癌。

DNA 损伤的修复方式

DNA 损伤后，细胞通常会通过不同的机制进行修复。以下是一些常见的 DNA 损伤修复方式：

（1）直接损伤修复：指细胞通过将损伤的 DNA 部分直接移除，然后将剩余的 DNA 部分重新连接来修复 DNA 损伤。直接损伤修复通常适用于比较小的损伤，如单链断裂和氧化损伤。

（2）错配修复：指细胞通过纠正 DNA 复制时的错配来修复 DNA 损伤。错配修复通常适用于一些比较小的损伤，如错配和小片段插入。

（3）核苷酸切除修复：指细胞通过移除受损 DNA 链上的一小段，然后合成新的 DNA 链来修复 DNA 损伤。核苷酸切除修复通常适用于一些比较大的损伤，如双链断裂和大片段缺失。

（4）非同源末端连接修复：指细胞通过将受损 DNA 链的末端直接连接起来，从而修复 DNA 损伤。非同源末端连接修复通常适用于双链断裂和大片段缺失等比较严重的损伤。

（5）交叉连接修复：指细胞通过将 DNA 中的交叉连接分解掉，然后将 DNA 链重新连接来修复 DNA 损伤。交叉连接修复通常适用于细胞受到化学物质等外界因素的影响而导致的损伤。

总之，DNA 损伤后，细胞会通过不同的机制进行修复。不同的修复机制适用于不同的 DNA 损伤类型，这些机制共同维护了 DNA 的完整性和稳定性。

DNA 损伤及其修复的意义

DNA 是绝大多数已知生命的遗传物质基础。DNA 损伤会导致基因突变、染色体畸变和细胞死亡等不良影响，进而导致遗传信息的改变和细胞功能异常，最终可能导致疾病的发生和发展。DNA 突变也是生物进化的基础，因为它们提供了新的遗传变异，这可能会使生物在不断变化的环境中获得新的适应性优势。

然而，细胞拥有多种复杂的 DNA 损伤修复机制，可以及时修复受损的

DNA，避免了 DNA 突变和其他损伤对生命活动的影响。如果这些修复机制出现问题，可能会导致 DNA 的不完整和稳定性受到影响，增加患癌症、患自身免疫性疾病等疾病的风险。

因此，了解 DNA 损伤及其修复的意义非常重要。研究 DNA 损伤的成因和机制，有助于我们更好地了解 DNA 的结构和功能，为预防和治疗疾病提供理论基础。同时，研究 DNA 修复机制可以为治疗一些 DNA 损伤相关疾病提供新的治疗策略和方法，如放射治疗后的 DNA 修复和免疫细胞的 DNA 修复等。

DNA 突变与疾病

DNA 突变是指基因组 DNA 序列的永久性改变，可能导致细胞功能异常、疾病的发生和遗传变异。下面列举了一些常见的 DNA 突变与疾病的关系：

（1）癌症：大多数肿瘤都是由于体细胞的 DNA 突变导致的。这些突变可能会导致癌细胞的异常增殖和无限增殖，从而形成肿瘤。常见的癌症相关基因突变包括 *TP*53、*BRCA*1、*BRCA*2 和 *RAS* 等。

（2）遗传疾病：一些遗传疾病是由基因突变导致的。例如，囊性纤维化、血友病、无毛症、遗传性视网膜色素变性等都是由基因突变引起的。

（3）自身免疫疾病：一些自身免疫疾病，如类风湿性关节炎、系统性红斑狼疮和乙状结肠炎等，可能与某些基因突变有关。

（4）神经系统疾病：一些神经系统疾病，如帕金森病、亨廷顿病、阿尔茨海默病等，可能与某些基因突变有关。

总之，DNA 突变在生物学中具有非常重要的意义，因为它们可以影响生物的遗传特征、生理表现、疾病和进化等方面。DNA 损伤和修复的研究对于我们认识生命的本质、预防和治疗疾病等方面都具有重要意义。

相关文献阅读推荐

[1] GONG B, HUANG L, HE Y, et al. A genetic variant in IL-6 lowering its expression is protective for critical patients with COVID-19 [J]. Signal Transduct Target Ther, 2022, 7 (1): 112.

[2] HUANG L L, ZHANG H B, CHENG C Y, et al. A missense variant in FGD6 confers increased risk of polypoidal choroidal vasculopathy [J]. Nat Genet, 2016, 48 (6): 640 – 647.

[3] YANG Z L, STRATTON C, FRANCIS P J, et al. Toll-like receptor 3 and geographic atrophy in age-related macular degeneration [J]. N Engl J Med,

2008, 359 (14): 1456-1463.

[4] YANG Z, CAMP N J, SUN H, et al. A variant of the HTRA1 gene increases susceptibility to age-related macular degeneration [J]. Science, 2006, 314 (5801): 992-993.

(李果 杜冠魁)

第十四章　RNA 的生物合成

原核生物转录的模板和酶

思政故事：悉尼·布伦纳与基因信息传递

悉尼·布伦纳（1927—2019），南非生物学家，2002 年诺贝尔生理学或医学奖获得者。布伦纳于 1913 年出生在南非的杰米斯顿，在约翰内斯堡完成了大学的学业。后来布伦纳前往牛津大学攻读博士学位，开始研究噬菌体。1956 年，在克里克的帮助下，布伦纳来到了英国医学研究理事会位于剑桥的卡文迪什实验室，研究基因编码及 RNA 如何进行信息传递工作。

在 DNA 双螺旋结构提出之前，沃森就曾预测了遗传信息的传递公式："DNA→RNA→蛋白质"。1957 年，布伦纳等科学家在 *Nature* 上发表了关于噬菌体变异的文章，根据观察到的基因变异与氨基酸排序的对应联系，证明了关于遗传信息与蛋白质产物关系的预测。1960 年，布伦纳、弗朗西斯·雅各布和马修·梅塞尔森设计了一系列实验，证实了 mRNA 的存在，mRNA 将细胞核中 DNA 携带的遗传信息带到细胞质中，并指导生成蛋白质。

1968 年，布伦纳开始把研究转向线虫（一种模式生物），探讨线虫的生长与分化，以及基因突变和个体发育的关系。他对 RNA 生物合成的研究做出了重要贡献。他的工作主要集中在线粒体和核糖体 RNA 的合成过程。布伦纳与其他科学家合作，使用了线虫作为模型生物，通过突变体筛选等方法，发现了一些关键基因，揭示了线粒体 RNA 合成的调控机制。他们的工作为我们理解 RNA 合成在细胞能量代谢中的重要作用提供了重要线索。此外，布伦纳还对核糖体 RNA 的合成起始位点进行了深入研究，并发现了一种称为"小核糖体 RNA 基因族"的特殊基因家族，这些基因编码了核糖体 RNA 的前体分子。这项发现为我们理解 RNA 生物合成的起始机制及核糖体合成提供了重要线索。

到了 20 世纪 80 年代，他又参与到人类基因组计划和河豚基因测序中。布伦纳是科学界的传奇人物，他的研究从 DNA 编码、基因测序到胚胎发育、生物进化，可以说涵盖了整个现代生命科学领域。他因为在线虫研究方面的贡献而获得了 2002 年诺贝尔生理学或医学奖。

意义：悉尼·布伦纳的一生是对科学精神的生动诠释。他勇于探索未知，不惧失败，始终坚持在科研道路上深耕细作。他的这种精神鼓励着后来者不断追求科学真理，勇于探索未知领域。

生化知识点简要概述

结构基因

在细胞分裂时，整个基因组的 DNA 都需要被复制，但是某一时间段内，只有很少的基因组序列被转录以响应发育的需求、生理的需求及环境的改变。编码蛋白质或功能性 RNA 的 DNA 序列被称为结构基因。

转录模板

在转录过程中，DNA 的一条链作为转录模板。该链被称为反义链或模板链，因为它用于合成 RNA 的互补链。而与其互补的另一条链称为编码链，其碱基序列决定编码蛋白质的氨基酸序列，因此也称为有义链。

RNA 聚合酶

RNA 聚合酶是催化 RNA 合成的关键酶。大肠杆菌中 RNA 聚合酶全酶包含 5 种不同的亚基：α、β、β′、ω、σ，主要负责转录的起始。其中 α 亚基决定哪些基因被转录；β 亚基作为具有聚合酶活性的亚基，负责催化形成新的磷酸二酯键；β′亚基可与 DNA 编码链结合；σ 亚基主要负责帮助全酶识别并结合到启动子区域；ω 亚基主要负责 β′亚基的折叠和稳定性维持，以及 σ 亚基的招募。核心酶由 α、β、β′、ω 亚基组成，主要负责转录的延伸。

相关文献阅读推荐

[1] BRACHET J. Action of ribonuclease and ribonucleic acid on living amoebae [J]. Nature, 1955, 175 (4463): 851 – 853.

[2] BRENNER S, JACOB F, MESELSON M. An unstable intermediate carrying information from genes to ribosomes for protein synthesis [J]. Nature, 1961 (190): 576 – 581.

[3] BRENNER S. The genetics of Caenorhabditis elegans [J]. Genetics, 1974, 77 (1): 71 – 94.

[4] Goldstein L, PLAUT W. Direct evidence for nuclear synthesis of cytoplasmic ribose nucleic acid [J]. Proc Natl Acad Sci USA, 1955, 41 (11): 874-880.

[5] VOLKIN E, ASTRACHAN L. Phosphorus incorporation in Escherichia coli ribo-nucleic acid after infection with bacteriophage T2 [J]. Virology, 1956, 2 (2): 149-161.

真核生物和原核生物的转录过程

思政故事：罗伯特·鲁德尔与真核基因转录调控

罗伯特·鲁德尔，著名的生物化学家，被称为真核基因转录调控领域研究的一代宗师。

鲁德尔对转录的兴趣起源于1963年，那时的他正在美国印第安纳州著名男校瓦伯希学院（Wabash College）化学专业念本科。在生物化学课上，他了解到了当时的科学家正在致力于理解基因转录的奥秘。后来他来到了华盛顿大学Bill Rutter的实验室攻读博士，但Rutter正在研究的是胰腺的发育过程，实验室还没有涉及转录相关的研究，可Rutter教授颇有前瞻性，他有意将研究范围拓展到相关的RNA的合成上。这才让鲁德尔得以开启RNA聚合酶相关的研究工作。年轻的鲁德尔一开始就奔着解开真核生物如何阅读"基因密码"这一宏大目标而去，他设定了他的具体科研目的是要以可控的方式让转录发生在试管里。但在20世纪60年代，研究真核生物转录的手段却相当有限，因为真核生物的RNA聚合酶紧紧地结合在染色体上，这使得纯化工作变得十分困难。相比之下，由于原核生物的RNA聚合酶含量大且可溶性强，大量关于细菌转录机制的研究正在如火如荼地进行着。面对眼前的困难，鲁德尔意识到：他必须开发一种新的方法来将RNA聚合酶与DNA和组蛋白分离开来。前期的一系列尝试并没有取得太多的进展，但鲁德尔偶然间看到的Mirsky和Pollister于1942年发表的一篇研究组蛋白的论文，让他眼前一亮。又经过了一系列的摸索，鲁德尔发现：先用高浓度盐溶液处理细胞核——这会导致细胞核破裂及组蛋白解聚，紧接着利用超声波将DNA打碎，同时释放结合在DNA上的RNA聚合酶，最后以低浓度盐溶液快速稀释，使组蛋白选择性地沉淀。通过这个方法得到的上清液就含有可溶的 RNA 聚合酶。上述溶液通过 DEAE-Sephadex 离子交换柱，再用硫酸铵溶液洗脱并检测洗脱液的酶活性。最终在 1969 年 2 月 14 日凌晨 3 点，鲁德尔得到 3 种不同 RNA 聚合酶活性的峰图。鲁德尔在看到图中的 3 个 RNA 聚合酶的活性峰图时，兴奋得像是跳出洗澡盆的阿基米德！紧接着的一个礼拜，他几乎没有怎么睡觉，马不停蹄地完成了后续的相关实验。最初的 RNA 聚合酶是从海胆胚胎里分离的，这无疑是一个明智的选择，因为海胆胚胎里富含 3 种 RNA 聚合酶，而采海胆更是一桩乐事，让鲁德尔在忙碌的实验之余能够稍微放松一下身心。

然而，文章投稿的过程并不是很顺利。*Nature* 以 "大家普遍不感兴趣" （lack of general interest）为理由拒绝了鲁德尔的文章。导师 Rutter 教授据理力争，*Nature* 最后才发表了这篇具有划时代意义的文章。

一年之后，鲁德尔在 *PNAS* 上发表另一篇文章，指出 RNA 聚合酶 I（Pol I）定位在核仁上，核仁正是 rRNA 转录的地方，而 RNA 聚合酶 II（Pol II）、RNA 聚合酶 III（Pol III）则是聚合在核质内。这个发现说明了不同的 RNA 聚合酶可能负责转录不同类别的基因。

1971 年，鲁德尔在华盛顿大学医学院开启了他对真核基因转录调控研究的新篇章。他的几个学生发现：3 种 RNA 聚合酶对蘑菇中的一种毒素 α-鹅膏蕈碱（α-amanitin）有不同的敏感性。利用不同 α-鹅膏蕈碱浓度处理细胞，检测所转录出来的 RNA，他们发现：rRNA 是由 RNA Pol I 转录出来的；RNA Pol II 能够合成腺病毒的 pre-mRNA，而 Pol III 则能够转录 5S RNA、tRNA 及腺病毒的 RNA。与此同时，鲁德尔实验室从小鼠浆细胞瘤中纯化 3 种 RNA 聚合酶的不同亚基，发现 3 种聚合酶的亚基组成有很大区别。这说明真核生物 RNA 聚合酶并不是同一种酶的 3 种不同变化，而是 3 种相对独立的转录机器。既然已经搞清楚了 3 种 RNA 聚合酶的功能，下一个关键的科学问题就是如何才能启动转录。1976 年，鲁德尔将目光对准了 5S RNA，因为这个基因相对较小而且高度重复。鲁德尔在博士后期间已经知道 5S RNA 在非洲爪蟾的卵细胞中是活跃的，因此他指导学生 Carl Parker 从非洲爪蟾卵细胞中分离了染色质，将分离出来的染色质与纯化的 RNA 聚合酶 III 进行孵育，结果大量的 5S RNA 瞬间被转录出来。若将 RNA 聚合酶 III 换成 RNA 聚合酶 I 或 II，又或是将染色质换成人工合成的 5S RNA 的 DNA 模板，都检测不到转录的发生。这是鲁德尔期待已久的结果，也是人类历史上第一次在无细胞体系中使用真核生物 RNA 聚合酶进行转录。鲁德尔大胆地猜测，染色质上存在着一些 RNA 聚合酶相关联的因子，而这些因子是转录发生所必需的。当时的表观遗传学尚未兴起，这些工作和思想无疑是具有前瞻性的。经过反复不断的体系优化，至 1979 年，鲁德尔实验室已经能够做到在体外转录任意类型的 RNA。同年，其发表在 *Cell* 上的论文提到利用纯化出来的 RNA 聚合酶Ⅱ和粗提的亚细胞组分，以腺病毒 DNA 片段为模板成功转录出了 mRNA。这篇文章引起了领域内极大的关注，同时也向世人展示了一种研究转录的强大工具。体外转录系统现在仍然被广泛地使用，其严谨缜密的方法将有机体复杂的机制简化，让科学家有机会去了解单个蛋白或蛋白复合物在转录调控中的功能。这种技术的建立成为攻克基因转录调控难题的一把利剑。

近年来，随着人们对染色质的进一步了解，染色质科学与转录调控的关系越来越密切。目前，鲁德尔正在致力于将染色质上的各种修饰与许多转录相关事件的"因果关系"建立起来，如甲基化酶 SET1 和乙酰化酶 p300，去甲基化酶 UTX、甲基化酶 MLL4 和乙酰化酶 p300 之间的相互协调等。这些工作为理解转录与表观遗传学之间提供了新的视角。

意义：罗伯特·鲁德尔在真核基因转录及基因调控方面的发现，体现了他对科学事业的执着追求和对未知世界的探索精神。这种创新精神和实践能力鼓励青年学生在学习和科研过程中勇于创新，敢于实践，不断提高自己的实践能力和创新能力。

思政故事：科恩伯格发现 RNA 聚合酶

罗杰·大卫·科恩伯格是美国著名的生物化学家。因对真核转录的分子基础所作的研究获得 2006 年诺贝尔化学奖。科恩伯格 1947 年生于密苏里州圣路易斯郡，是阿瑟·科恩伯格（斯坦福大学教授、1959 年诺贝尔生理学或医学奖获得者）的长子。1974 年，科恩伯格提出了染色体是由 DNA 和组织蛋白构成的假说（核小体模型）。2001 年，他又通过 RNA 聚合酶的结晶进行酵母细胞的 X 射线衍射实验，解析了它的三维结构，并揭示了其在 RNA 合成中的关键作用，如 DNA 模板与核苷酸的结合、催化 RNA 链延伸等过程。这项发现让我们更深入地了解 RNA 合成的分子机制，为进一步研究 RNA 合成调控及开发相关药物提供了基础。他的工作对于帮助我们理解 RNA 生物合成的分子机制做出了重要贡献。

意义：科恩伯格对基础科学的执着追求和深入研究，体现了科学家应有的科学精神。他因对真核转录的分子基础的研究而荣获 2006 年诺贝尔化学奖，这一成就是对他多年不懈努力的肯定。他的故事鼓励着后来的科学家和学生保持对科学的热爱和追求，不畏艰难，勇于探索。

生化知识点简要概述

真核生物 RNA 聚合酶

真核生物存在三种主要的 RNA 聚合酶，分别为 RNA 聚合酶I（pol I）、II（pol II）和III（pol III）。它们分别负责合成不同类型的 RNA 分子。RNA 聚合酶I主要合成核糖体 RNA（rRNA）的前体；RNA 聚合酶II负责合成信使 RNA（mRNA）的前体；RNA 聚合酶III合成转运 RNA（tRNA）、5S rRNA 及其他小非编码 RNA 等。

顺式作用元件和转录因子

不同物种、不同细胞或不同的基因的真核生物，其转录起始位点上游可以有不同的 DNA 序列，这些序列统称为顺式作用元件。顺式作用元件包括核心启动子、启动子上游元件和增强子等序列。转录因子则是一类蛋白质，能够结合到顺式作用元件上，并与 RNA 聚合酶和其他转录因子相互作用，调节转录的起始。

真核生物转录的起始

真核生物 RNA 聚合酶不能与 DNA 分子直接结合，而需要依赖多种转录因子。首先是 TF Ⅱ D 的 TBP 亚基结合 TATA 区，在 TF Ⅱ A 和 TF Ⅱ B 的促进下，形成 TF Ⅱ D-TF Ⅱ A-TF Ⅱ B-DNA 复合体。TF Ⅱ B-TBP 复合体可以与 RNA 聚合酶 Ⅱ 和 TF Ⅱ F 组成的复合体结合。最后是 TF Ⅱ E 和 TF Ⅱ H 加入，形成完整的转录起始复合物。

在转录起始复合体形成后，RNA 聚合酶 Ⅱ 沿着 DNA 模板链向下移动，并在 DNA 模板链的指导下合成 RNA 链。转录过程中，RNA 链和 DNA 模板链相互解开，RNA 聚合酶逐步合成 RNA 链。RNA 聚合酶的活性中心识别并与核苷酸三磷酸（NTP）结合，并将其附加到 RNA 链末端。

真核生物转录的延伸

真核生物转录的延伸与原核生物转录的延伸相似，不同之处在于原核生物可以边转录边翻译，而真核生物由于有细胞核结构的存在，其转录和翻译不能同时进行。

真核生物转录的终止和加尾修饰

真核生物的终止信号序列是 AAUAAA，其后是一段 GU 重复序列。当转录越过修饰位点后，前体 mRNA 在修饰点处被特异的核酸内切酶切割，随即在多聚腺嘌呤聚合酶的作用下，在 mRNA 前体的 3′端逐个添加腺嘌呤核苷酸，最终形成 poly（A）尾巴。

原核生物转录的起始

转录起始的第一步是由 RNA 聚合酶全酶识别并结合到启动子区域，形成封闭转录复合体，此时 DNA 仍保持完整的双链结构。转录起始的第二步是 DNA 双链打开，封闭转录复合体转变为开放转录复合体。转录起始的第三步是第一个磷酸二酯键的形成，转录生成的起始核苷酸通常为嘌呤核苷酸。

原核生物转录的延伸

当第一个磷酸二酯键生成后，转录复合体构象发生改变，σ 亚基从转录起始复合物上脱落，转录复合体离开启动子，称为启动子解脱。随之 RNA 合成进入延伸阶段。此时，仅有 RNA 聚合酶的核心酶留在 DNA 模板上，并沿着 DNA 链不断前移，催化 RNA 链的延长。脱落后的 σ 亚基又可与新的核心酶组成新的全酶，发动新的转录起始。

原核生物转录的终止

当 RNA 聚合酶达到终止信号时，转录过程停止并释放已合成的 RNA 链，就是转录终止。原核生物中存在 2 种常见的终止机制：依赖 ρ 因子的终止和非依赖 ρ 因子的终止。

1. 依赖 ρ 因子的转录终止

依赖 ρ 因子的转录终止子有以下特征：①包含一段回文序列；②回文序列中 GC 含量较少，因此形成松散的发卡结构；③回文序列下游不是多聚 U 残基。

ρ 因子蛋白具有 ATP 依赖的 RNA-DNA 解旋酶活性，其以六聚体的形式结合到新合成的 RNA 链上的特定位点，并从 5′端向 3′端方向移动，直到其追上在终止位点暂停转录的转录复合物。在这里它发挥解旋酶功能，促进 RNA-DNA 解链，释放 RNA 转录物，从而终止转录。

2. 非依赖 ρ 因子的转录终止

非依赖 ρ 因子的转录终止子有以下特征：①这种新生成的 RNA 转录物末端的特异序列将形成特定的茎-环结构以终止转录；②终止信号由 RNA 上的一段 30～40 个核苷酸组成，这段核苷酸序列含有多个 GC 组成，然后是一系列的 U。RNA 链延长至接近终止区时，转录出的 RNA 片段随即形成茎-环结构，在茎-环结构的下游紧接着是一段多聚 U 序列。茎-环结构的形成可使 RNA 聚合酶的构象发生改变，RNA 聚合酶不再向下游移动，转录出现停顿。转录生成的 RNA 的 3′端与模板 DNA 形成的局部杂合 RNA/DNA 双链的碱基配对不稳定，随着转录的停顿，RNA 从 DNA 模板链上脱离，转录随即终止。

相关文献阅读推荐

[1] 余敏, 伍红, 谭德勇. 线粒体转录终止因子蛋白家族研究进展 [J]. 生命科学, 2007, 19 (5): 5.

[2] 郭晓强, 王江雁, 王仁杰. 真核 mRNA 转录终止机制 [J]. 细胞生物学杂志 2005, 27 (4): 400 – 402.

[3] 梅雯, 熊伟, 赵一. 哺乳动物线粒体 DNA 转录调节因子研究进展 [J]. 生物技术, 2022 (4): 32.

[4] 杨克恭. 细菌有转录因子吗?: "转录因子"概念的形成和发展浅析 [J]. 中国生物化学与分子生物学报, 2021, 37 (6): 6.

[5] 李建民, 马家冀, 潘凌云, 等. 星星草热激转录因子家族的鉴定及生物信息学分析 [J]. 分子植物育种, 2023, 21 (8): 10.

[6] 王欢, 王晨芳, 许金荣. 禾谷镰刀菌转录因子 ACE1 与微管蛋白 TUA1 的功能相关性研究 [C] //中国植物病理学会 2019 年学术年会论文集, 2019.

[7] CRAMER P, BUSHNELL D A, KORNBERG R D. Structural basis of transcription: RNA polymerase Ⅱ at 2.8 angstrom resolution [J]. Science, 2001, 292 (5523): 1863 – 1876.

[8] GNATT A L, CRAMER P, BUSHNELL D A, et al. Structural basis of transcription: an RNA polymerase Ⅱ elongation complex at 3.3 A resolution [J]. Science, 2001, 292 (5523): 1876 – 1882.

[9] KORNBERG R D. Chromatin structure: a repeating unit of histones and DNA [J]. Science, 1974, 184 (4139): 868 – 871.

[10] PARKER C S, ROEDER R G. Selective and accurate transcription of the Xenopuslaevis 5S RNA genes in isolated chromatin by purified RNA polymerase Ⅲ [J]. Proc Natl Acad Sci USA, 1977 (74): 44 – 48.

[11] PARKER C S, ROEDER R G. Transcription of cloned Xenopus 5S RNA genes by X. laevis RNA polymerase Ⅲ in reconstituted systems [J]. Proceedings of the national academy of sciences, 1979, 76 (1): 136 – 140.

[12] ROEDER R G, RUTTER W J. Specific nucleolar and nucleoplasmic RNA polymerases [J]. Proc Natl Acad Sci USA, 1970 (65): 675 – 682.

[13] ROEDER, R G & RUTTER W J. Multiple forms of DNA-dependent RNA polymerase ineukaryotic organisms [J]. Nature, 1969 (224): 234 – 237.

[14] WEIL P A, LUSE D S, SEGALL J, et al. Selective and accurate initiation of transcription at the Ad2 major late promotor in a soluble system dependent

on purified RNA polymerase Ⅱ and DNA [J]. Cell, 1979, 18 (2): 469-484.

[15] WEINMANN R, ROEDER R G. Role of DNA-dependent RNA polymerase 3 in thetranscription of the tRNA and 5S RNA genes [J]. Proc Natl Acad Sci USA, 1974 (71): 1790-1794.

[16] WEINMANN R, RASKAS H J, ROEDER R G. Role of DNA-dependent RNA polymerases Ⅱ and Ⅲ in transcription of the adenovirus genome late in productive infection [J]. Proc Natl Acad Sci USA, 1974 (71): 3426-3439.

真核生物前体 RNA 的加工和降解

思政故事：万蕊雪与剪接体

万蕊雪，西湖大学生命科学学院特聘研究员、博士研究生导师。本科毕业后，万蕊雪在3年内以第一作者身份在 Science 上发表5篇文章，揭示了生命大分子剪接体结构等科学问题，2016年入选了全国仅5人的"未来女科学家计划"。2018年11月23日，2018年度中国科学院青年科学家奖揭晓，万蕊雪因其在剪接体三维结构及 RNA 剪接方面的研究成果，当选为细胞及分子生物学类别的胜出者。2019年10月17日，万蕊雪入选"2019福布斯中国30位30岁以下精英榜"。

细胞中的生物大分子常常相互结合，以复杂复合物形式来实现复杂功能、接受调控。以剪接体为例，为了实现 RNA 剪接，组成剪接体的上百种组分，需要识别底物并进行逐步组装、激活、催化反应、释放底物。万蕊雪在剪接体三维结构及 RNA 剪接分子机理的研究中取得了许多重要成果，以第一作者、通讯作者身份在 Science、Cell 等期刊发表论文13篇，大幅增进了我们对于 RNA 剪接这一真核生物"中心法则"关键环节的理解。未来，其实验室会从结构生物学、生物化学、生物物理学等多方面围绕细胞重要大分子机器的工作机理展开研究，集中进行（但不限于）针对稀有内含子剪接的分子机理及与 RNA 剪接过程存在密切联系的 RNA 加工过程的结构基础及其他重要分子复合物的结构与机理研究。

意义：剪接体结构的成功解析，不仅推动了结构生物学的发展，还为其他生物学领域的研究提供了新的思路和方法。万蕊雪在科研工作中展现出的创新精神,是推动科学进步的重要动力。她勇于尝试新的研究方法,不断探索未知领域,这种精神鼓励着青年学生在学习和科研中敢于创新,勇于突破,不断开拓新的研究领域。

生化知识点简要概述

断裂基因

真核生物的结构基因,由若干个编码区和非编码区互相间隔开但又连续镶嵌而成,去除非编码区再连接后,可翻译出由连续氨基酸组成的完整蛋白质,这些基因称为断裂基因(splite gene)。

外显子和内含子

外显子(exon)是断裂基因中的编码序列,是真核生物基因的一部分,它在剪接(splicing)后仍会被保存下来,并可在蛋白质生物合成过程中被表达为蛋白质。外显子是最后出现在成熟 RNA 中的基因序列,又称为表达序列。

内含子(intron)是断裂基因的非编码区,可被转录,但在 mRNA 加工过程中被剪切掉,故成熟 mRNA 上无内含子编码序列。

不均一核 RNA

细胞核内的初级转录本 mRNA 称为不均一核 RNA(hetero-nuclear RNA,hnRNA),也被称为前体 mRNA(pre-mRNA)。细胞核内初级转录本的分子量往往比在胞质内出现的成熟 mRNA 大几倍,甚至数十倍。去除初级转录本上的内含子,把外显子连接为成熟 RNA 的过程称为 mRNA 剪接(mRNA splicing)。前体 mRNA 的剪接由剪接体完成,剪接体是由 5 种核小 RNA(small nuclear RNA,snRNA)和大约 100 种蛋白质组成。

相关文献阅读推荐

[1] 段艳芳. 酵母剪接体高分辨率三维结构的解析 [J]. 自然杂志,2015,37(311):78-80.

[2] 杭婧,施一公. 剪接体的三维结构及基因剪接的分子机理研究 [J]. 科技导报,2016,34(13):5.

[3] 黄正洋,陈阳,李欣钰,等. 鸭 TLR4 基因可变剪接体的克隆,鉴定及组织表达分析 [J]. 畜牧兽医学报,2013,44(5):697-702.

[4] 尹芳,胡文华,乔泰东,等. 有丝分裂阻滞缺陷蛋白 2 选择性剪接体 MAD2β 在胃癌细胞多药耐药机制中的作用 [J]. 中华肿瘤杂志,2004

(4): 201-204.

[5] 赵婀娜. 生命奥秘, 我们解开关键一环 [J]. 人民文摘, 2015 (9): 2.

思政故事：人物故事——宋尔卫与 RNA 干扰

宋尔卫，中国科学院院士，我国著名的临床肿瘤学家，我国 RNA 干扰疗法的先驱。宋尔卫于 2000 年获得中山医科大学博士学位，2002 年到美国哈佛大学医学院 CBR 生物医学研究所进行博士后研究；2003 年 3 月，宋尔卫以第一作者身份在 *Natrure Medicine* 上发表题为《靶向 Fas 的 RNA 干扰保护小鼠免受暴发性肝炎的侵袭》的论文，被 *Science* 评为 "2003 年度全球十大科技进展之四"。

宋尔卫主要从事乳腺癌早期诊断，包括 *BRCA*1 和 *BRCA*2 基因突变对家族性乳腺癌和血清蛋白指纹图对乳腺癌的早期诊断，以及乳腺癌的微创治疗和生物治疗，包括 RNA 干扰疗法等的研究。他还提出了"肿瘤生态学说"，经宋尔卫保乳治疗的乳腺癌患者十年肿瘤特异生存率为 91%，达欧美顶尖乳腺肿瘤中心水平。

宋尔卫为我国培养了一支优秀的治疗乳腺肿瘤的专业人才。在宋尔卫的精心培养下，他的很多学生和助手都成了各自学科研究领域的学术带头人和科研第一线的骨干力量。他培养的学生于凤燕的毕业论文《Let-7 microRNA 调控乳腺癌干细胞"干性"的研究》入选 2011 年全国优秀博士学位论文。

作为 RNA 干扰技术在临床上的先驱，他还主编了《RNA 干扰的生物学原理与应用》及《小分子 RNA 的基础研究与临床应用》两部专著。

意义：宋尔卫认为，一个人珍惜韶华的最好方式，便是积极探索与努力思考。"创新来源于对前人研究的传承，也植根于扎实的基本功，希望同学们今后要重视对基础知识的掌握，立意高远，敢于追梦，在未来临床实践和科研探索中勇攀医学高峰。"

生化知识点简要概述

RNA 干扰

RNA 干扰（RNA interference，RNAi）是一种基因沉默现象，是由 RNA 分子介导的一种基因表达调控机制，最初发现于 20 世纪 90 年代末。RNA 干扰的起始物质是长链 RNA 分子，经过 RNA 聚合酶Ⅲ切割后形成干扰小 RNA（siRNA），siRNA 与 RNA 识别蛋白（RNA-induced silencing complex，

RISC）结合，通过互补配对识别并降解特定的 mRNA 分子，从而实现基因沉默。随着 RNA 干扰技术的不断发展，人们开始将其应用于基因功能研究、病理学研究、新药研发等领域，RNA 干扰技术也成了分子生物学和遗传学研究的重要手段之一。

RNA 干扰的起始物质是一种双链 RNA 分子，可以是外源性的，如病毒 RNA 或人工合成的 RNA；也可以是内源性的，如转座子 RNA 或 miRNA 的前体 RNA。这些长链 RNA 分子都具有一定的二级结构，形成了双链结构或特定的弯曲结构。长链 RNA 分子被 RNA 聚合酶Ⅲ切割成长度为 21～23 个核苷酸的小 RNA 分子，这些小 RNA 分子被称为干扰小 RNA（siRNA）或微 RNA（microRNA，miRNA）。siRNA 分子是由外源性双链 RNA 介导的 RNA 干扰产生的，miRNA 分子则是由内源性单链 RNA 分子经过多个酶的处理而成的。小 RNA 分子结合 RISC 复合物，siRNA 或 miRNA 与 RISC 复合物（RNA-induced silencing complex）结合，形成活性复合物，该复合物可以识别靶 mRNA 分子，使其降解或抑制翻译。靶 mRNA 降解或抑制翻译 RISC 复合物识别靶 mRNA 分子的方式是通过小 RNA 分子与靶 mRNA 分子互补配对，形成 RNA-DNA 或 RNA-RNA 复合物。在这个复合物的作用下，靶 mRNA 分子会被核酸酶降解或翻译被抑制，从而实现 RNA 干扰。

相关文献阅读推荐

[1] 曾婉嘉，吴昱，陈香梅，等. RNA 治疗和基因编辑技术在肝脏疾病中的应用 [J]. 肝脏，2022，27（12）：1249-1252.

[2] 陈英，周淑红. RNA 干扰在系统性红斑狼疮治疗中的研究进展 [J]. 安徽医学，2023，44（3）：343-346.

[3] 冯晓娟，郑倩，冯亚岚，等. 慢病毒介导的 RNA 干扰对乙型脑炎病毒感染的抑制作用 [J]. 川北医学院学报，2022，37（6）：5.

[4] 贾春松，赵彦坡，尚振华，等. RNA 干扰降低膀胱 TGF-β1 表达能够改善脊髓损伤大鼠的膀胱功能和纤维化 [J]. 基础医学与临床，2021，41（7）：6.

[5] 宋尔卫. RNA 干扰的生物学原理与应用 [M]. 北京：高等教育出版社，2005.

[6] 宋尔卫. 小分子 RNA 的基础研究与临床应用 [M]. 北京：北京科技出版社，2007.

[7] 孙琳茜，王子叶，王丽芹，等. 靶向 IL-6 慢病毒介导 RNA 干扰实验性基因治疗类风湿关节炎 [J]. 中国免疫学杂志，2022，38（6）：8.

[8] 赵威云, 胡小倩, 赵瑞艳, 等. RNAi 沉默 TREM-1 对白假丝酵母感染脓毒症大鼠多器官损害的机制 [J]. 中华医院感染学杂志, 2021, 31 (20): 5.

[9] CECH T R, STEITZ J A. The noncoding RNA revolution-trashing the old rules to forge new ones [J]. Cell, 2014, 157 (1): 77 – 94.

[10] CHEN F, CHEN J, YANG L, et al. Extracellular vesicle-packaged HIF-1α-stabilizing lncRNA from tumour-associated macrophages regulates aerobic glycolysis of breast cancer cells [J]. Nat Cell Biol, 2019, 21 (4): 498 – 510.

[11] CONG L, RAN F A, COX D, et al. Multiplex genome engineering using CRISPR/Cas systems [J]. Science, 2013, 339 (6121): 819 – 823.

[12] FIRE A, XU S, MONTGOMERY, M K, et al. Potent and specific genetic interference by double-stranded RNA in Caenorhabditis elegans [J]. Nature, 1998, 391: 806 – 811.

[13] JINEK M, CHYLINSKI K, FONFARA I, et al. A programmable dual-RNA-guided DNA endonuclease in adaptive bacterial immunity [J]. Science, 2012, 337 (6096): 816 – 821.

[14] KRUGER K, GRABOWSKI P J, ZAUG A J, et al. Self-splicing RNA: autoexcision and autocyclization of the ribosomal RNA intervening sequence of tetrahymena [J]. Cell, 31: 147 – 157.

[15] LIU J, LAO L, CHEN J, et al. The IRENA lncRNA converts chemotherapy-polarized tumor-suppressing macrophages to tumor-promoting phenotypes in breast cancer [J]. Nature cancer, 2021, 2 (4): 457 – 473.

[16] SAW P E, SONG E W. siRNA therapeutics: a clinical reality [J]. Sci China Life Sci, 2020, 63 (4): 485 – 500.

[17] SONG E W, LEE S K, WANG J, et al. RNA interference targeting Fas protects mice from fulminant hepatitis [J]. Nat Med, 2003, 9 (3): 347 – 351.

[18] TYCOWSKI K T, SHU M D, STEITZ J A. A mammalian gene with introns instead of exons generating stable RNA products [J]. Nature, 1996, 379 (6564): 464 – 466.

(李果 杜冠魁)

第十五章 蛋白质的生物合成

蛋白质的合成体系与过程

思政故事：首个密码子解析

在 20 世纪 DNA 双螺旋模型提出后，遗传信息以 3 个碱基编码 1 种氨基酸的方式也得到了实验证实。三联体密码子有 64 种编码方式，解析这 64 种密码子在当时是充满竞争的研究赛道。1961 年，美国生物学家 Marshal Nirenberg 和 Heinrich Matthaei 创造性地将化学合成的多聚尿嘧啶 RNA 加入大肠杆菌的无细胞提取物中，然后加入了脱氧核酸酶（DNase），用于降解 DNA，以排除来自 DNA 合成 RNA 而产生蛋白质的干扰。然后，他们在提取物中逐个添加了 1 种放射性标记的氨基酸，以及其他 19 种未标记的氨基酸，孵育一段时间后，透析去除游离氨基酸。他们发现只有在含有放射性标记苯丙氨酸的提取物中，生成的肽链才是具有放射性的。这提示 RNA 上的苯丙氨酸的遗传密码由尿嘧啶碱基重复组成，由此解密了第一个三联体密码子：UUU 编码的苯丙氨酸。随后，Marshal Nirenberg 实验室与美国纽约大学医学院的诺奖得主 Severo Ochoa 实验室及威斯康星大学的 Har Gobind Khorana 实验室展开对剩下遗传密码解析的竞争，最后解析了所有的 64 种遗传密码子。1968 年，Marshal Nirenberg 和 Har Gobind Khorana 因为解析遗传密码子获得了诺贝尔生理学或医学奖。

意义：科学研究充满艰辛和竞争，前人对未知探索的付出，应该得到青年学子的敬意。

生化知识点简要概述

密码子

作为遗传信息的 DNA 仅有 4 种碱基，而构成蛋白质的氨基酸有 20 种。

20世纪60年代,科学家对"遗传信息如何从DNA传递到蛋白"这一问题展开了广泛而深入的研究。密码子是DNA和RNA编码蛋白质的基本单位,它是由3个碱基组成的核苷酸序列。密码子的特点是:

(1)三碱基组成。每个密码子由3个相邻的碱基组成,这种三碱基的排列形式决定了对应的氨基酸。其中,61个密码子对应20种氨基酸,而剩余的3个密码子则是终止密码子,用于标记蛋白质合成的终止。起始密码子AUG编码甲硫氨酸,终止密码子有三种:UAA、UAG和UGA。

(2)简并性。由于有多个密码子对应相同的氨基酸,基因密码表具有冗余性。这意味着一种氨基酸可以由多个不同的密码子编码。例如,丝氨酸可以由6种不同的密码子编码。

(3)方向性读取。在DNA或RNA上,密码子按照线性顺序被读取,编码序列密码子之间不共用碱基序列,每个三碱基组合编码一个特定的氨基酸,从而组成多肽链的氨基酸序列。

(4)密码子序列的连续性。在成熟mRNA上从起始密码子开始到终止密码子之间,密码子之间没有间隔核苷酸。如果在编码序列中插入或者缺失非三的整数倍核苷酸序列,会造成在该位点往后的编码序列改变,这也被称为移码。

(5)密码子摆动性。成熟mRNA编码序列上的密码子与转运RNA上的反密码子序列之间的配对识别并不是严格地遵守Watson-Crick配对。主要表现在反密码子的第一位碱基会与密码子第三位碱基配对,如反密码子第一位的U可以识别密码子第三位是A和G的碱基。

(6)密码子通用性。体现在地球生物从原核生物到真核生物,从单细胞生物到多细胞生物,都使用同一套密码子,这也说明地球生物有共同起源,这也是可以利用原核大肠杆菌表达人的重组蛋白的基础。

密码子的特点是基因表达和蛋白质合成过程中的关键要素,它们的正确读取是维持生物体正常功能和生存的重要基础。

相关文献阅读推荐

[1] 陈相颖,李梦玮,王颖,等. 小开放阅读框编码微肽的研究进展[J]. 遗传,2021,43(8):737-746.

[2] 段洪超,张弛,贾桂芳. RNA修饰的生物学功能[J]. 生命科学,2018,30(4):414-423.

[3] 马荣,尚方正,潘剑锋,等. 细胞内mRNA翻译影响因素及翻译组学的研究进展[J]. 生物技术通报,2022,38(12):115-126.

[4] 谢平. 遗传密码子的起源：从能量转化到信息化［J］. 生物多样性，2017，25（1）：94–106.

[5] BRENNER S. On the impossibility of all overlapping triplet codes in information transfer from nucleic acid to proteins［J］. Proc Natl Acad Sci USA，1957（43）：687–694.

[6] TAMURA K. The genetic code：Francis Crick's legacy and beyond［J］. Life（Basel），2016，6（3）：36.

思政故事：核糖体发现历史

核糖体是细胞内的重要细胞器，它在蛋白质合成中充当着关键的角色。核糖体的发现历史可以追溯到20世纪中期。在20世纪初，生物学家已经认识到蛋白质在细胞功能和结构中有重要作用。然而，对蛋白质合成的了解非常有限。后来知道遗传信息储存在DNA分子中，并且通过转录成RNA来传递到细胞质中。但是，当时人们对于蛋白质是如何由RNA翻译而来的过程知之甚少。20世纪50年代初期，随着电子显微镜等技术的发展，细胞的内部结构开始被更清晰地观察到。1955年，罗马尼亚裔美国生物学家乔治·帕拉德（George E. Palade）使用电子显微镜对动物细胞进行观察时，注意到细胞质中存在着一些小颗粒。这些小颗粒后来被称为核糖体。在核糖体发现和功能理解方面做出杰出贡献的科学家克里斯蒂安·德·杜韦、阿尔伯特·克洛德和乔治·帕拉德获得了1974年诺贝尔生理学或医学奖；2009年，诺贝尔化学奖授予维杰·拉马克里希南、托马斯·A·斯泰茨（Thomas A. Steitz）和阿达·尤纳斯，以表彰他们对核糖体高分辨率结构的研究。核糖体作为蛋白质翻译的场所是在20世纪中叶逐步被揭示的。通过一系列的实验和研究，科学家们成功地确定了核糖体在蛋白质合成中的重要作用，并且揭示了其复杂的结构和功能。这些发现为细胞生物学和分子生物学领域的发展奠定了坚实的基础，并且对理解生命的基本过程和人类疾病的研究有着重要的意义。

意义：科学家仔细观察、勇于探索的精神值得青年学子学习。

生化知识点简要概述

肽链装配车间——核糖体

核糖体是一种细胞内的复杂分子机器，存在于几乎所有细胞中（成熟红细胞除外），用于蛋白质的装配合成。它起着翻译mRNA上的信息，将其转换成具体的氨基酸序列，从而合成蛋白质的作用。

蛋白质合成过程中，mRNA 和 tRNA 在核糖体上相互作用，tRNA 携带着对应的氨基酸，通过其上的反密码子与 mRNA 上的密码子碱基互补配对，从而将 mRNA 上的编码信息翻译为具体氨基酸序列。随着 mRNA 上的密码子被一个个读取，核糖体将氨基酸逐个添加到正在合成的多肽链上，最终形成完整的肽链，再经过肽链折叠加工形成有功能的蛋白质分子。

核糖体在细胞生理过程中扮演着关键的角色，它是细胞中蛋白质合成的中心，也是细胞生长和功能维持的关键因素。核糖体的结构和功能在不同生物中存在一些差异，但其基本作用是保证蛋白质合成的准确性和高效性，对于生物体的生存和繁殖至关重要。

核糖体在原核生物与真核生物中都是由 2 个亚基组成。原核生物核糖体沉降系数为 70S，由 50S 大亚基和 30S 小亚基组成。大亚基：由 23S rRNA、5S rRNA 2 个 RNA 链和多个蛋白质组成。其中的主要 RNA 组分是 23S rRNA，其作为催化肽键形成的肽酰转移酶活性中心，参与蛋白质合成反应。小亚基：主要由 1 个 16S rRNA 链和少量蛋白质组成。其中的主要 RNA 组分是 16S rRNA，它在 mRNA 上定位启动密码子，并辅助 tRNA 与 mRNA 上的密码子相互配对。

真核生物的核糖体由 60S 大亚基和 40S 小亚基组成 80S 核糖体。大亚基：由 3 个 RNA 链（28S rRNA、5.8S rRNA 和 5S rRNA）和多个蛋白质组成。其中的 RNA 组分是 28S rRNA，它在蛋白质合成过程中扮演类似原核生物 23S rRNA 的角色。小亚基：主要由 1 个 RNA 链（18S rRNA）和多种蛋白质组成。其中的主要 RNA 组分是 18S rRNA，它在 mRNA 上定位启动密码子，并辅助 tRNA 与 mRNA 上的密码子相互配对。

相关文献阅读推荐

[1] 陈骁昱，吴忧，雷佳乐等. 核糖体工程技术选育优质菌株的研究进展 [J]. 发酵科技通讯，2022，51（3）：169－175.

[2] 房龙，李备，王宝龙，等. 核糖体的生物合成在恶性肿瘤治疗中的研究进展 [J]. 中国矫形外科杂志，2022，30（10）：911－914.

[3] 祁岳坤，吴凌云. 核糖体蛋白异常与相关血液疾病 [J]. 中国实验血液学杂志，2016，24（6）：1892－1896.

[4] 吴玥，陈依军. 核糖体蛋白的类泛素化修饰及其功能的研究进展 [J]. 中国药科大学学报，2022，53（5）：507－517.

思政故事：mRNA 疫苗

新冠疫情期间迅速研发新冠疫苗的紧迫性促使全球众多实验室瞄准了信使核糖核酸（mRNA）疫苗。

2021 年 8 月 23 日，美国食品药品监督管理局正式批准了 BioNTech 和辉瑞共同研发的 mRNA 疫苗 BNT162b2，这是首个获得监管部门正式批准的 mRNA 新冠疫苗，且拥有完整三期数据的新冠疫苗。

2021 年 9 月，我国第一个 mRNA 新冠疫苗生产车间在玉溪高新区疫苗产业园建成并交付使用。沃森生物公司与多个科研院所联合研发的国内首个新型冠状病毒 mRNA 疫苗（ARCoVax）于 2020 年 6 月获批临床应用。2023 年 4 月 19 日发布公告显示，该疫苗Ⅲ期效力临床试验的保护效力全面达到临床试验预设评价标准，并具有良好的安全性。

意义：造福人类是科学的动力，我国生物医药的发展是健康中国的重要支撑。

生化知识点简要概述

转运 RNA

转运 RNA（tRNA）是一类细胞内关键的核酸分子，起着将氨基酸运输到核糖体以参与蛋白质合成的重要角色。tRNA 分子由 70～90 个核苷酸组成，具有独特的三维结构。它的二级结构通常呈现出类似"三叶草"的形状，其中包括氨基酸接受臂（acceptor arm）、二氢脲嘧啶环（D arm）、反密码子环（anticodon loop）和可变环（variable loop）等结构元件。氨基酸接受臂含有 CCA 序列，其腺嘌呤（A）核苷酸，通过其核糖 3′羟基与特定的氨基酸羧基形成酯键。反密码子环中包含了与 mRNA 上的密码子互补的核苷酸序列，称为反密码子（anticodon），它在翻译过程中与 mRNA 上的密码子序列进行互补配对。

tRNA 的结构特点使其能够在蛋白质合成中充当适配子，将氨基酸从细胞质中的氨基酰 tRNA 合成酶（aminoacyl-tRNA synthetase）那里接收，并将其运输到核糖体上。tRNA 的主要功能是将氨基酸与对应的密码子进行配对，从而在蛋白质合成过程中提供正确的氨基酸顺序。每个 tRNA 分子在反密码子环上具有与特定氨基酸对应的 3 个碱基序列，反密码子与 mRNA 上的密码子进行互补配对，使正确的氨基酸被添加到蛋白质链上。每个 tRNA 分子对应特定的氨基酸，因此细胞中有多个 tRNA 的种类，涵盖了所有 20 种氨基酸。每个细胞中的 tRNA 种类繁多，对应不同的氨基酸。细胞中的 tRNA 数量和比例会根据细胞类型和环境条件的不同而发生变化，以满足细胞对各种氨基酸的需求。

除了氨基酸的运输功能外，tRNA 还参与到多个细胞生物学过程中。例如，tRNA 可能通过调节翻译速度、蛋白质折叠和蛋白质定位等方式对蛋白质合成的调控起重要作用。此外，tRNA 还参与一些疾病的发生和发展中，如某些遗传性疾病和癌症等。

氨基酰 tRNA 合成酶

氨基酰 tRNA 合成酶是一类负责将氨基酸与其对应的转运 RNA（tRNA）结合，形成氨基酰 – tRNA（aminoacyl-tRNA）复合物的酶类。氨基酰 tRNA 合成酶是蛋白质合成中至关重要的酶之一，它确保正确的氨基酸与其对应的 tRNA 结合，从而确保在蛋白质翻译过程中氨基酸的准确顺序。每种氨基酸都有相应的氨基酰 tRNA 合成酶，它们与特定的 tRNA 配对。

氨基酰 tRNA 合成酶的工作过程分为 2 个主要步骤：①激活（activation）。氨基酰 tRNA 合成酶首先与特定的氨基酸反应，形成氨酰腺苷酸（aminoacyl-AMP）中间体。这个反应需要 ATP 作为能量。氨酰腺苷酸是一个活化的氨基酸，准备与相应的 tRNA 结合。②结合（binding）。氨酰腺苷酸与相应的 tRNA 结合，形成氨基酰 – tRNA 复合物。这个过程是通过酶的催化作用完成的，氨基酸的羧基与 tRNA 上的特定结构进行配对。

氨基酰 tRNA 合成酶的准确性非常重要，因为错误的配对可能导致蛋白质合成中的错误氨基酸插入，从而影响蛋白质的正确性和功能。因此，氨基酰 tRNA 合成酶通过多种机制保证其准确性，如氨基酸的选择性结合、tRNA 的结构识别等。

氨基酰 tRNA 合成酶的活性部位由 2 个功能域组成：一个是氨基酸活化域，负责与氨基酸结合；另一个是 tRNA 结合域，与 tRNA 分子结合形成复合物。氨基酸活化域通过与 ATP 发生反应，将氨基酸与腺苷酸形成氨酰腺苷酸中间体。然后，氨基酸活化域与相应的 tRNA 结合域结合，使氨酰腺苷酸中间体转移到 tRNA 的接受位点上，形成氨基酰 – tRNA 复合物。氨基酰 tRNA 合成酶的活性对细胞的蛋白质合成至关重要。每个氨基酰 tRNA 合成酶都具有高度特异性，能够正确地将氨基酸与对应的 tRNA 分子结合，从而确保正确的氨基酸序列被添加到蛋白质链上。这一过程对于蛋白质合成的准确性和有效性至关重要。

蛋白质翻译

在核糖体上 mRNA 翻译为蛋白质肽链的过程包括 3 个主要的步骤：起

始、延伸和终止。在起始阶段，核糖体结合到 mRNA 的起始密码子上，并招募起始因子来帮助氨基酸的添加。然后，核糖体会从 mRNA 上读取下一个密码子，并通过特定的转运 RNA（tRNA）分子将相应的氨基酸带入核糖体。每个 tRNA 分子携带一个特定的氨基酸，并根据其上的反密码子与 mRNA 上的密码子进行配对。在延伸阶段，核糖体持续地读取 mRNA 上的密码子，并将相应的氨基酸连接到蛋白质链上。这个过程通过肽键的形成来实现，其中 2 个相邻氨基酸的羧基和氨基在核糖体的催化下结合在一起。这个步骤不断重复，直到核糖体读取到 mRNA 上的终止密码子。终止阶段是蛋白质翻译的最后一个步骤，当核糖体读取到终止密码子时，它会释放合成的多肽链，核糖体和 tRNA 分子会分离。由此，完成了新的蛋白质的合成。

相关文献阅读推荐

[1] 曾奇玉，周小龙，王恩多. 多氨基酰 - tRNA 合成酶复合物的发生发展 [J]. 生命科学，2021，33（4）：401 - 406.

[2] 耿楼，顾文莉. 蛋白质的翻译后修饰与肿瘤代谢 [J]. 生命的化学，2020，40（4）：600 - 606.

[3] 李光，周小龙，王恩多. 氨基酰 - tRNA 合成酶与神经系统疾病 [J]. 生命科学，2020，32（8）：763 - 772.

[4] 李浩，刘如娟，王恩多. 转移核糖核酸（tRNA）与癌症 [J]. 生命科学，2020，32（4）：309 - 314.

[5] 柳卓，田雪飞，曾普华. 肝癌中蛋白质翻译后修饰的研究进展 [J]. 中国药理学通报，2022，38（6）：828 - 831.

[6] 王勇，周小龙，王恩多. tRNA 37 位 6 - 苏氨酰氨基甲酰腺苷酸修饰及其生物学功能 [J]. 生命科学，2018，30（4）：424 - 430.

[7] 徐慧璇，陈文标，戴勇. tRNA 影响肿瘤发生发展的研究进展 [J]. 医学综述，2020，26（3）：464 - 468，474.

[8] 杨玉宏，唐叶峰. 氨酰 - tRNA 合成酶抑制剂的研究进展 [J]. 中国药物化学杂志，2021，31（1）：23 - 38.

[9] 周怡孜，姜文国. 蛋白质翻译后修饰的质谱鉴定方法和在精准医学研究中的应用 [J]. 滨州医学院学报，2021，44（1）：76 - 80.

蛋白质合成后加工

思政故事：人物故事——贺福初与人类蛋白质组计划

贺福初院士童年时期伴随着生活的艰难和社会的动荡。尽管那时普遍存在着"读书无用"和"知识越多越反动"的思潮，但他的父母仍坚信读书对于他们的儿子来说至关重要。1977 年，贺福初院士通过高考考入了武汉大学，但他意识到自己需要系统的中学教育才能有所成就，于是决定放弃这个机会，继续高中学习，最终考入了复旦大学。

他肩负着家人和乡亲们的期望，来到上海，怀着对理想和现实的巨大渴望站在上海的高楼大厦前，暗暗下决心成为一个有成就的人。起初，他对被录取到遗传工程专业而非激光物理专业感到不满，但一次遗传学讲座改变了他的想法，激发了他对生命科学的热情。大学毕业后他选择留在国内，进入军事医学科学院攻读硕士，并在 23 岁时获得了生物化学硕士学位。不久之后，贺福初被实验血液学家吴祖泽院士邀请参与分子生物学的研究。他以"科学只承认第一"为座右铭，全身心地投入学习和工作。在 1995 年，他意识到蛋白质组学的重要性，并决定致力于该领域的研究。蛋白质组学被视为生命科学和生物技术的新引擎，具有推动相关领域快速发展和经济社会全面、协调、可持续发展的潜力。

2002 年，贺福初院士首先提出了人类肝脏蛋白质组计划，并提出了建立蛋白质组"两谱、两图、三库"的科学目标，受到国际同行的广泛关注。中国牵头的国际人类肝脏蛋白质组计划作为国际人类蛋白质组计划的首批计划之一，优先启动。中国科学家将人类蛋白质组计划的首要目标集中在肝脏，原因是中国有超过 1.5 亿的肝炎病毒携带者，每年因病毒性肝炎及其相关并发症（如肝纤维化、肝硬化和肝癌）而死亡的人数占全球总数的一半以上，每年医疗费用超过千亿元（占国内生产总值的 1% 以上）。因此，控制肝病的发生和发展，提高肝病患者的生活质量迫在眉睫。

该计划通过对肝脏蛋白质的全面、高通量和规模化研究，揭示了肝脏蛋白质在生理和病理过程中的功能意义，并发现了一批新的肝脏疾病诊断标志物、药物作用靶标和创新药物,为全面提高疾病的预防、诊断和治疗水平,降低医疗费用提供了有效手段。

意义:贺福初院士的经历展现了一个从贫困学子到国际科学领域的杰出人物的奋斗历程。他的坚毅精神、执着追求和对科学的热情为年青的学子树立了榜样。

生化知识点简要概述

蛋白质组学

蛋白质组学是使用一系列高通量技术和方法来鉴定、定量和研究细胞或组织中存在的所有蛋白质的学科。蛋白质组学是基因组学研究的自然延伸,蛋白质是细胞功能的实际执行者,对于理解生物体内的生物过程至关重要。

蛋白质组学的主要目标包括以下几个方面:

(1)蛋白质鉴定。通过质谱技术、凝胶电泳、免疫印迹等方法,可以鉴定细胞或组织中存在的蛋白质。这些方法可以帮助研究人员了解细胞中蛋白质的种类和丰度。

(2)蛋白质定量。蛋白质组学还包括定量蛋白质的研究。比较不同样本中蛋白质的丰度,可以了解蛋白质的表达水平在不同条件下的变化,从而研究生物过程的调控机制。

(3)蛋白质相互作用。蛋白质组学还涉及研究蛋白质之间的相互作用。通过蛋白质相互作用网络的构建,可以揭示蛋白质之间的复杂相互关系,从而了解细胞信号传导、代谢调控等生物过程的调控机制。

(4)蛋白质修饰。蛋白质组学还研究蛋白质的翻译后修饰,如磷酸化、甲基化、乙酰化等。这些修饰可以影响蛋白质的功能和稳定性,从而调节细胞内的生物过程。

蛋白质组学的发展离不开高通量技术的支持,如液相色谱质谱联用技术、二维凝胶电泳、蛋白质芯片等。这些技术的不断进步使得蛋白质组学成为研究生物体内蛋白质的重要手段,为生物学、医学研究及疾病诊断和治疗提供了丰富的信息。

蛋白质翻译后加工

蛋白质翻译后的加工是指蛋白质肽链在核糖体合成完成之后,通过一系列的生物化学过程对新产生的肽链分子进行空间构象的正确折叠及修饰,以使其获得最终的结构和功能。蛋白质的翻译后加工包括以下几个方面:

(1)蛋白质折叠。新合成的肽链需要经过折叠形成正确三维结构的、有功能的蛋白质。细胞内存在多种分子机制来协助蛋白质折叠,确保它们获得正确的蛋白质结构。

（2）肽链的剪切。有些蛋白质肽链合成后，其携带的信号肽被用于将蛋白质引导到正确的细胞位置。在到达目标位置后，信号肽会被酶切除。

（3）蛋白质组装。一些蛋白质由多个亚基组成，通过蛋白质组装过程来形成功能性复合物。这可能涉及亚基之间的相互作用、修饰和协同变化。

（4）蛋白质氨基酸残基的修饰。目前发现蛋白质修饰方式众多，主要有：①磷酸化（phosphorylation）。磷酸化是通过将磷酸基团添加到蛋白质分子上的修饰方式。这种修饰通常调节蛋白质的活性，参与信号传导、细胞周期调控等重要过程。②甲基化（methylation）。甲基化是将甲基基团添加到蛋白质上的修饰方式，通常发生在氨基酸的侧链上。它可以影响蛋白质的结构和相互作用，对基因表达和细胞功能产生影响。③糖基化（glycosylation）。糖基化是将糖基团连接到蛋白质上的修饰方式。这种修饰可以影响蛋白质的折叠、稳定性和生物活性，还可以影响蛋白质与其他分子的结合。④乙酰化（acetylation）。乙酰化是在蛋白质上添加乙酰基团，这种修饰可以影响蛋白质的稳定性和功能。⑤泛素化（ubiquitination）。泛素化是通过连接泛素蛋白到目标蛋白质上，从而标记该蛋白质进行降解或参与其他细胞过程的修饰方式。⑥磷脂修饰（lipidation）。磷脂修饰是将脂质分子连接到蛋白质上，参与调节蛋白质的膜定位和信号传导。⑦硝化（nitrosylation）。硝化是将一氧化氮（NO）添加到蛋白质上的修饰方式，参与调节蛋白质的活性和功能。此外，还包括磺酰化、羟基化等其他修饰。这些修饰不仅可以在翻译后进行，也可以在蛋白质折叠和组装过程中发生。它们可以影响蛋白质的稳定性、定位、交互作用和功能。

蛋白质的翻译后加工是一个复杂的过程，涉及多种分子、酶和细胞结构的相互作用，以确保蛋白质获得适当的结构和功能。这些加工过程对于维持细胞内正常功能及蛋白质的功能至关重要。

相关文献阅读推荐

[1] 耿楼，顾文莉. 蛋白质的翻译后修饰与肿瘤代谢 [J]. 生命的化学，2020，40（4）：600-606.

[2] 郭子晨，高晓晗，张晓霞，等. 蛋白质组学在阿尔茨海默病中的应用研究进展 [J]. 生命的化学，2021，41（11）：2427-2433.

[3] 贾国香，董亚倩，杨娜，等. 蛋白质组学策略助力中药现代化的研究进展 [J]. 天津中医药大学学报，2021，40（3）：277-285.

[4] 刘明，顾宏博，李振亚，等. 翻译后修饰蛋白质组学助力实现精

准医疗 [J]. 生物产业技术, 2018 (2): 76-84.

[5] 柳卓, 田雪飞, 曾普华. 肝癌中蛋白质翻译后修饰的研究进展 [J]. 中国药理学通报, 2022, 38 (6): 828-831.

[6] 苟馨木, 张国伟, 袁玉蓉, 等. 蛋白质翻译后修饰在眼科疾病中的研究进展 [J]. 眼科新进展, 2022, 42 (5): 403-407.

[7] 孟霄, 管艳. 蛋白质组学技术在呼吸系统疾病研究中的应用进展 [J]. 解放军医学院学报, 2021, 42 (11): 1225-1229.

[8] 隋修锟, 吴峰, 张洪玉, 等. 蛋白质翻译后修饰在禁食低代谢调节中的研究进展 [J]. 载人航天, 2023, 29 (1): 118-125.

[9] 孙娇, 藏颖颖, 刘清国. 蛋白质组学在高血压研究中的应用进展 [J]. 医学综述, 2022, 28 (4): 632-637.

[10] 陶颖君, 吴洁, 刘畅. 蛋白质组学在糖尿病及其并发症中的应用 [J]. 中国药科大学学报, 2020, 51 (3): 368-373.

[11] 赵晟隆, 张为远. 蛋白质组学在唐氏综合征产前筛查中的应用 [J]. 医学综述, 2021, 27 (11): 2228-2232.

[12] 赵珍珍, 邓靖宇. 蛋白质组学技术在胃癌研究中的应用 [J]. 天津医科大学学报, 2021, 27 (1): 94-98.

思政故事：沙眼衣原体发现者——汤飞凡

汤飞凡幼年常听父老谈论维新、改革，"学西方、学科学，振兴中华"这些思想不知不觉地透进了他幼小心灵。他从小在家乡看到穷苦农民贫病交加，中国被人讥笑为"东亚病夫"，就立志学医，意欲振兴中国的医学。

他在20世纪30年代和卫曦共同对支原体进行研究，否定了沙眼细菌病因说；组织研制出中国第一批5万单位的青霉素，创建青霉素生产车间，为预防天花、黄热病、鼠疫等疫病做了大量工作；20世纪50年代和张晓楼等人成功地分离出沙眼衣原体，是世界上第一个分离出沙眼衣原体的人，故沙眼衣原体又被称为"汤氏病毒"。

意义：汤飞凡是中国微生物科学的奠基者，也是享有世界声誉的著名微生物学家之一。振兴中华的决心，让汤飞凡全身心地投入学习和研究工作中，为中华微生物学的发展奠定了基础。

生化知识点简要概述

蛋白质合成的干扰和抑制

抗生素的发明对人类健康和医学领域产生了巨大影响，它被认为是现代医学的一个里程碑。很大一部分抗生素的作用机理是涉及干扰细菌的蛋白质翻译过程。

（1）氯霉素（chloramphenicol）。氯霉素是一种广谱抗生素，作用于细菌的核糖体上的50S亚基的23S rRNA，阻止肽链的延伸，从而阻止蛋白质合成。

（2）四环素（tetracycline）。四环素特异性结合核糖体30S亚基的A位，抑制携带氨基酸的tRNA进入核糖体A位点，从而抑制肽链的延长，阻碍蛋白质的翻译。

（3）红霉素（erythromycin）。红霉素与核糖体上的50S亚基结合，阻碍肽链的延伸。它主要结合到核糖体上的23S rRNA，并阻止新的氨基酰tRNA进入A位点，从而阻止蛋白质合成。

（4）氨基糖苷类抗生素（如潮霉素、链霉素、庆大霉素）。这类抗生素通过结合到核糖体上的30S亚基，影响蛋白质翻译的准确性，从而干扰蛋白质的合成的忠实性。

这些抗生素作用于细菌的核糖体或相关蛋白，干扰蛋白质的合成过程，从而抑制细菌的生长和繁殖。然而，需要注意的是，不同类型的抗生素对不同类型的细菌可能有不同的效果，并且抗生素的使用需要谨慎，以避免产生耐药性和不良反应。正确使用抗生素是至关重要的，应该根据临床情况和医生建议使用。

相关文献阅读推荐

[1] 查艳芳，王萱，郝洁，等. 应用抗生素类药物存在的问题探讨[J/OL]. 临床医药文献电子杂志，2017，4（32）：6331-6332. [2023-08-01].

[2] 李振环，朱英，胡小键，等. 抗生素的人体健康风险、内暴露特征及检测技术研究进展[J]. 环境化学，42（12）：1-16.

[3] 马晶，王德亚，田忠景，等. 饮水摄入抗生素对小鼠肠道菌群的影响[J]. 中国抗生素杂志，2023，48（7）：833-841.

（温栾 陆文）

第十六章 基因的表达调控

思政故事：人物故事——张永莲与男科分子生物学

张永莲院士是中国杰出分子内分泌学家，就职于中国科学院生物化学与细胞生物学研究所，担任研究员和博士研究生导师。

张永莲院士于1957年毕业于复旦大学化学系有机化学专业，并被分配到中国科学院上海生理生化研究所工作。在职期间，先后担任研究实习员、助理研究员、副研究员、研究员和博士研究生导师。1983年至1987年期间，前往英国帝国肿瘤研究基金会的分子内分泌实验室进行进修。2001年，当选为中国科学院院士，并在2007年主持成立了上海市分子男科学重点实验室。于2014年被评为"全国三八红旗手标兵"，并于2019年成为中国医学科学院学部委员。

张永莲院士的主要研究方向是雄激素对真核基因转录调控机制的研究，以及睾丸生精过程和附睾对精子成熟过程中基因表达程序的调控。从1998年开始，她致力于研究精子在附睾中成熟的分子机制，并成功克隆了许多新基因。她的研究团队发现了附睾中的第一个β-防御素Bin1b，并与香港中文大学合作研究证明了Bin1b不仅具有抗菌作用，还能启动精子的运动。此后，他们陆续发现了rBD15、rBD23、rBD26、rBD42等β-防御素在精子运动和免疫防御方面的功能，引领了附睾内β-防御素功能的研究。他们还发现了一些附睾蛋白对精子获能、顶体反应、精卵结合及胚胎发育和子代健康的影响。这些研究成果为精子功能评价与临床转化奠定了基础，并为男性不育和生殖出生缺陷提供了理论指导。此外，他们还开拓了附睾非编码RNA在精子成熟中的作用研究。

张永莲院士在科研工作中的思路是：一方面，树立勇攀科学高峰的信心，选择既能解决国家重大需求又是科学发展前沿的课题，不断学习新知识，用创新的思路和手段解决难题。另一方面，甘于寂寞，坚忍不拔，不计较个人得失，顶得住各种干扰和压力，埋头实干。此外，她强调生物科学的综合性，许多研究课题需要通过多学科的科学合作才能解决。

意义：张永莲院士甘于寂寞、坚忍不拔的科研态度，以及其科研选题结合前沿与国家需求，体现了张院士的家国情怀，其精神值得青年学子学习。

生化知识点概述

真核基因表达调控

真核基因表达调控是指在真核生物细胞中，在染色质 DNA 上的遗传信息转变成有功能生物大分子发挥功能的过程中存在多层次复杂调控机制。这一过程涉及多个层面的调控，包括染色质结构调控、转录调控、RNA 加工与稳定性调控及转译后调控等。这些调控机制紧密协调，确保基因表达的时机、水平和空间位置的精确控制，从而维持细胞的正常功能和发育。

染色质结构调控是基因表达调控的第一层级。染色质是基因组 DNA 与蛋白质的复合物，通过染色质的状态调控可以影响基因的可及性和可表达性。例如，DNA 甲基化和组蛋白修饰等化学修饰作用可以改变染色质的结构，进而调控基因的转录活性。此外，核小体的组织和染色体的空间结构也对基因表达起到重要影响。

转录调控是基因表达调控的核心环节。转录是指 DNA 序列被转录酶复制成 RNA 的过程。转录调控通过调控转录的起始、速率和终止来控制基因的表达水平。这包括转录因子的结合与激活、转录复合物的组装、启动子和增强子的相互作用等一系列分子事件。转录因子是一类可以结合到 DNA 上特定序列的蛋白质，它们可以激活或抑制基因的转录过程。通过转录因子与 DNA 结合的方式，可以实现基因的特异性表达。另外，一些非编码 RNA 也参与到转录调控中，通过与 DNA 或转录因子相互作用，调控基因的表达。

RNA 加工与稳定性调控是基因表达调控的另一个重要层面。在转录后，RNA 需要经过多个加工步骤才能成熟为功能性 RNA 分子。这包括剪接、剪切、聚腺苷酸化和 RNA 修饰等过程。剪接是指将 RNA 前体分子中的内含子切除，将外显子连接成连续的 RNA 序列。通过剪接的不同方式，可以产生多种不同的 RNA 亚型，进而调控基因的表达和功能。此外，RNA 的稳定性也受到调控，通过 RNA 降解和稳定性调控因子的作用，控制 RNA 的寿命和丰度。

转译后调控是指在 RNA 被翻译成蛋白质后，进一步通过蛋白质的修饰和相互作用调控基因表达。这包括蛋白质的翻译后修饰、蛋白质复合物的组装和功能调控等过程。蛋白质的翻译后修饰包括磷酸化、甲基化、乙酰化等化学修饰，可以影响蛋白质的稳定性、亚细胞定位和功能。蛋白质复合物的组装和功能调控通过蛋白质 – 蛋白质相互作用，调控蛋白质的结合、激活和降解等过程，进而调控基因的表达和细胞功能。

在真核生物中，这些不同层级的基因表达调控机制紧密相互作用，形成复杂的调控网络。细胞通过这些调控机制，对环境信号和内部需求做出相应调整，确保基因表达的精确度和适应性。随着研究的深入，我们对真核基因表达调控的理解不断扩展，这对于疾病发生机制和治疗方法的研究有着重要的指导意义。

相关文献阅读推荐

［1］鞠君毅，赵权. γ-珠蛋白基因表达调控机制与临床应用［J］. 遗传，2018，40（6）：429-444.

［2］李莉，樊玉玺，夏雨婷，等. 染色质重塑复合物与基因表达调控的研究进展［J］. 实用医院临床杂志，2022，19（1）：177-180.

［3］刘辰东，杨露，蒲红州，等. 运动对骨骼肌基因表达的表观遗传调控作用［J］. 遗传，2017，39（10）：888-896.

［4］施剑，李艳明，方向东. 长链非编码RNA通过细胞核高级结构调控真核基因表达及其临床意义［J］. 遗传，2017，39（3）：189-199.

［5］武成一，陈斐，洪丹妮，等. 增强子对基因表达的调控：从新技术到新机制［J］. 厦门大学学报（自然科学版），2022，61（3）：496-505.

［6］赵念念，冯榕，张丽，等. LncRNA/hnRNP在调控基因表达中的机制及功能［J］. 生命的化学，2020，40（10）：1815-1824.

思政故事：操纵子概念的提出

20世纪50年代和60年代初，弗朗索瓦·雅各布（François Jacob）和雅克·莫诺（Jacques Monod）在对大肠杆菌的研究中发现，当环境中存在乳糖时，大肠杆菌可以代谢乳糖，但当存在葡萄糖时，细菌似乎忽视了乳糖。基于细菌不会浪费能量去表达不需要的蛋白质的理念，他们提出了操纵子理论并通过实验证实。

乳糖操纵子是一个包含启动子、操纵子和负责乳糖代谢的结构基因的功能性DNA单位。乳糖抑制因子是一个调控蛋白，可以结合到操纵子区域，阻止RNA聚合酶转录结构基因。当环境中没有乳糖时，乳糖抑制子结合到操纵子，阻止结构基因的转录，这被称为抑制。当环境中存在乳糖时，乳糖结合到乳糖抑制因子，引起构象改变，使其无法结合到操纵子，因此，RNA聚合酶可以转录结构基因，导致乳糖代谢酶的产生。

雅各布和莫诺的操纵子理论深刻揭示了基因表达调控及基因对环境信号做出响应的机制。他们的工作奠定了从基因水平理解生物体如何适应环境的基础。他们因此在1965年共同获得了诺贝尔生理学或医学奖。

意义：雅各布和莫诺通过对细菌行为的细致观察，发现了基因表达调控的重要规律，说明科学发现往往始于细心的观察和深入的思考；他们提出了全新的操纵子理论，并通过实验证实，表明创新思维和理论构建在科学研究中具有巨大价值。

生化知识点简要概述

操纵子

操纵子是是原核生物（如细菌和古菌）中的一个功能性DNA单位。它由一组基因组成，这些基因一起作为一个单一的mRNA分子转录。这些基因的聚集使得基因表达得以协调调控，并实现细胞功能的高效控制。

每个操纵子通常包括几个结构基因，这些基因编码参与特定代谢途径或细胞功能的蛋白质。这些基因被转录成一个单一的多基因mRNA，这意味着它们都存在于同一个mRNA转录本中。这种组织结构使得多个蛋白质可以同时产生，这些蛋白质在同一生物过程中共同发挥作用。

操纵子受到各种机制的调控，可以增强或抑制它们的转录。主要的调控元件是操纵子和启动子区域。操纵子充当开关，可以被特定的调控蛋白（称为抑制子或活化子）结合，从而控制RNA聚合酶对启动子的访问，进而控制转录的启动。

操纵子的调控使得细菌可以根据环境条件的变化调整基因表达模式，并高效利用可用资源。例如，当特定营养物质稀缺时，负责其利用的操纵子可能会上调，以增强其合成。相反，当某种代谢产物丰富时，与其产生有关的操纵子可能会下调，以节约细胞资源。

乳糖操纵子

乳糖操纵子的关键组成部分如下：

（1）结构基因。乳糖操纵子由3个结构基因组成，分别为 *lacZ*、*lacY* 和 *lacA*，它们编码参与乳糖代谢的酶。*lacZ* 编码 β-半乳糖苷酶，这是一种将双糖乳糖水解为葡萄糖与半乳糖2个单糖的酶。*lacY* 编码 β-半乳糖苷透性酶，这是一种在细胞膜上的运输蛋白质，负责将乳糖运输入细胞中。*lacA* 编码 β-半乳糖苷乙酰基转移酶，其负责将乙酰基从乙酰辅酶A转移至 β-半乳糖苷。

（2）操纵基因。操纵基因是位于结构基因与启动子之间的一段DNA序列。它充当开关，控制结构基因的转录。操纵基因可以被一个叫作阻遏蛋白的调控蛋白结合。

（3）启动子。启动子是一段位于结构基因上游的 DNA 序列，是 RNA 聚合酶（负责启动转录的酶）的结合位点。

（4）阻遏蛋白编码基因 *lacI*。细菌细胞对乳糖利用的调控需要一个调节蛋白，称为乳糖操纵子阻遏蛋白。该蛋白编码基因是 *lacI*，位于乳糖操纵子附近，由一个组成型启动子驱动表达。

如果在生长环境中缺乏乳糖，阻遏物会紧密地与位于启动子下游接近 *LacZ* 的短 DNA 序列（称为乳糖操纵基因）结合。与操纵基因结合的阻遏蛋白会阻碍 RNA 聚合酶与启动子的结合。当细胞在有乳糖的环境下成长时，称为异乳糖的乳糖代谢物会与阻遏物结合，容许 RNA 聚合酶转录乳糖基因，并从而引发高水平的编码蛋白。

相关文献阅读推荐

［1］戴莹，刘金凤，牛雪薇，等. dnaK 操纵子研究进展［J］. 牙体牙髓牙周病学杂志，2015，25（7）：446－449.

［2］王一舟，张雅琪，牛雪微，等. 变异链球菌 groE 操纵子及其表达与调控［J］. 国际口腔医学杂志，2016，43（3）：348－351.

（温栾 陆文）

第十七章 细胞信号转导

概 述

思政故事：陈宜张率先提出神经膜受体假说

陈宜张，神经生理学家，浙江大学医学院教授；中国人民解放军海军军医大学神经科学研究所所长，在 1995 年当选为中国科学院院士；近 20 年来，多次获得军队科技进步奖及国家自然科学奖等奖项；长期从事神经科学研究。

20 世纪 60 年代，陈宜张发现单个电刺激可使幼兔大脑皮层树突电位长时间易化，20 世纪 70—80 年代提出了下丘脑及边缘系统参与针刺镇痛的设想并阐明了下丘脑-中脑连接的意义，揭示了下丘脑室旁核在损伤性应激反应中的作用及脑内氨基酸和下丘脑神经肽与心理应激的关系。20 世纪 80 年代，他率先在国际上提出了糖皮质激素作用于神经元的非基因组机制或膜受体假说，阐释了甾体激素以非基因组机制方式分别抑制或促进神经细胞的兴奋性及分泌和重摄取氨基酸的一系列实验资料，并阐明其部分细胞内信号转导过程，有关工作已被国际著名内分泌学教科书所引用。

意义：陈宜张教授治学严谨，待人以诚，具有高尚的学术道德，为国内同道及学生所推崇，为前辈所嘉许。他对科学认真严谨，是我们后辈学习的楷模。

生化知识点简要概述

细胞信号转导概述

细胞信号转导是细胞通过胞膜或胞内受体感受刺激信号，经细胞信号转导系统转换，从而影响细胞生物学功能的过程。细胞信号传递是多通路、多环节、多层次和高度复杂的可控过程。细胞信号的适当反应依赖于靶细胞对多种信号的整合及对信号的有效控制，表现出发散性和收敛性的特征。

1. 信号通路的异常与疾病的发生有密切的联系

G蛋白异常激活可导致霍乱的发生；NO信号路径障碍可诱发多种神经性疾病；许多癌基因编码蛋白激酶。目前，许多针对信号转导通路所开发的特异性激活剂或抑制剂类的靶向药物相继问世，为患者带来生存的希望。

2. 信号分子的概念与分类

信号分子作为生物体内的化学分子，既不能作为能源物质提供能量，也不是结构物质或酶，而是用来传递细胞间或细胞内部的信息等信号。例如激素、神经递质和生长因子等，它们可同细胞受体结合，传递细胞间和细胞内信息。多细胞生物中有几百种不同的信号分子在细胞间传递信息，这些信号分子包括蛋白质、多肽、氨基酸衍生物、核苷酸、胆固醇、脂肪酸衍生物及可溶解的气体分子等。

根据信号分子的溶解性分为水溶性信息（water-soluble messengers）和脂溶性信息（lipid-soluble messengers），前者作用于细胞表面受体，后者要穿过细胞质膜作用于胞质溶胶或细胞核中的受体。信号分子本身并不直接作为信息，它的基本功能只是提供一个正确的构型及与受体结合的能力，就像钥匙与锁一样，信号分子相当于钥匙，只要有正确的形状和缺齿就可以插进锁中并将锁打开，以此完成信号传递。

相关文献阅读推荐

［1］陈宜张. 神经元兴奋性的细胞周围调制［J］. 生理学报，2016，68（4）：385-390.

［2］CHEN Y Z, QIU J. Pleiotropic signaling pathway in rapid, nongenomic action of glucocorticoid［J］. Molecular cell biology research communication, 1999, 2: 145-149.

［3］HUA S Y, CHEN Y Z. Membrance-receptor mediated electrophysiological effects of glucocorticoid on mammalian neurons［J］. Endocrinology, 1989, 124（2）：687-691.

［3］QIU J, LOU L G, HUANG X Y, et al. Nongenomic mechanism of glucocorticoid inhibition of nicotine-induced calcium influx in PC12 cells: involvement of protein C［J］. Endocrinology, 1998, 139（12）：5103-5108.

细胞内信号转导分子

思政故事：人物故事——陈晔光与 TGF-β 信号调控

陈晔光，细胞生物学家，中国科学院院士，发展中国家科学院院士，中国医学科学院学部委员，中国细胞生物学学会理事长，清华大学生命科学学院教授。主要从事细胞信号转导机制及其生理病理作用的研究。

陈晔光教授多年在 TGF-β 信号调控方面取得许多原创性成果：发现 TGF-β 信号转导与受体在细胞不同膜区的空间分布有关，并受细胞内吞的调控；揭示了 TGF-β 信号转导特异性的结构基础和细胞自噬抑制 Wnt 信号现象及其机制。他的系列成果对深入了解胚胎发育、组织稳态和肿瘤发生发展等过程有重要指导作用。

意义：陈晔光教授在科研工作上稳中求新，严谨高效，获得丰硕的科研成果，他的工作态度和方法值得我们借鉴。

思政故事：人物故事——韩启德与 α_1 肾上腺受体

韩启德，病理生理学家，中国科学院院士，北京大学教授，中国科学技术协会名誉主席，中国人民政治协商会议第十二届委员会副主席。

韩启德教授长期以来从事分子药理学与心血管基础研究，在 α_1 肾上腺受体（α_1-AR）亚型研究领域获重要成果。1987 年，他在国际上首先证实 α_1-AR 包含 2 种亚型，随后系统研究 α_1-AR 亚型在心血管分布和病理生理改变中的作用。此外，韩启德教授关注学科交叉研究，探究生物单分子在细胞中的转运及其生物学意义，用复杂的系统和手段阐明了肾上腺素受体的网络调节的机理。

《医学的温度》一书是韩启德院士以"医学的温度"为主题，对近些年的医学观点进行总结并给出自己的建议，对全速发展的现代医学技术及其发展方向进行重新审视，提出应回归以患者为中心的价值医疗、不能忘记医学的来路和归途等观点。该书对人们重新认识现代医学乃至重新认识自我都极具启发意义。

意义：学以致用，医者仁心。

生化知识点简要概述

信号转导分子

细胞内信号转导分子依据作用特点可分为三类：①小分子第二信使；②酶；③调节蛋白。

受体及信号转导分子传递信号的基本方式：①改变下游信号转导分子的构象；②改变下游信号转导分子的细胞内定位；③信号转导分子复合物的解聚或形成；④改变小分子信使的细胞内浓度或分布。

相关文献阅读推荐

[1] 陈晔光，TGF-β 受体内吞机理和对信号转导的影响 [Z]. 北京市：清华大学，科技成果. [2009 – 01 – 01].

[2] 严晓华，章隽宇，陈晔光. 抑制性 Smad 蛋白对 TGF-β 超家族信号转导的调控及其生理意义 [J]. 细胞生物学杂志，2009，31（2）：135 – 144.

[3] ZHAO B, WANG Q, DU J, et al. PICK1 promotes caveolin-dependent degradation of TGF-β type Ⅰ receptor [J]. Cell research, 2012, 22 (10), 1467 – 1478.

细胞受体介导的细胞内信号转导

思政故事：人物故事——尚永丰与妇科肿瘤分子机制

尚永丰，生物化学与分子生物学家，教授，博士研究生导师。现任杭州师范大学党委副书记、校长、中国科学院院士。主要从事基因转录调控的表观遗传机制和乳腺癌/子宫内膜癌发生发展的分子机理的研究。

尚永丰教授在攻读博士期间，首次阐明了视黄酸及其受体抑制乳腺癌细胞生长的分子机制；尚永丰教授对雌激素受体拮抗剂在乳腺和子宫组织中生物活性特异性的分子机理的研究，以及在此研究中对 RNA 干扰（RNAi）技术的应用，被公认为是创新性的工作，此项研究成果已于 2002 年发表在 *Science* 上。此外，尚永丰教授还提出并验证了雌激素受体转录复合体在靶基因启动子上循环结合的假说，揭示了组蛋白修饰在基因转录调控中相互作用及"先锋因子"（pioneering factor）发挥"先锋"作用的机理，丰富了表观遗传理论知识和调控机制。

意义：尚永丰教授作为中国科学院院士，学术水平高，在行业内有影响力，任职期间，发挥自身优势，积极推动改革，为学校发展倾注了心血，付出了汗水。这种全身心投入在科研和工作上的热情值得我们后辈学习。

生化知识点简要概述

受体的分类与作用特点

受体是指任何能够同激素、神经递质、药物或细胞内信号分子结合并能引起细胞功能变化的生物大分子。根据受体在细胞中的位置，可将其分为细胞表面受体和细胞内受体两大类。受体本身至少含有两个活性部位：一个是识别并结合配体的活性部位；另一个是负责产生应答反应的功能活性部位，这一部位只有在与配体结合形成二元复合物并变构后才能产生应答反应。由此启动一系列的生化反应，最终导致靶细胞产生生物效应。

受体与配体结合使受体被激活，并产生受体激活后续信号。在生理条件下，受体与配体之间的结合不通过共价键介导，主要靠离子键、氢键、范德华力和疏水作用而相互结合。受体在与配体结合时，具有饱和性、高亲和性、专一性、可逆性等特性。

相关文献阅读推荐

［1］韩启德，α_1肾上腺素受体3种亚型在心血管共存的生理与病理生理意义［J］. 北京医科大学学报，1999，31（2）：97-102.

［2］尚永丰. 雌激素及其拮抗剂三苯氧胺诱发妇科肿瘤的分子机制研究［Z］. 北京市：北京大学基础医学院，科技成果.［2006-12-01］.

［3］HAN C, ABEL P W, MINNEMAN K P, α1-adrenoceptor subtypes linked to different mechanisms for increasing intracellular Ca^{2+} in smooth muscle［J］. Nature, 1987, 329 (6137): 333-335.

［4］HAN Q D, Physiological and pathophysiological significance of co-existence of three subtypes of 1-adrenoceptor in heart and blood vessels［J］. Chinese medical journal, 1999, 112 (10): 950-955.

［5］SHANG Y, MYERS M, BROWN M. Formation of the androgen receptor transcription complex［J］. Mol Cell, 2002, 9 (3): 601-610.

［6］WU H, CHEN Y, LIANG J, et al. Hypomethylation-linked activation of PAX2 mediates tamoxifen-stimulated endometrial carcinogenesis［J］. Nature, 2005, 438 (7070): 981-987.

思政故事：人物故事——程和平与"钙火花"

程和平，细胞生物学与生物物理学家，中国科学院院士，九三学社成员，北京大学分子医学研究所教授、分子医学南京转化研究院院长、国家生物医学成像科学中心主任、钙信号与线粒体生物医学研究室主任。

程和平教授主要致力于钙信号、活性氧信号、线粒体生物医学和活性氧（reactive oxygen species，ROS）信号转导领域的研究。在钙信号研究方面，程和平教授于1993年发现并命名细胞钙信号的基本单位——"钙火花"（calcium sparks），揭示了钙火花的产生与调控机理，深入研究了钙火花在各种可兴奋性及非兴奋性细胞中的生物学功能。在细胞活性氧信号研究方面，利用自行设计的新型荧光蛋白超氧探针，建成了表达超氧探针的转基因动物，并通过活体动物显微成像技术，发现了单个线粒体的超氧爆发现象，命名为"超氧炫"。

2023年2月，程和平教授和王爱民教授研究团队在 *Nature Methods* 上发表一项最新研究成果：一款重量仅为2.17 g的微型化三光子显微镜，能直接透过大脑皮层和胼胝体，首次实现对自由行为中小鼠的大脑全皮层和海马神经元功能成像，为揭示大脑深部结构中的神经机制开启了新的研究范式。

意义：程和平教授主张做科研应该专注于做出原创性的工作，要有人力、物力和财力的投入，足够的投入才能提供足够的容错空间，给原创性工作提供土壤。程教授的这种主张也为后来科研者创造了更好的科研环境和学术氛围，促进科研的不断进步。

生化知识点简要概述

膜受体介导的信号转导机制

与脂溶性的化学信号不同，亲水性信号分子（所有的肽类激素、神经递质和各种细胞因子等）均不能进入细胞。它们的受体位于细胞表面，这些受体与信号分子结合后，可以诱导细胞内发生一系列生物化学变化，从而使细胞的功能如生长、分化及细胞内化学物质的分布等发生改变，以适应微环境的变化和机体整体需要，该过程称之为跨膜信号转导。在此信号转导过程中，信号分子不进入细胞。位于膜表面的受体所介导的信号传递主要表现为各种参与信号传递的信号分子的构象、浓度或分布发生变化，各种信号分子之间发生相互识别和相互作用。

相关文献阅读推荐

[1] 周辰，邰超，叶海虹，等. 白介素1β在皮层神经元中通过抑制钙通道蛋白表达下调L型钙通道活性 [C] //中国神经科学学会. 中国神经科学学会第六届学术会议暨学会成立十周年庆祝大会论文摘要汇编. 北京：科学出版社，2005：152-153.

[2] 周鹏，许师明，徐明，等. 心肌细胞钙信号转导与心衰的微观生理机制 [C] //中国生理学会. 中国生理学会第五届全国心血管、呼吸和肾脏生理学学术会议论文摘要汇编. 生理通讯编辑部，2005：24-25.

[3] CHENG H, LEDERER W J. Calcium sparks, physiol [J]. Reviews, 2008, 88：1491-1545.

[4] SHANG W, LU F, SUN T, et al. Imaging Ca^{2+} nanosparks in heart with a new targeted biosensor [J]. Circle research, 2014, 114：412-420.

[5] WEI C L, WANG X H, CHEN M, et al. Calcium flickers steer cell migration [J]. Nature, 2009, 457：901-905.

[6] YANG L, LI R C, XIANG B, et al. Transcriptional regulation of intermolecular Ca^{2+} signaling in ground squirrel cardiomyocytes：the myocardin-junctophilin axis [J]. Proc Natl Acad Sci USA, 2021 (118)：e2025333118.

思政故事：人物故事——裴钢与G蛋白偶联受体

裴钢，细胞生物学家，中国科学院院士、发展中国家科学院院士，曾任同济大学校长。

裴钢教授利用G蛋白偶联受体（G-protein-coupled receptor，GPCR）变异证实了受体激活平衡态的假说，发现阿片受体（G蛋白偶联）C末端在激动剂作用下发生磷酸化而导致阿片受体脱敏，揭示了阿片受体信号脱敏和负反馈调节在阿片成瘾性形成中的重要作用。裴钢教授团队证明兴奋性氨基酸受体与阿片受体信号转导途径间存在相互联系（crosstalk）；氧化低密度脂蛋白可经过G蛋白途径激活p38MAPK而抑制平滑肌细胞的生长；中药有效成分天花粉蛋白能与HIV共受体（趋化因子受体）结合、增强受体的激活从而发挥抗HIV作用。

意义：作为全世界细胞信号转导研究领域的杰出科学家，裴钢院士的学术成果在业界影响颇深；裴钢院士对高教事业的高度使命感，以及自身的学术态度值得我们后辈效仿。

生化知识点简要概述

G 蛋白偶联受体介导的信号转导机制

G 蛋白偶联受体（GPCR），又称为七次跨膜受体，是迄今为止发现的最大的一类细胞膜表面受体大家族，功能上保守，是可识别外界刺激、控制大量生理学反应的一大类信号受体。GTP 酶等暂时的、空间的调控对于细胞或组织功能的正常发育是至关重要的。

GPCR 功能与细胞对外部因素的感测有关，这些外部因素包括加味剂、味觉配体、光、金属、神经递质、生物胺、脂肪酸、氨基酸、肽、蛋白质、类固醇和其他脂质。GPCR 与大量生理和病理状况关联，这些状况包括疼痛、哮喘、癌症、心血管疾病、胃肠道疾病、中枢神经系统疾病等。

GPCR 全部位于细胞膜上并且参与大部分生理功能的调节，相较于其他药物靶点来说较易驾驭，因此市面上约 35% 的药物都以 G 蛋白偶联受体作为药物靶点。

相关文献阅读推荐

[1] 裴钢, 刘畅, 黄世超. 抑制还是转导：信号分子调节机体健康与疾病 [J]. 生命科学, 2010, 22（3）：240 – 247.

[2] GAO H, SUN Y, WU Y, et al. Identification of β-arrestin2 as a G protein-coupled receptor-stimulated regulator of NF-κB pathways [J]. Molecular cell, 2004, 14（3）：303 – 317.

[3] LIU X, ZHAO X, ZENG X, et al. β-arrestin1 regulates γ-secretase complex assembly and modulates amyloid-β pathology [J]. Cell research, 2013, 23（3）：351.

[4] ZHAO J, BEN L H, WU Y L, et al. Anti-HIV agent trichosanthin enhances the capabilities of chemokines to stimulate chemotaxis and G protein activation, and this is mediated through interaction of trichosanthin and chemokine receptors [J]. Journal of experimental medicine, 1999, 190（1）：101 – 112.

思政故事：人物故事——张学敏与炎症诱发肿瘤

张学敏，肿瘤生物学家，中国科学院院士，军事医学科学院研究员、博士研究生导师，曾任军事科学院军事医学研究院毒物药物研究所所长，国家自然科学基金委员会党组成员、副主任。主要从事炎症与肿瘤发生的研究。

张学敏教授揭示了炎症诱导肿瘤发生的关键分子事件，尤其是在炎症所致细胞周期紊乱和肿瘤耐药的机制方面有原创性发现，为干预炎症诱发肿瘤的进程提供了理论基础。其首次阐明了炎症和免疫调控分子 CUEDC2 的关系，通过对 NF-κB 信号强度的负向调节控制，避免炎症反应过度并损伤自身组织，完成机体对炎症反应的精确调控。进一步研究发现 CUEDC2 在大量肿瘤组织中表达异常增高，导致细胞有丝分裂异常和基因组不稳定，进而促进肿瘤的发生和发展；CUEDC2 过量表达导致乳腺癌对内分泌治疗产生耐药性，并证明其可作为乳腺癌耐药的新标志物，为克服乳腺癌耐药提供了原创性的药物新靶点。除此之外，张学敏教授还围绕炎性信号通路、肿瘤生长信号通路、DNA 损伤诱发肿瘤的信号通路，深入系统地研究了 *Gankyrin*、*SOX4*、*eIF5A*、*p53* 和 *Ras* 等基因的功能，所取得的重要发现对提高临床放、化疗的疗效和肿瘤分子治疗具有重要理论价值。

意义：科研不仅需要严谨和敏锐的态度，更需要坚持不懈、坚韧的毅力和耐心。

生化知识点简要概述

单跨膜受体介导的信号转导机制

多种生长因子和细胞因子的受体为一类结构上为单次跨膜的糖蛋白。与 G 蛋白偶联受体相对应，将其称为单次跨膜受体，即它们的跨膜区仅为单向一次性的，而不像 G 蛋白偶联受体那样有反复的跨膜区段。

单次跨膜受体所介导的信号传递与转换过程与 G 蛋白偶联受体介导的信号转导有着很大差别。已知 G 蛋白偶联受体所介导的信号转导主要是经由 G 蛋白的激活，然后作用于相应的效应分子，随后导致细胞内信使含量及分布的迅速改变从而调节靶分子的活性并改变细胞的功能状态。单次跨膜受体介导的信号转导过程则主要是蛋白分子的相互作用，并且有蛋白酪氨酸激酶的广泛参与。对这些信号转导途径的了解在 20 世纪 90 年代取得了许多重要的进展。

相关文献阅读推荐

［1］张学敏. 炎症与肿瘤［C］//中国毒理学会，湖北省科学技术协会. 中国毒理学会第七次全国毒理学大会暨第八届湖北科技论坛论文集. 2015：5.

［2］张学敏. 炎症诱发肿瘤的机制探索［C］//中国工程院医药卫生学部，中国药理学会肿瘤药理专业委员会，中国抗癌协会抗癌药物专业委员

会. 2013 医学前沿论坛暨第十三届全国肿瘤药理与化疗学术会议论文集. 2013：28.

[3] GAO Y F, LI T, CHANG Y, et al. Cdk1-phosphorylated CUEDC2 promotes spindle checkpoint inactivation and chromosomal instability [J]. Nature cell biology, 2011, 13（8）：924 - 933.

[4] LI H Y, LIU H, WANG C H, et al. Deactivation of the kinase IKK by CUEDC2 through recruitment of the phosphatase PP1 [J]. Nature immunology, 2008, 9（5）：533 - 541.

细胞信号转导的基本规律

思政故事：人物故事——舒红兵与抗病毒天然免疫反应

舒红兵，细胞生物学家、免疫学家，中国科学院院士。舒红兵教授主要从事免疫相关的细胞信号转导研究，在抗病毒天然免疫反应等领域取得了一系列有重要国际影响的成果。他发现了多个在病毒感染诱导细胞表达Ⅰ型干扰素的过程中发挥关键作用的信号蛋白，为了解细胞抗病毒反应的分子机制做出了重要贡献；发现了多个负调控Ⅰ型干扰素过量表达的蛋白和作用机制，这种精细调控机制避免机体产生过激的免疫反应；发现了新的肿瘤坏死因子家族成员，阐述了肿瘤坏死因子家族的多个成员信号转导的早期分子事件，为了解相关免疫疾病的分子机制做出了贡献。

意义：舒红兵教授对科研有着无限热爱和严谨勤奋的治学态度。我们在科研中也应该秉承这种态度，对科研抱有无限热情。

生化知识点简要概述

细胞信号转导的基本规律

细胞内信号蛋白的相互作用是靠蛋白质模式结合域（modular binding domain）所特异性介导的，多种模式结合域经多重相互作用极大地拓展了细胞内信号网络的多样性。

细胞信号转导存在一定的规律性：①细胞信号的传递与终止涉及许多双向反应；②细胞信号在传导过程中可被级联放大；③细胞信号转导既有通用性又有专一性；④细胞信号转导途径具有多样性。

相关文献阅读推荐

[1] 韩家淮. p38信号通路与炎症反应 [C] //中国免疫学会（Chinese Society of Immunology）. 第六届全国免疫学学术大会论文集. 2008: 34-35.

[2] 舒红兵. 抗病毒天然免疫信号转导机制 [Z]. 湖北省：武汉大学，科技成果. [2013-10-01].

[3] 张煜，钟波，杨艳，等. TLRs与RLRs介导的细胞抗病毒反应信号转导及其调节机制 [J]. 细胞生物学杂志, 2009, 31 (4): 453-468.

[4] CUI W, HE X, ZHAI X, et al. CARF promotes spermatogonial self-renewal and proliferation through Wnt signaling pathway [J]. Cell discovery, 2020, 6 (1): 85.

[5] GE B, GRAM H, DI PADOVA F, et al. MAPKK-independent activation of p38alpha mediated by TAB1-dependent autophosphorylation of p38alpha [J]. Science, 2002, 295 (5558): 1291-1294.

[6] HE X, ZHANG W, YAN C, et al. Chemical biology reveals CARF as a positive regulator of canonical Wnt signaling by promoting TCF/β-catenin transcriptional activity [J]. Cell discovery, 2017, 3: 17003.

[7] LI Q, YAN J, MAO A P, et al. Tripartite motif 8 (TRIM8) modulates TNF-and IL-1-triggered NF-B activation by targeting TAK1 for K63-linked polyubiquitination [J]. P Natl Acad Sci USA, 2011, 108: 19341-19346.

[8] ZHANG D W, SHAO J, LIN J, et al. RIP3, an energy metabolism regulator that switches TNF-induced cell death from apoptosis to necrosis [J]. Science, 2009, 325 (5938): 332-336.

[9] ZHENG H, LI Q, Chen R, et al. Dual-specificity phosphatase 14 (DUSP14) negatively regulates TNF-α and IL-1-induced NF-κB activation by dephosphorylating the protein kinase TAK1 [J]. Journal of biology and chemistry, 2013, 288: 819-825.

（谢蓉）

第十八章 基因工程

思政故事:"中国克隆之父"——童第周

童第周,生物学家、中国实验胚胎学的主要奠基人,中国海洋科学研究的奠基人,生物科学研究的杰出领导者,开创了中国克隆技术之先河,被誉为"中国克隆之父"。

在童第周院士去世后一年,由他主持撰写的论文《鲤鱼细胞核和鲫鱼细胞质配合而成的核质杂种鱼》以中英文发表在当年第4期出版的《中国科学》杂志上。论文报道了中国成功获得具有发育全能性克隆鱼的消息。这是世界上报道的第一例发育成熟的异种间的胚胎细胞克隆动物。

1981年,中国科学家继续童第周的研究,再次用成年鲫鱼的肾脏细胞,获得了三倍体的克隆鱼,并发育成成体,证明成年鱼的体细胞也可以去分化和再程序化,具有发育成个体的全能性。研究论文发表在1986年的《水生学报》上,这是世界上第一次报道体细胞克隆动物。这意味着中国科学家在1981年培育出的第一条克隆鱼比1996年轰动世界、诞生在英国的克隆羊多利整整早了15年。

青年时代,童第周在比利时布鲁塞尔大学获得博士学位后,多次拒绝耶鲁大学等一流名校的邀请,放弃优渥待遇毅然回国,献身祖国的现代科学事业,成为现代爱国知识分子的杰出代表。

意义:"思想要奔放,工作要严密",这是1979年童第周先生在临终前20天,接受中国青年报记者采访时,送给中国青年的最后一句话,这也是童第周终其一生的治学之道的最好总结。

思政故事:克隆猴的诞生

2018年1月25号,由中科院上海神经科学研究所孙强和蒲慕明领导的研究团队在 Cell 报道用体细胞核移植技术成功克隆了两只猕猴的消息。这是首次在灵长类动物中实现体细胞克隆。孙强团队创造性地在克隆过程中注射了 H3K9me3 去甲基化酶 KDM4d，并同时使用了组蛋白去乙酰化酶抑制剂曲古抑菌素 A（Trichostatin A，TSA），这提高了核移植后的胚胎存活率，从而成功获得克隆猴。

猕猴作为灵长类动物，其生理和生化特征更接近人类，克隆猴的成功为研究人类疾病及研发药物提供了更可靠的模型。因此，可以更准确地模拟人体疾病的发展过程，这对于医学研究具有重要意义。

意义：这项成果表明我国的克隆技术走在世界的前列。

生化知识点简要概述

体细胞克隆技术

体细胞克隆技术是利用动物细胞核具有全能性的特征，通过将一个成熟的体细胞的核移植到一个无细胞核的卵细胞中，然后激活卵细胞发育，最终形成一个与原始个体基因基本相同的克隆个体。体细胞克隆首先从卵细胞供体的卵巢中获得卵细胞，并将其细胞核去除，得到无细胞核的卵细胞；再从将要克隆的年老生物中获取体细胞；然后将体细胞移植到无细胞核的卵细胞中，使用电刺激或化学处理，促使移植细胞膜与卵细胞膜融合后释放细胞核进入去核卵细胞中，形成一个带有克隆个体的遗传信息的卵细胞。在体外培养一段时间后，将发育良好的胚胎移植到一个代孕母体中，让它在母体内继续发育。胚胎将继续发育，代孕母体最终分娩一个与原始个体基因基本相同的克隆个体。1996 年，人类首次在哺乳动物领域成功克隆多莉羊。

相关文献阅读推荐

［1］敖政，陈祥，吴珍芳，等. 体细胞克隆猪发育异常研究进展［J］. 遗传，2020，42（10）：993 – 1003.

［2］廖兆蒂，刘真，孙强. 核移植技术的建立与发展［J］. 中国细胞生物学学报，2019，41（6）：1032 – 1040.

［3］廖兆蒂，刘真，孙强. 体细胞克隆猴的诞生及展望［J］. 生物学杂志，2018，35（3）：1 – 4.

［4］田佳卉，陈昱光，胡建宏，等. 印记基因与细胞重编程［J］. 畜牧兽医杂志，2022，41（3）：30 – 33，36.

［5］王立娜，陆勇，孙强. 体细胞克隆猴与实验动物福利［J］. 实验动物与比较医学，2018，38（2）：83 – 85.

［6］赵晓雨，吴珊珊，徐涵，等. 体细胞克隆动物胎盘发育异常机制研究进展［J］. 农业生物技术学报，2023，31（6）：1304 – 1313.

思政故事:"酶"梦渐成真——黄发灿

黄发灿先后在东北林业大学、中国科技大学就读;1995—2005 年,分别在美国纽约州立大学医学院及宾夕法尼亚大学医学院攻读博士和完成博士后研究,完成学业后兼任教授。

在美国学习工作期间,黄发灿研究的是心血管发育分子生物学,对工具酶的研究纯属业余爱好。在受到诸多条件限制的情况下,通过艰苦努力,他终于成功分离了 216 个有关工具酶的基因,并构成了相应的表达载体和基因工程菌株。工具酶是生物技术产业中最基础的物质,也是我国酶工业最薄弱的一环,各种工具酶全部依赖进口。这深深刺激了黄发灿。

2005 年,黄发灿带着科研成果回乡创业,创办了福建华灿生物科技有限公司,建成动物血液的生产线,可综合利用动物血液作为原料,同步生产凝血酶、超氧物歧化酶及蛋白胨等医药原料产品。

黄发灿主持多种生物酶类的研发和生产,包括 51 种工具酶系列产品,获得省科学技术进步二等奖,研究项目列入国家 863 计划生物和医药技术领域"生物医学关键试剂"重点项目,承担 51 种酶类产品的国家标准制定。他的研发团队进行了 216 个工具酶品种的后续研发和生产中试,建立了一套较完整的工具酶系统,打造了中国酶工业生产基地。

意义:黄发灿用归国创业的经历诠释了如何"笃行奋进新时代,创业追梦新征程"。

生化知识点简要概述

限制性内切酶

限制性内切酶,也称为限制性酶或切割酶,是一类能够识别 DNA 分子中特定的核酸序列,并在该序列的特定位置切割双链 DNA 的酶类。限制性内切酶在分子生物学和基因工程中具有重要作用,常被用于 DNA 分析、DNA 重组及基因工程。

思政故事:"PCR 技术之父"——凯利·穆利斯

什么是聚合酶链式反应(ploymerase chain reaction,PCR)?简而言之,如今大家所熟知的新冠病毒核酸检测就是通过 PCR 技术将病毒核酸不断扩增至一定数量,使之能够被有效地检测出来。毫无疑问,这项技术在新冠疫情的控制过程中，具有不可替代的作用。

PCR 是于 1983 年由凯利·穆利斯提出的。1983 年 4 月，在开车去度周末的路上，凯利·穆利斯考虑是否可以找到一种方法对微量生物样品中的 DNA 结构进行鉴定。最初他想到 Sanger DNA 测序原理，但是做序列分析时，引物的结合并不能保持足够的特异性。于是，他又想到在目的基因的下游再加一条引物，这条引物结合在互补链上，两次序列分析的结果可以相互确认。然而 DNA 样品中含有的脱氧核苷酸可能会干扰双脱氧核苷酸的引入。解决的办法是将实验分两步进行，第一步先在反应体系中加入脱氧核苷酸，反应完成后可以获得不同长度的 DNA 片段；然后通过加热使各种不同长度的 DNA 片段的两条链解链，再加入新的寡核苷酸引物和同位素标记的双脱氧核苷酸，然后对得到的标记片段进行分析。不过，如果脱氧核苷酸的量已经足以合成新链全长，就无法进行上述分析。凯利·穆利斯突然意识到，尽管这样合成的 DNA 链不能用于分析 DNA 序列，但是如果反复进行这一反应，位于两个引物之间的序列会得到扩增，扩增出来的 DNA 应该是位于两条引物间的特异性序列。通过 PCR，可在几小时内将 1 分子的遗传物质成百万乃至上亿倍地复制。

因为发明 PCR 技术，凯利·穆利斯和迈克尔·史密斯共同获得了 1993 年诺贝尔化学奖。获得诺贝尔化学奖后，穆利斯说，他是在从伯克利开车去门多西诺的途中有了灵感，在一条黑暗的路上，他灵光一闪，解决了 DNA 化学中最令人头疼的问题。他将生物学划分为了两个时代：PCR 前时代和 PCR 后时代。

PCR 技术改变了现代分子生物学和生物化学，是生物医学领域中的一项革命性创举。如今，PCR 已成为新冠病毒检测最重要的手段，它为大规模、快速筛查病毒做出了有力保证。

意义：科学的发展在于不断地探究和创新。

生化知识点简要概述

聚合酶链式反应

PCR 是一项利用耐热 DNA 聚合酶依照 DNA 双链复制的原理，在体外扩增特定 DNA 片段的技术。在 PCR 过程中首先通过高温使双链 DNA 变性解链，由双链变成单链；随后随着温度下降，反应体系中加入的一对引物会分别结合到变性后的单链 DNA 上，然后在耐热 DNA 聚合酶的催化下，以旧链为模板，把反应体系中游离的 dNTP 按照碱基互补配对原则，合成一条新链，形成一条由旧链和新链杂合成的新的双链 DNA。PCR 过程可概括为

"变性—退火—延伸"3个基本步骤的重复过程。PCR过程可以高效地扩增目的DNA片段，是现代生物技术中最为重要的技术之一。

重组DNA技术

重组DNA技术（recombinant DNA technology）是一种在体外利用工具酶对DNA分子进行有目的操作、修改的技术和方法，旨在创造具有特定性质或功能的新DNA序列。这些技术允许科学家在实验室中创造、改变和研究DNA，从而对基因、基因组和生物体进行精确的操作和研究。

相关文献阅读推荐

［1］高俊芳，李峰，王丽萍，等. 基因工程T细胞的临床研究进展［J］. 郑州大学学报（医学版），2016，51（6）：685-690.

［2］吕海龙，王建，吕浩，等. 合成生物学在下一代基因诊断技术中的应用进展［J］. 合成生物学，2023，4（2）：318-332.

［3］吴晓昊，廖荣东，李飞云，等. 合成生物学在疾病诊疗中的应用［J］. 合成生物学，2023，4（2）：244-262.

［4］谢君鸿，何晶晶，周鹏辉. 合成生物学与工程化T细胞治疗［J］. 合成生物学，2023，4（2）：373-393.

［5］徐绍涵，徐蕾涵. 现代生物技术五大分支及其医学应用［J］. 生物化工，2016，2（4）：73-77，86.

［6］张百红，岳红云. 合成生物学和肿瘤治疗［J］. 现代肿瘤医学，2023，31（13）：2533-2536.

［7］张强，顾明亮. 合成生物学的医学应用［J］. 生命的化学，2021，41（1）：113-132.

思政故事：基因编辑婴儿事件

据中国临床试验注册中心在线发布的文件显示，贺建奎团队之前一直在招募志愿者夫妇，以创建第一批基因编辑的婴儿。在这次的研究中，贺建奎的团队首先通过辅助生殖技术实现人类胚胎的体外受精，随后采用CRISPR-Cas9基因编辑技术对受精卵的*CCR5*基因进行基因编辑。这一违法违规的研究使贺建奎团队因共同非法实施以生殖为目的人类胚胎基因编辑和医疗活动，构成非法行医罪，分别被追究刑事责任。

*CCR5*基因编码的蛋白质，定位于白细胞表面，作为趋化因子的受体而与免疫系统相关。在T细胞与特定组织和靶器官结合过程中发挥作用，具

有调控 T 细胞和单核细胞或巨噬细胞系的迁移、增殖与免疫的功能。CCR5 基因是 HIV 病毒入侵机体细胞的主要辅助受体之一。此前资料显示,在北欧人群里面有约 10% 的人天然存在 CCR5 基因缺失。拥有这种突变的人,能够关闭致病力最强的 HIV 病毒感染大门,使病毒无法入侵人体细胞,即能天然免疫 HIV 病毒。

CRISPR-Cas9 是细菌和古细菌在长期演化过程中形成的一种适应性免疫防御,可用来对抗入侵的病毒及外源 DNA。而 CRISPR-Cas9 基因编辑技术,则是对靶向基因进行特定 DNA 修饰的技术,这项技术也是用于基因编辑中前沿的方法。以 CRISPR-Cas9 为基础的基因编辑技术在一系列基因治疗的应用领域都展现出极大的应用前景,如血液病、肿瘤和其他遗传疾病。该技术成果已应用于人类细胞、斑马鱼、小鼠及细菌的基因组精确修饰。

清华大学医学院教授,清华大学全球健康及传染病研究中心与艾滋病综合研究中心主任张林琦认为:

(1)对健康胚胎进行 CCR5 基因编辑是不理智的、违背伦理的,我们还没有发现任何中国人的 CCR5 基因是可以完全缺失的。

(2)CCR5 基因对人体免疫细胞的功能是重要的。

(3)由于 HIV 病毒的高变性,还有其他的受体可以使用,即使进行 CCR5 基因敲除,也无法完全阻断 HIV 病毒感染。

(4)CCR5 基因编辑在保证 100% 不出错之前,是不可以用于人的。

(5)现在母婴阻断技术非常有效,高达 98% 以上,可以阻止新生儿不被 HIV 病毒感染。

意义:我们需要敬畏生命,批判和抵制利用科技手段从事非法活动。

思政故事:两次成功合成新生命

美国 Science 发表的一项研究表示,文特尔及其团队设计并制造出了最简单的人工合成生命体。此次设计的人工生命仅有维持生命所需基因,这一数字仅为 473 个,是目前已知最小的生命体基因组,该研究可帮助科学家更好地了解细胞中每个必需基因的功能。尽管该生命体只有 473 个基因,但约有 31% 的基因的生物学功能仍未被发现。

早在 2010 年,文特尔及其团队利用电脑设计,在实验室中以化学方法第一次合成了一种可自我复制的人工细胞,那是有史以来第一个人工合成的生命体。文特尔及其团队先后两次成功地合成新的生命体,它们以前从未在地球上出现过。

意义：创新是科技前行的重要动力。

思政故事：人物故事——妮弗·安妮·杜德娜和埃马纽埃尔·卡彭蒂耶

妮弗·安妮·杜德娜和埃马纽埃尔·卡彭蒂耶是两位杰出的科学家，他们合作开发了 CRISPR-Cas9 技术，这是一种革命性的基因编辑工具，对 RNA 生物合成研究产生了重要影响。CRISPR-Cas9 系统利用 RNA 导向的 DNA 切割活性，可以精确编辑基因组，在研究 RNA 合成调控机制及相关疾病发生机制方面具有巨大潜力。这项技术的诞生为我们揭示了基因组编辑和调控的新途径，并推动了基因治疗领域的快速发展。杜德娜和卡彭蒂耶因他们在 CRISPR-Cas9 技术开发方面的突出贡献，获得了 2020 年的诺贝尔化学奖。他们的工作和贡献对于我们理解 RNA 的生物合成起到了至关重要的作用。他们的努力推动了 RNA 生物合成领域的研究进展，为我们揭示了 RNA 合成的分子机制、调控网络，以及其在细胞功能和疾病发生中的重要作用。

意义：杜德娜和卡彭蒂耶开发 CRISPR-Cas9 技术，推动技术和知识的进步，激励学生勇于探索未知领域；她们作为杰出的女性科学家，她们成功的事迹证明性别不是限制成功的因素，激励女性学生投身科学研究。

思政故事：人物故事——张锋

张锋，麻省理工学院终身教授，美国四院（美国国家科学院、美国国家发明家科学院、美国国家医学院、美国艺术与科学院）院士。张锋在 1982 年出生于河北石家庄，11 岁时随家人移居美国。2004 年获得哈佛大学化学与物理学学士学位；2009 年获得斯坦福大学化学及生物工程博士学位，师从光遗传之父卡尔·迪赛罗斯（Karl Deisseroth）教授。

2011 年，张锋加入麻省理工学院，在博德研究所（Broad Institute）开始了自己的独立科研工作。2013 年 1 月，张锋所在实验室首次将 CRISPR （clustered regularly interspaced short palindromic repeats）基因编辑技术应用于哺乳动物和人类细胞，从此他开始和 CRISPR 基因编辑一起大放异彩。张锋及其团队设计了两种不同的 II 型 CRISPR-Cas 系统，证明 Cas9 核酸酶可以被 sgRNA 引导以诱导人和小鼠细胞内源基因组位点的精确切割；也证实了 CRISPR-Cas 系统用于哺乳动物基因组编辑的易用性和普适性。这项研究是首次将 CRISPR-Cas 系统应用于哺乳动物和人类细胞，标志着 CRISPR-Cas 基因编辑系统真正意义上的开启。

此后，张锋陆续开发和改进了多种基因编辑工具，并创立了 Editas Medicine、Beam Therapeutics、Sherlock Biosciences、Pairwise Plants 等多家基因编辑领域公司。

2017 年，年仅 35 岁的张锋晋升为美国麻省理工学院理学院终身教授，打破之前由钱学森保持的最年轻者记录。2018 年，年仅 36 岁的张锋先后当选美国艺术与科学院院士和美国国家科学院院士。2020 年 12 月，张锋教授当选美国国家发明家科学院院士。

意义：鼓励学生树立远大志向，保持对知识的渴求，勇于创新，合作共赢，并将科研成果应用于实际，造福社会。

思政故事：血红蛋白病的治疗

血红蛋白病（hemoglobinopathy）是血红蛋白分子结构异常（异常血红蛋白病），或珠蛋白肽链合成速率异常（珠蛋白生成障碍性贫血）所引起的一组遗传性血液病。最常见的血红蛋白病包括镰状细胞病和地中海贫血，全球每年有超过 33 万新生儿患病。

基因疗法的诞生为该领域带来希望。2019 年，欧盟有条件地批准了蓝鸟生物一次性基因疗法 Zynteglo 用于治疗 12 岁及以上的非 β_0/β_0 基因型输血依赖性 β-地中海贫血患者，定价 177 万美元。

上海邦耀生物科技有限公司针对输血依赖型 β-地中海贫血的基因疗法产品 BRL-101 自体造血干祖细胞注射液的临床试验申请于 2022 年 8 月 16 日获国家药监局批准。利用基因编辑系统对患者的造血干细胞进行基因修饰，再将修饰后的造血干细胞回输到患者体内，通过其自我更新和分化重建修饰细胞群体，从而达到治疗血液系统疾病的目的。该疗法高效、便捷和安全，成本低，有望成为更加惠及大众的疗法。

意义：造福人类是科学的动力，我国生物医药的发展是健康中国的重要支撑。

生化知识点简要概述

基因编辑技术

基因编辑技术是一种用于修改生物体内基因组特定位点的先进生物技术，利用该技术可以在特定的基因组位点插入、删除或修改基因组 DNA 序列。基因编辑通常利用位点特异性的核酸酶在基因组上特异切割 DNA，从而激活体内 DNA 损伤修复系统来修复该位点的 DNA 损伤，在修复过程中达到修改 DNA 序列的目的。这种技术的出现带来了革命性的进展，使得人类能够更精确地操控生物体的遗传信息，从而在基因水平上实现一系列应用，包括基础研究、生物医学研究和农业改良。

CRISPR-Cas9 基因编辑技术

CRISPR-Cas9 基因编辑技术是一种借鉴源自细菌获得性免疫机制的工具。CRISPR 是一种 DNA 序列，能被转录为 CRISPP RNA（简称 crRNA），用于指导靶向序列的识别。crRNA 的成熟与发挥功能需要转导 RNA（trans-activating crRNA，tracrRNA），tracrRNA 通过部分序列与 pre-crRNA 互补，形成一个 RNA 双链，后者能被核酸酶加工成单个的 crRNA/tracrRNA 杂交体。科学家成功将这 2 个 RNA 融合成为 1 个 RNA，并把这个 RNA 称为 sgRNA。这个 crRNA/tracrRNA 与蛋白 Cas9（CRISPR-associated protein 9）结合，形成核酸-蛋白质复合物。通过 crRNA 与靶向 DNA 序列结合，激活 Cas9 蛋白的核酸内切酶活性，使 DNA 产生双链断裂。随后细胞的 DNA 损伤修复系统会介入，通常利用非同源末端连接或同源重组的方式修复 DNA 断裂，从而导致目标基因的改变。

基因治疗

基因治疗（gene therapy）是一种前沿生物医学治疗手段，旨在通过修复、替换或调整患者体内的异常或缺失基因，达到治疗或预防疾病的目的。基因治疗的目标是通过干预患者的遗传物质，改善其健康状况。基因治疗有许多潜在应用，可用于治疗单基因遗传疾病，如囊性纤维化和遗传性视网膜疾病；可用于增强免疫系统对癌细胞的攻击，或者直接干扰癌细胞的生长。基因治疗可用于增强人体对病原体的免疫反应，以帮助预防或治疗传染性疾病。基因治疗目前仍然面临一些挑战，包括治疗效果的不确定性、安全性问题及递送和表达基因的技术难题。

相关文献阅读推荐

[1] 巩琦凡，郑晓飞，付汉江. CRISPR 基因编辑技术的发展及应用 [J]. 中国生物化学与分子生物学报，2023，39（3）：332-340.

[2] 胡思慧，刘倩宜，谢冬纯，等. CRISPR/Cas 基因编辑技术治疗人类遗传性疾病的临床研究进展 [J]. 生命科学，2022，34（10）：1250-1263.

[3] 王丹阳，徐婷婷，陈建军，等. 基因治疗产品及其载体的研究进展和挑战 [J]. 中国医药工业杂志，2023，54（4）：481-488.

[4] 王鑫阁，毛邦炜，李伟. 基因编辑技术在疾病诊断中的应用 [J].

生命科学，2022，34（10）：1217-1226.

［5］王熠晨，王颖，陈妤，等. 线粒体基因编辑技术研究进展［J/OL］. 浙江大学学报（医学版）：1-13.［2023-08-29］. http://kns.cnki.net/kcms/detail/33.1248.R.20230810.1759.002.html.

［6］徐胜，李楠. 基因编辑背景下的肿瘤生物治疗新策略和挑战［J］. 中国肿瘤生物治疗杂志，2023，30（4）：275-285.

［7］郑俊豪，徐两蒲，黄海龙. 基因编辑技术在β-地中海贫血治疗中的研究［J］. 中国生物化学与分子生物学报，2023，39（6）：798-804.

思政故事：人物故事——王恩多

王恩多在中学时代受到其亲戚——著名的植物学家吴素萱科研发现的影响，在心里埋下了立志科研的种子。在中学阶段学到的自然科学知识增多、思想日益成熟，这坚定了她以科学研究作为终生职业的信念。这种在高中时代的志愿和科研情结贯穿了她的人生道路。高中毕业后，王恩多进入山东曲阜师范学院化学系学习。大学期间，她自学了没有读过的课程，准备进一步深造，为完成其科研梦做了充分的准备。1965年大学毕业时，她考取了中国科学院上海生物化学研究所，师从英国剑桥大学博士邹承鲁，却因一年后的"文革"而被迫中断了学业。1978年恢复研究生招考制度后，尽管拿到了补发的毕业证书，王恩多却毅然选择参加研究生考试并再次被中国科学院上海生物化学研究所录取。那年王恩多33岁，已经是一位8岁孩子的母亲。这一次她成为我国生物化学奠基人之一——王应睐先生在"文革"后招收的第一个研究生。作为一位母亲，她却暂时放下家庭日常事务、夜以继日地在实验室埋头学习和做研究。20世纪80年代初，DNA重组技术在我国刚刚起步，40岁的王恩多为了掌握这一新兴技术，申请前往美国做访问学者，并成功获得了美国国立卫生研究院Fogarty国际基金会提供的奖研金，成为该基金会资助的第一位中国大陆学者。在加州大学戴维斯分校医学院访问学习期间，凭借3个月的不断探索，她的研究结果让国外专家们刮目相看。1992年夏天，王恩多被诊断出患有乳腺癌，做完手术4个月后，她手提行李出现在巴黎，到法国国家科学研究中心分子与细胞生物学研究所的让·甘乐芙研究员的实验室开展合作研究。当时王恩多丝毫没有流露出病人的"迹象"，照常利用放射性同位素化合物开展实验。其合作方让·甘乐芙研究员后来在闲聊中惊讶得知这个"秘密"后，直言王恩多的专研精神不可思议。

王恩多常对研究生说，个人的命运是与国家的命运是紧紧地连在一起的。没有祖国改革开放的大环境，没有国家对基础研究的重视与投入，个人要想取得成就是不可能的。虽然在国外或许能拥有丰厚的酬金和安逸的生活，但是祖国却给了我们一种血脉相连的"家"的感觉。

意义：王恩多年轻时立志科研并为之锲而不舍的精神，以及热爱祖国的家国情怀值得青年学子学习。

（温栾 陆文）

第十九章 癌基因与抑癌基因

思政故事：人物故事——韩家淮与 p38 信号通路

韩家淮，细胞生物学家，中国科学院院士，厦门大学生命科学学院教授、博士生导师，厦门大学医学院院长，厦门大学实验动物中心主任，细胞应激生物学国家重点实验室主任。

韩家淮教授是世界上率先发现 p38 信号通路的科学家。由于细胞内存在多条信号通路以介导不同的生物学反应，p38 信号通路作为细胞内最重要的信号通路之一，它在许多生物学反应包括细胞周期调控，细胞增殖、发育、分化、衰老、凋亡，免疫反应及肿瘤发生中都发挥着重要作用。韩家淮教授领导的实验室在 p38 信号通路的研究领域也一直保持世界领先地位。

肿瘤坏死因子（TNF）参与调控细胞的生存、死亡及机体的免疫反应，是影响人类健康最重要的细胞因子之一。韩家淮课题组用肿瘤坏死因子诱导的细胞反应为模型，研究炎症反应和细胞坏死。他们发现蛋白激酶 RIP3 在细胞程序性坏死通路中起关键作用；在细胞程序性坏死的机制研究上，也取得许多关键的研究成果；证明了细胞程序性坏死在病毒感染（如单纯疱疹病毒）、系统性炎症反应综合征和动脉粥样硬化的发生发展中发挥重要作用。

意义：韩家淮院士是先天性免疫信号传导领域的世界知名学者，他在该领域的杰出工作为中国获得该领域的国际领先地位做出卓越贡献，也为后来者在该领域的探索指引了方向。

思政故事：人物故事——李林

李林，生物化学家，中国科学院院士，中国科学院分子细胞科学卓越创新中心首席科学家，国防科技大学杭州高等研究院生命与健康科学学院院长。主要从事细胞信号转导研究，尤其是基于 Wnt 信号重要生物学功能的系统性和原创性工作。

李林教授主要通过探究蛋白质相互作用网络及其调控机制，揭示 Wnt 信号通路在胚胎发育、肿瘤发生及干细胞分化过程中发挥关键调控作用的机理，不断丰富对 Wnt 信号转导通路这一发育重要途径的认识，做出了一系列开创性的工作。这些工作包括：在该领域第一次揭示了 Wnt 信号由膜上受体传递到胞内的分子机制；Wnt 信号通过 2 种受体以不同途径传递信号到胞内的可能机制；哺乳动物细胞中 Dvl 蛋白可介导除经典的 Wnt 途径之外的第二信号途径。

此外，李林教授还发现蛋白质多元复合物在 Wnt 信号的传递和调节上的作用机制等。相关研究成果有望为肿瘤及相关疾病治疗提供新的作用靶点和潜在的先导化合物。他在酶学与细胞信号转导领域也做出了一系列国际前沿和领先水平的工作。

意义：李林教授不仅是生物化学领域卓有建树的科学家，也是科技创新的战略家，他在细胞信号转导研究等方面做出了重要贡献，发扬了我国科技界追求真理、服务国家、造福人民的优良传统。他勇担重任，勇攀高峰，当好建设世界科技强国的排头兵，是我们学习的好榜样。

生化知识点概述

癌基因和原癌基因

癌基因（oncogene）是指那些在发生突变或过度表达后，能导致细胞转化为癌细胞的基因。它们通常是正常基因（称为原癌基因，proto-oncogene）的突变形式。原癌基因是细胞中正常存在的基因，编码调控细胞生长和分裂的蛋白质。当这些基因发生突变或表达失调时，就可能转化为癌基因。常见的癌基因有：

（1）*RAS*：*RAS* 基因家族（包括 *KRAS*、*NRAS* 和 *HRAS*）编码小 GTP 酶，参与细胞信号传导。*RAS* 基因突变是许多癌症（如胰腺癌、结肠癌）的常见原因。

（2）*MYC*：*MYC* 基因编码转录因子，调控细胞生长和分裂。*MYC* 基因扩增或过表达常见于多种癌症（如乳腺癌、肺癌）。

（3）*HER2/neu*：*HER2* 基因编码受体酪氨酸激酶，其过表达与乳腺癌和胃癌等相关。

（4）*BCR-ABL*：由于费城染色体 t（9；22）易位，*BCR* 基因和 *ABL* 基因融合形成 *BCR-ABL* 融合基因，产生异常的酪氨酸激酶活性，是慢性粒细胞白血病的特征。

抑癌基因

抑癌基因（tumor suppressor genes）是指那些在正常情况下抑制细胞过度生长和分裂，从而防止肿瘤形成的基因。抑癌基因通过调控细胞周期检查点来控制细胞增殖，某些抑癌基因促进细胞程序性死亡（凋亡），从而清除受损或异常细胞；一些抑癌基因编码参与 DNA 损伤修复的蛋白质，确保基因组的稳定性。抑癌基因的失活通常需要两条等位基因都发生突变或缺失（Knudson 的"双击"假说）。一个等位基因的突变使细胞失去部分功能，另一个等位基因的突变或缺失则导致完全失活，从而促进癌症发展。常见的抑癌基因有：

（1）*TP53*：编码 p53 蛋白，p53 是一个关键的肿瘤抑制因子，调控细胞周期、DNA 修复和凋亡。*TP53* 突变在多种癌症中非常常见。

（2）*RB1*：编码视网膜母细胞瘤蛋白，调控细胞周期从 G1 期到 S 期的转换。*RB1* 基因突变与视网膜母细胞瘤和其他几种癌症相关。

（3）*BRCA1* 和 *BRCA2*：参与 DNA 损伤修复，突变与乳腺癌和卵巢癌的高风险相关。

（4）*PTEN*：编码磷酸酶和张力蛋白同源物，调控细胞增殖和凋亡，*PTEN* 突变常见于多种癌症。

相关文献阅读推荐

[1] 张婉儿，马东宵. p53 信号通路与卵巢癌、结肠癌、胃癌分子机制研究 [J]. 中国卫生工程学，2024，23（1）：140 – 144.

[2] 徐冶. 靶向 *MYC* 基因抗肿瘤研究进展 [J]. 吉林医药学院学报，2024，45（4）：241 – 245.

[3] 袁敏，周志刚，杨萍，等. m-6A 去甲基化酶 *ALKBH5*：新的原癌基因 [J]. 生命的化学，2022，42（9）：1722 – 1728.

[4] 李铭，王玲，王一男，等. 宫颈腺癌中抑癌基因甲基化的研究进展 [J]. 国际妇产科学杂志，2020，47（6）：611 – 615.

[5] Alitalo K, Schwab M. Oncogene amplification in tumor cells [J]. Adv Cancer Res, 1986（47）：235 – 281.

[6] Sheekey E, Narita M. p53 in senescence: it's a marathon, not a sprint [J]. FEBS J, 2023, 290（5）：1212 – 1220.

[7] Sager R. Genetic strategies of tumor suppression. Am Rev Respir Dis, 1990, 142（6 Pt 2）：S40 – S43.

（温栾　陆文）